U0598307

Research on the Relationship Between the
Characteristics of Network Entrepreneurial
Platform Leadership and the Platform
User Entrepreneurship

网络创业型平台领导特征与平台用户创业的关系研究

潘建林　著

ZHEJIANG UNIVERSITY PRESS
浙江大学出版社

图书在版编目(CIP)数据

网络创业型平台领导特征与平台用户创业的关系研究/
潘建林著. —杭州:浙江大学出版社,2018.6
ISBN 978-7-308-18332-1

Ⅰ.①网…　Ⅱ.①潘…　Ⅲ.①创业一研究　Ⅳ.
①F241.4

中国版本图书馆 CIP 数据核字(2018)第 130139 号

网络创业型平台领导特征与平台用户创业的关系研究

潘建林　著

责任编辑	石国华
责任校对	陈静毅　袁菁鸿
封面设计	周　灵
出版发行	浙江大学出版社
	(杭州市天目山路 148 号　邮政编码 310007)
	(网址:http://www.zjupress.com)
排　　版	杭州星云光电图文制作有限公司
印　　刷	杭州杭新印务有限公司
开　　本	710mm×1000mm　1/16
印　　张	16.75
字　　数	340 千
版 印 次	2018 年 6 月第 1 版　2018 年 6 月第 1 次印刷
书　　号	ISBN 978-7-308-18332-1
定　　价	58.00 元

前　言

　　随着"互联网+"多屏全网跨平台的渗透,网络平台经济日益繁荣,已成为21世纪新的经济模式。繁荣的平台经济催生了一批批网络经济平台。这些网络经济平台在竞争中实现自我更新换代,在相待而成的关系中推动社会日新月异。在这个过程中,一些平台逐渐从单平台向多平台共生的生态群演变,平台自身也从内部组织向平台领导的网络组织演化,成为具有人格化特质的平台领导。在"大众创业,万众创新"的战略驱动下,这些网络经济平台领导凸显了创业创新的特性,协同双边市场用户、开发市场用户主体,实施创业行为。

　　在这样的现实背景下,越来越多的社会主体,包括创业禀赋资源稀缺的"草根阶层"也开始选择基于平台领导的协同创业。他们中的很多人"赤手空拳",却在网络平台创业中成为"创一代"。在这个过程中,虽然创业者趋之若鹜,但创业的结果并非人人得偿所愿,创业者的命运判若云泥。有些创业者可以赚得盆满钵盈,有些创业者则是血本无归,而且这种差距在近几年越发明显。是什么原因导致创业者间如此巨大的绩效差异?基于网络创业型平台领导的用户创业绩效的影响因素有哪些?用户协同创业行为又有哪些模式?这是当前摆在我们面前的重要研究课题。

　　笔者工作于义乌工商职业技术学院,该学院坐落于网络平台用户创业非常繁荣的义乌,有着丰富的研究素材。正是基于这样良好的研究环境,本书依据"能力—情境(调节)—行为(中介)—绩效"的CCBP研究框架,以电子商务平台为实证研究对象,围绕"网络创业型平台领导特征与平台用户创业的关系研究"命题,开展了基于网络创业型平台领导特征调节作用的用户创业能力、行为及绩效关系等具体内容的研究。这些研究依次探究了以下五个问题:网络创业型平台领导与平台用户创业是什么?网络创业型平台领导有哪些特征?用户创业能力、行为及绩效间的影响关系如何?网络创业型平台领导特征有无调节效应?基于网络创业型平台领导的用户协同创业行为又有哪些机制和模式？

通过逐层深入研究，得到以下结论：

第一，通过规范的理论研究，笔者认为网络创业型平台领导一方面有着一般平台所拥有的网络外部性、用户多属性、多层结构性等属性；另一方面，又有着网络的经济、创业、多平台共生等六个特定属性。其产生经历了单平台、平台寄生、平台共生等五个阶段，运营模式有纯中介型、交易型、开发型和综合型网络创业平台领导等四种类型，呈现创建层、领导层、群落层间的层层递进关系。网络平台用户创业则是指基于网络平台而实施的各种创业行为，它有着网络性、平台性等特征，其创业类型有创新型、交易型、混合型三种，创业一般模式也会因创业类型的不同而有所差异。

第二，通过扎根理论的研究方法，探索并构建了网络创业型平台领导四维特征模型及其测度量表，具体包括权力特征、资源特征、开放创新特征及可持续发展动力特征。权力特征作为平台领导的一类特征，发挥着核心作用，具体体现为规则设计、监督等外显特征；资源特征作为平台领导的二类特征，包含用户资源、技术资源、信息资源及品牌资源四个外显特征；开放创新特征作为平台领导的三类特征，包含开放性、资源创新及共享等可观察特征；可持续发展动力特征作为评估平台领导未来发展潜力的指标，包含互动性、平台商业价值、创新机制等外显特征。

第三，构建并验证了"网络平台用户创业能力—创业行为—创业绩效"的影响关系模型。笔者通过对义乌、杭州、广州、山东、江苏区域的多平台多主体实证调查，证实了用户创业机会能力、管理能力、技术能力及可持续能力对创业绩效有正向影响作用；创业机会能力、管理能力、技术能力及可持续能力对创业准备行为、创业执行行为都会产生正向作用；创业准备行为、创业执行行为对创业绩效也会产生比较显著的正向作用。除此之外，作为中介变量的创业准备行为对创业执行行为也有正向作用。

第四，网络平台用户创业行为（创业准备行为、创业执行行为）在用户创业能力作用于创业绩效的过程中起中介作用。笔者运用 Bootstrapping 法分析创业行为的中介效应，研究结果证实了存在两方面的中介效应。一是用户创业准备行为的中介效应：它在创业机会能力、管理能力、技术能力、可持续发展能力与创业执行行为间起中介作用，也在创业机会能力、管理能力、技术能力、可持续发展能力与创业绩效间起中介作用。二是用户创业执行行为的中介效应：它在创业机会能力、管理能力、技术能力、可持续发展能力与创业绩效间起中介作用，但其中介效用值整体低于创业准备行为的中介效用值。

第五，作为情境因素而存在的网络创业型平台领导特征，对网络平台用户创业能力与创业行为间的影响关系起部分调节作用。笔者通过阶层回归分析，证实了其部分调节效应。一是权力特征在创业机会能力、创业可持续能力与创业准备行为间的影响关系中起调节作用，同时它也会在创业机会能力、创业技术能力与创业执行行为间的影响关系中起调节作用。二是资源特征会在创业机会能力、创业技术能力、创业可持续能力与创业准备行为间的影响关系中起调节作用，它也会在创业管理能力、创业技术能力与创业执行能力的影响关系中起调节作用。三是开放创新特征在创业机会能力、创业技术能力与创业准备行为或创业执行行为间的影响关系中都会起到不同程度的调节作用。四是可持续发展动力特征在创业机会能力、创业可持续能力与创业准备行为或创业执行行为间的影响关系中起调节作用。其中，在创业可持续能力与创业执行行为的影响关系中，它的调节效应更为显著。

第六，基于网络创业型平台领导的用户协同创业依托的是多主体嵌入及开放创新的非线性互动机制，创业行为嵌入路径为平台开发嵌入及双边市场嵌入，创业运行载体为开放创新的子平台生态群，创业行为模式为多属性用户的多线性创业。

本书的创新之处在于其研究对象及内容。在研究对象上，本研究聚焦于网络平台用户创业。在当前方兴未艾的平台创业实践与相对匮乏的平台用户创业理论研究形成鲜明对比的时代背景下，这一研究命题具有较强的创新性及现实意义。在研究内容上，其创新之处在于：一是基于扎根理论，创新性地构建了网络创业型平台领导的特征模型及测度量表，丰富了平台理论研究体系；二是通过比较规范的实证研究，构建了"能力—情境（调节）—行为（中介）—绩效"的CCBP理论模型，拓展了创业理论研究模型；三是研究者以嵌入式开放创新视角，分析了基于网络创业型平台领导的用户协同创业行为，从而比较全面、系统地分析了平台用户创业机制、载体及模式，推进了平台用户创业研究体系的构建。

目　录

第1章 绪 论

本章基于现实背景与理论背景的分析,提出了研究问题,明确了研究目的和意义,进而构建了研究框架及主要内容,阐述了研究技术路线、研究流程、章节安排及研究方法。在此基础上,本章还阐释了"网络创业型平台领导""用户创业"两个基础概念,并提炼了本研究的创新点。

1.1 研究背景

1.1.1 现实背景

1."互联网十"思维驱动下的平台经济(Platform Economics)的迅猛发展

"互联网十"公式应该是其所在行业的产品和服务,是多屏全网跨平台用户场景结合之后产生的一种化学公式。该化学公式的构建得益于互联网平台及用户创业(创意)行为的双驱发展。在"互联网十"思维驱动下,包括电子商务在内的多类型平台得到飞速发展,具有多边网络性等特征的平台经济已然形成。2010 年腾讯与"360"的开放平台之争,2012 年苏宁与京东的平台大战,都弥漫着激烈的平台竞争气息,也凸显了一股强大的平台化潮流。平台经济已成为 21 世纪新的经济模式,是新时代的重要产业形式,是新经济的引领者(徐晋,张祥建,2006;叶秀敏,2016;孟晔,2016)。在未来 5~10 年内,不善于经营平台的企业、组织甚至个人都将不可避免地遭遇严峻的发展困境。"平台为王"的观点已得到一些专家、学者的认同。

平台经济的发展经历了以实体商品集散或者以网状生产、销售多平台外包合作为主要表现形式的初级阶段和以提供服务业实体平台为表现形式的递进阶段。现今,平台经济已进入了以互联网、IT 技术为基础的第三阶段,网络平台经济正在崛起(贾开,2016)。国外的微软、英特尔以其技术平台应用战略推进着 IT 行业创新发展,彰显着平台经济的时代烙印。2004 年上线的 Facebook(脸书)作为全球第一大社交网站,2012 年就拥有 9 亿多用户,其平台功能早已超越简单社会交往功能,拥有团购、搜索、支付为一体的综合型平台功能,凸显着平台经济的骄人业绩。在国内,以阿里巴巴集团所构建的阿里巴巴、淘宝网为代表的聚合型平台(Convergent Platform)以及以京东、苏宁为代表的整合型平台(Integrated Platform),都以其平台优势标识着各自的特色,推进国内网络平台经济的迅猛发展。经过上述三阶段发展,国内外各平台类型不断增多,包括电子商务平台、门户网站、搜索引擎、通信平台、操作系统及平台等十多种类型,呈现出繁荣的平台经济。具体见表1-1。

表 1-1 国内外各类型平台

类型	电子商务创业平台	门户网站	搜索引擎	通信平台	操作系统及平台	人际交往平台
案例	阿里巴巴、京东商城、淘宝网等	雅虎、新浪、搜狐	百度、Google、Hao123 等	QQ、 MSN、中国移动等	Microsoft、iOS、Android系统等	Facebook、世纪佳缘等
类型	电子支付平台	求职平台	媒体平台	实体购物平台	娱乐平台	城市经营平台
案例	Paypal、Visa等	智联招聘、前程无忧等	有线电视、橡果国际等	国美电器、苏宁电器等	超级女声、中国好声音等	高新科技开发区、都市圈、产业圈等

2. 平台经济背景下以电子商务为代表的网络经济平台的繁荣

在平台经济背景下,以电子商务为代表的网络商业平台得到了飞速发展,网络经济成为经济发展新的"引擎",每年的市场规模不断扩大,保持着较高的年平均增长率(见图1-1)。与此同时,基于平台的大众创业特性显著。

图 1-1 2011—2019 年中国网络经济市场规模

资料来源:艾瑞咨询网(http://www.iresearch.com.cn),《中国网络经济年度监测报告简版(2017)》,其中,2017e、2018e、2019e 为预测数据。

在推进网络经济飞速发展的过程中,电子商务占据着越来越重要的地位,逐渐成为网络平台经济的主体。图 1-2 表明 2016 年的电子商务市场交易规模达 20.5 万亿元,增长 25.6%。未来三年内,其交易规模增长率预期保持在 15.0% 以上。

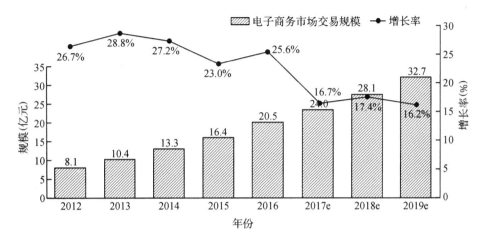

图 1-2 2012—2019 年中国电子商务市场交易规模

资料来源:艾瑞咨询网(http://www.iresearch.com.cn),《中国网络经济年度监测报告简版(2015)》,其中,2017e、2018e、2019e 为预测数据。

伴随着电子商务的快速发展,一大批优秀的平台领导型企业或联盟(见表 1-2)涌现出来。它们逐渐发展壮大,构建了以本体为核心,用户广泛参与的包含支付、物流、服务等各要素在内的平台生态体系(见图 1-3)。

表 1-2 部分电子商务平台简介

平台类型	基本内涵	典型案例	共同特点
B2B	B2B＝Business to Business。商家(泛指企业)对商家的电子商务,即企业与企业之间通过互联网进行产品、服务及信息的交换	阿里巴巴、环球资源网、慧聪网等	平台开放度、用户参与度、平台互动性很强;平台领导特性及其所构建的商业生态性凸显;网络外部经济特性增强
B2C	B2C＝Business to Customer。它是商家对消费者的电子商务,是我国最早产生的电子商务模式	京东商城、天猫、当当网	
C2C	C2C＝Consumer to Consumer。它是一种用户对用户模式,一个人既可以是买家也可以是卖家,双方通过在线交易平台实现商品交易	淘宝网、拍拍网等	
近几年,电子商务领域出现了 O2O(Online to Offline)、ABC(Agents to Business to Consumer)、C2B(Customer to Business)等多种模式			

图 1-3　中国网络商业平台的产业链图谱

资料来源：艾瑞咨询网（http://www.iresearch.com.cn）,《中国电商生命力报告（2016）》。

3.基于网络经济平台的创业型平台领导与用户创业的协同发展

在繁荣的商业平台体系中,位居各商业平台核心的平台领导(Platform Leadership,PL)发挥着核心作用,承担着平台领导功能:规则制定、资源提供、平台组建、接口开放等。在"电商换市""大众创业,万众创新"等战略推进下,这些平台领导得到了快速成长,年收益及毛利率都比较高(见图1-4)。

排名	企业	企业类型	总收入（亿元）	毛利率（%）	排名	企业	企业类型	总收入（亿元）	毛利率（%）
1	京东	网购	1150.0	11.6%	16	乐视	视频	68.2	14.5%
2	腾讯	媒体、游戏	789.3	60.9%	17	财付通	互联网金融	63.8	30%-40%
3	小米	硬件	743.0	20%	18	Google中国	媒体	62.2	50%-65%
4	阿里巴巴	网购	708.0	74.6%	19	新浪	媒体	47.2	62.2%
5	百度	媒体	490.5	61.5%	20	畅游	游戏	46.2	73.0%
6	唯品会	网购	231.7	24.9%	21	搜房	媒体	43.7	80.8%
7	蚂蚁金服	互联网金融	189.0	40%-50%	22	优酷土豆	视频	40.0	19.5%
8	1号店	网购	133.3	20%-25%	23	完美世界	游戏	39.8	69.0%
9	网易	媒体	124.8	67.7%	24	聚美优品	网购	38.9	21.4%
10	亚马逊中国	网购	118.0	17%-25%	25	盛大游戏	游戏	38.5	77.3%
11	搜狐	媒体	102.8	59.0%	26	欢聚时代	媒体	36.8	46.7%
12	奇虎360	媒体	85.4	78.0%	27	途牛	在线旅游	35.5	6.4%
13	当当网	网购	79.6	18.5%	28	神州租车	在线租车	35.5	81%
14	携程	在线旅游	77.7	71.4%	29	爱奇艺PPS	视频	33.8	15%-25%
15	我的钢铁网	B2B	75.5	2.7%	30	金山	媒体、移动互联网	33.5	82.4%

图 1-4　2014 年营收排名前三十的中国网络企业名录

资料来源：艾瑞咨询网（http://www.iresearch.com.cn）,《中国电商生命力报告（2016）》。

　　而与平台领导协同发展的是蓬勃发展的用户创业:平台创业用户规模逐渐扩大,用户创业类型逐渐多元化。当前,平台用户创业类型包括纯粹平台开发用户创业、终端市场的纯粹卖方用户创业、终端市场的卖方用户兼平台开发用户创业、终端市场的买方用户转化为卖方用户的创业、终端市场买方用户转化为平台开发用户创业、混合型用户创业等多种形式(金杨华,潘建林,2014)。以淘宝网为例,它作为网络经济背景下的网络创业型平台领导,其鲜明特征是用户(消费型、创业型、综合型等)的多元嵌入及协同发展。根据淘宝开放平台、《淘宝开放平台月报》《互联网企业业务创新案例培训课程案例——淘宝开放平台》等相关文献及企业报表所提供的数据,可将淘宝网开放平台、经营业绩、用户数量及其增长等相关数据进行汇总和描绘(见表 1-3 和图 1-5)。

表 1-3　2009—2012 年淘宝网与用户协同发展的相关数据

年份	开放API数量(个)	平台注册开发用户(万户)	API的日调用次数(次/天)	上线运行的应用工具(个)	第三方开发者贡献交易额(元)	淘宝职业卖家数量(个)	淘宝网注册用户数量(亿户)	淘宝网交易额(亿元)
2009	100	2.5	7300	4000	无数据	80 万	1.7	2083
2010	200	11	7 亿	3.6 万	1650 万	180 万	3.7	3747
2011	300	27.3	17 亿	20 万	21.9 亿	300 多万	4	5630
2012	440	51.2	21 亿	30 万	100 多亿	600 多万	5	8860

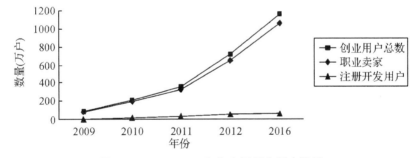

图 1-5　2009—2016 年淘宝网创业用户数量

　　由于很多数据是即时的,难以准确测量,所以表 1-3 所列的一些数据并非完全精确。2012 年之后,淘宝网进一步加强了数据监控,关于淘宝网开发用户、应用工具数量、第三方开发者的贡献额等数据很少。据淘宝开放平台的数据,2016 年淘宝开放的 API(包括收费与免费)共有 134 类目,API 数量超过 5000 个;职业卖家有 1000 多万个;注册用户超 5 亿个;2015 年淘宝网的交易额达 3 万亿元人民币;2016 年淘宝网"双 11"的交易额达 1207 亿元人民币。从表 1-3 和图 1-5 可以看出,作为平台领导的淘宝网与其用户呈现协同发展的态势。

1.1.2　理论背景

　　十八届三中全会审议通过《中共中央关于全面深化改革若干重大问题的决

定》。该决定旨在推进各项改革,其中创新商业模式是深化经济体制改革的重要内容。当前,随着单向直线式的传统产业价值链由单边到多边的重组演变,有着多边网络效应的平台开始彰显其强大的创造性、破坏力和生命力。平台正成为新经济时代最重要的产业组织形式,平台思维变得越来越重要(Tsai,2013)。平台是由框架主体和一系列互补品(Baldwin et al.,2006)共同构成的动态商业生态系统,其实质是一种市场的具化(徐晋,2013),它是由结点及结点间的相互联结所构成的网络组织。平台中的结点就是网络组织的利益相关者(曹兴,司岩,2013)。在所有结点构成的网络结构中,居于核心的框架主体就是平台领导(Ortt et al.,2016)。而随着苹果公司平台战略执行的成功、诺基亚 Symbian(塞班)平台系统的退出以及小米手机的横空出世,分布于平台领导周围的利益相关者中的用户及其创业行为的重要性日益突出:一方面,用户协同创业推进平台领导的产生及发展;另一方面,扁平化的平台网络结构也推进着用户创业模式的改变,使其从以商业机会识别为起点的"正向"创业进程(Shah,Tripsas,2007)发展为多线性用户创业行为模式(Agarwal,Shah,2014)。正是用户协同创业与平台领导的相互促进,实现了两者商业模式的演变,也催生了用户创业嵌入式的平台领导型网络创业新模式。

1.平台经济理论国内外研究逐渐增多,但平台领导的国内相关研究较少

对平台的研究始于 2000 年左右。时至今日,有关平台的理论和研究仍然是国际产业组织理论领域中的热点和前沿领域,国内外许多经济学家纷纷对平台的经济行为展开了详尽研究(张启迪,2012)。国外研究主要集中于平台经济理论形成、平台竞争相关研究等;国内学者徐晋、张祥建(2006)在原有双边市场理论的基础上,参考并吸收了国外大量文献,首次提出"平台经济学"(Platform Economics)概念,从而推进了平台经济理论研究的发展。从近三年期刊所发表的论文来看,关于平台经济的理论的研究在数量上有了大幅度增加,研究内容也更为多元。在中国知网上以"平台"为篇名进行搜索,2014 年共有 30133 篇相关文章,2015 年达到 35229 篇,比2013 年增长了 32% 左右。以"平台经济"为关键词进行搜索,也有较多的相关文献(见表 1-4),而与之相对应的国外相关研究成果则更为丰硕。通过"Glgoo"学术搜索,2014 年、2015 年、2016 年共有约 198200 篇外文文献是以"平台经济"为研究主题。

表 1-4　2014—2016 年国内"平台经济"相关研究文献统计

年份	数量(篇)	研究主题
2014	347	对平台经济的主观认识
2015	386	企业、区域平台经济
2016	332	企业平台经济、产业视角下平台经济、双边市场与平台经济、区域平台经济(长三角、上海等)、媒体平台经济

在平台经济理论研究繁荣的同时,国外关于平台领导的相关研究也是方兴未艾。2014—2016 年共有 671 篇外文文献直接研究"平台领导",而与"平台领导"相

关的研究则多达 77900 篇。与之相对应的国内平台领导的研究则相对较少,2014—2016 年以"平台领导"为篇名的文献仅有 69 篇左右,但文献的数量却是逐年增加。这说明平台领导相关研究逐渐增多,且其研究主题更为多元,研究领域也在逐渐扩大。但相对于更为丰富的国外研究,国内"平台领导"研究起步较迟,研究成果也较少。

2. 国外用户创业理论研究逐渐"升温",但国内理论研究相对较少

随着商业价值等式中需求方(用户)逐渐受到关注(Baldwin,Hienerth,Hippel,2006;Priem et al.,2012;Gambardella et al.,2016)以及双边市场理论研究(Fili-strucchi et al.,2014;Tremblay,2016)的发展,以用户身份进行创业的现象受到了关注。通过"Glgoo"学术搜索,2014—2016 年以"用户创业"为研究主题的文献约有 40700 篇,直接以"用户创业"为主题的外文文献则相对较少,其研究文献统计见表 1-5。

表 1-5　2014—2016 年"用户创业"国外研究文献统计

年份	数量(篇)	研究主题
2014	73	用户创新、用户为中心商业生态圈、用户需求导向商业体系、社区互动与用户创新(User Innovation)
2015	86	需求导向的用户创业、开放分布式(Distributed Innovation)、虚拟世界的用户创业、需求导向的供应链管理、用户创业者特征、用户创新与创业、用户协同创新、相关利益主体协同创新(Corporate Entre-preneurship)、平台用户创业等
2016	87	公司社区内的用户创业、领先用户(Lead User)创业、平台用户创业、在线用户创新及管理、网络用户创业、开放用户价值创造等

表 1-5 说明国外学者对于用户创业的关注度在增强,并且其研究主题从用户创新延伸至更广的网络用户创业、平台用户创业、开放创新用户价值创造等新的领域。与之相对应的国内"用户创业"相关研究则相对较少。2014—2016 年,以"用户创业"为研究主题的文章约有 1081 篇,涉及用户体验、用户创新、用户驱动型创业、用户创业模式、平台用户创业等。

1.1.3　问题提出

上文所阐述的现实背景表明,在"互联网+"驱动的网络平台经济中,平台领导与用户创业呈现协同发展的繁荣态势:一方面在网络经济背景下,一些领导型平台层出不穷,不断挤占原来由传统企业组织支配的市场格局;另一方面与之协同发展的用户创业也呈现出方兴未艾的发展态势,人们对平台创业趋之若鹜。而与该现实背景相对应的理论研究则呈现出国外研究较多、国内研究较少,整体比较匮乏的研究现状。正是这种与现实不相匹配的研究现状,使得现有研究不能很好地解答为什么网络经济背景下创业型平台领导能成为"后起之秀",其本质与内在特征又

是什么？与此同时，现有理论研究也不能很好地诠释为什么网络平台用户间的创业绩效有着如此巨大的差别，其影响因素有哪些，作用机制又是如何？基于这些思考，本书提出如下问题：

1. 网络经济背景下的网络创业型平台领导特征是什么？

网络经济是以互联网为依托，对企业经济资源进行整合梳理的一种新的经济形态（赵超华，2015），其中高新信息技术和便捷通信是它的核心要素。网络经济以外部经济性、级数扩张特性、多重叠加效应和长尾累计效应、创业性等显著优势（周丛根，2011），直接威胁传统商业的生存与发展（徐璇，2014）。它通过顾客价值、伙伴价值、企业价值的重构，来变革甚至颠覆原磊（2007）所提出的商业模式"3－4－8"架构。在这样的商业背景下，以商品或服务创新、交易为核心的创业型平台领导，领导着双边市场、平台开发主体、支付、物流等各个附属平台，在推进自身发展的同时，也在支持着大众创业和万众创新。它不仅植入了网络经济对原有商业体系的"破坏性基因"，也拥有着在网络经济新商业体系下的领导地位与功能。那么，这种"基因"的表现形式是什么，其领导地位与功能又通过什么特征得以体现？正是基于这些思考，本书在网络经济背景下提出了创业型平台领导特征的研究命题。

2. 网络平台用户创业绩效的影响因素是什么？

随着商业平台竞争的日益激烈，在平台领导与用户创业繁荣与发展的背后，用户创业者群体却是"几家欢乐几家愁"。以淘宝网为例，2013 年在淘宝网上年成交额 10 万元以下、10 万～100 万元、100 万元以上的卖家同比增长率分别为 60%、30%、33%。然而在淘宝网卖家成交额整体提高的同时，一些创业者却表示创业收益在下降，透露出创业繁荣背后的一丝"阴霾"。2016 年 2 月至 6 月期间，本书作者通过阿里旺旺随机调查了 100 名淘宝网创业者，得到的有效回答为 89 个。其中 21.35% 网店在 2015 年收益上升，41.56% 网店利润持平，37.09% 的网店利润下降。当谈及"为什么网店利润会上升"，被访问者回答的理由有淘宝规则的改变带来利好、自己创业经验丰富、产品创新强等。当谈及"为什么网店利润会下降"，被访问者回答的理由是淘宝网监管越来越严格、网上创业成本提高、创业技能薄弱、产品缺乏竞争力等。当问及"是否会继续选择淘宝网创业"，29.17% 的网店创业者明确表示会继续淘宝网创业，19.98% 的网店创业者表示会放弃淘宝网创业或者不创业；50.85% 的网店创业者态度不明确，表示要看淘宝网规则变化、未来发展以及 2017 年网店创业绩效再做决定。这些现象不得不让人思考：为什么平台创业者间的创业绩效差异如此之大，其影响因素有哪些，这些因素又是如何发挥作用的？正是基于这样的思考，本书提出了能力—情境（调节）—行为（中介）—绩效的研究框架，以此分析创业绩效的影响因素。

3. 网络创业型平台领导与用户创业是如何实现动态协同的？

从本质上分析，网络创业型平台领导是一种平台。既然是平台，其共建主体必

然是用户。那么,这些基于平台领导的用户是如何实施创业行为的? 其创业模式
又是怎样的? 而从一般意义上分析,相较于其他创业类型,基于网络创业型平台领
导的用户创业更具复杂性:一是用户属性的多重性,参与创业的用户可能兼具卖
家、买家、平台开发用户等多重身份;二是用户创业模式的多样性、多线性,而不是
简单的二阶段用户创业理论(在原有企业积累及商业化实施阶段)(Haefliger,
Jäger,Krogh,2010),也不是纯粹的五阶段用户创业进程理论(用户未满足需求、用
户自主创新满足自我需求、商业机会识别、建立公司或组织以及进入商业市场)
(Shah,Tripsas,2007),难以进行单一模式的归纳总结;三是网络创业型平台领导
与用户创业间有着非常强的"黏性",两者互相嵌入,互依互存。也正因如此,开展
基于平台领导的用户创业行为分析能更全面、系统地研究网络平台用户创业,完善
整个研究体系。据此,本书提出了基于网络创业型平台领导的用户协同创业行为
研究命题。

1.1.4 背景小结

上文的现实背景表明,不同类型的平台领导在电商等不同行业已经构建了多
平台生态体系,催生了一个多水平、跨产业的平台经济时代。在这个过程中,充当
优秀领导者的平台,以其规则界定者、框架组建者、资源提供者的势能,吸引着众多
用户、供应商等利益相关主体,共同构建了复杂、动态、开放创新的网络平台商业生
态系统。在这个过程中,平台用户作为非常重要的共建主体,依托平台资源及规
则,实施创新创业,彰显了当前"大众创业,万众创新"的国家战略,而与繁荣发展的
创业实践相对应的是国内相关理论研究的不足。从理论背景分析,虽然以"平台领
导"或"用户创业"为主题的相关研究逐年增多,但国内相关研究相对较少,聚焦于
"平台领导与用户创业"主题的研究则更少。目前,安娜贝拉·加威尔,迈克尔·库
苏麦诺在 2007 年所著的《平台领导:英特尔、微软和思科如何推动行业创新》是相
对比较系统地研究平台领导、用户创新创业的理论文献。综上所述,创业实践的繁
荣发展与理论研究的相对匮乏,为本书研究命题的提出提供了必要性和重要性。

1.2 研究目的

随着互联网技术的更广泛应用,网络平台创业日渐频繁,"网商"(网络平台创
业者)群体自从 2004 年被首次提出后,逐渐被大众认可与关注(王昕宇,黄海峰,
2016)。本书基于网络创业型平台领导特征的调节作用,聚焦于平台用户创业能
力、行为及绩效的影响关系研究。通过研究,希望实现以下五个研究目的:
一是通过规范的理论研究,比较全面地分析网络创业型平台领导的概念、属
性、演化、运行模式等内容,阐述网络平台用户创业的概念、特征、类型及一般模式;
二是通过扎根理论的研究方法,尝试构建网络创业型平台领导的特征模型,创

建其维度及具体指标体系,将平台领导指标化;

三是通过调查及数据统计,分析网络平台用户创业能力、行为及绩效的影响关系,以此提炼网络平台用户创业绩效的影响因素,从而为提升创业绩效提供思路;

四是通过数据统计方法,分析网络创业型平台领导特征对用户创业的调节效应,以此深入分析作为外部情境而存在的平台领导对用户创业的影响,从而为平台领导的构建及发展提供理论支撑;

五是通过案例研究的定性方法,分析基于网络创业型平台领导的用户创业行为,从而进一步扩展用户创业行为研究,完善整个研究体系。

1.3　研究意义

1.3.1　现实意义

1. 基于平台经济背景,助推以电子商务为代表的网络创业型平台领导建设

在网络平台经济背景下,繁荣发展的网络创业型平台领导遇到了"成长烦恼",即如何才能形成可持续发展的核心竞争力。当前,以电子商务为代表的网络创业型平台领导,也呈现出发展不均衡现象。2016 年以"名牌折扣＋限时抢购＋正品保障"为特征的"唯品会"开创了正品特卖的网络创业模式,其业绩一路飙升,自从上市之后曾连续 16 个季度盈利;以"全生态网上商业帝国"为目标的阿里巴巴,作为平台创建者,自从培育了"淘宝网"这一平台领导之后,其业务延伸至金融、物流、O2O 等领域,实现了各行业细分式拓展,全产业链一站式打造。除此之外、京东、苏宁等也都以其自身的创新实现了产业链拓展与平台繁荣。而与之相对应的,一些曾经炙手可热的平台或平台领导却面临发展瓶颈,甚至消亡:拍拍网(C2C)平台服务的关闭,弥漫着网络平台"巨头"间对抗的浓浓硝烟;"赶集易洗车"与"呱呱洗车"的合并,"e 洗车"及"功夫洗车"上门洗车服务的关闭,暴露出 O2O 新型创业模式的弊端;中国外贸电商第一股"兰亭集势",内有员工大规模离职之忧,外有供应商矛盾激化之患,凸显了跨境电商可持续发展的艰难。上述案例真实地呈现了平台之争的残酷,这不得不让人深思是什么导致如此巨大的平台业绩差异?而本书的一个重要内容就是平台领导特征及其对创业过程的影响,这将为解开上述"谜团"提供部分答案,为以电子商务为代表的网络创业型平台领导建设提供借鉴。

2. 响应"大众创业,万众创新"战略,助推方兴未艾的用户创业实践

网络平台经济重构了原有的从生产商到销售商再到消费者的线性商业链,其本质功能在于通过横向性流动来优化国民经济的时间流程和空间结构,促进生产、流通和消费方式的变革(宋则,2016)。在这种新商业模式下,网状分布式创新(Distributed Innovation)及创业得到鼓励,一批批网上平台创业者("网商")借助平

台资源,在平台规则框架下进行商业价值创造。这也响应了 2015 年 6 月国务院所颁布的《关于大力推进大众创业万众创新若干措施的意见》。"大众创业,万众创新"的提出,把创业、创新与人、企业这几个关键要素紧密结合在一起,不仅突出打造经济增长的引擎,而且突出打造就业和社会发展的引擎,不仅突出精英创业,而且突出草根创业(王昌林,2016)。这种大众化、社会化的平台用户创业,因其所处的经济背景、商业模式的差异,在创业主体、创业模式、创业渠道、创业要素、价值链五个方面都存在特殊性(胡桂兰,朱永跃,2010),也正是这些特殊性,使得平台用户创业与传统创业有着本质的区别,两类创业者的能力维度、行为特征等也会有所不同,与创业绩效之间的影响关系也会有所差异。这就需要开展以"网络平台用户创业"为主题的研究来科学地辨别两者差异,诠释用户创业者间的绩效差异。

3. 立足开放创新商业模式,助推平台领导与用户创业协同发展

平台经济的显著特征之一就是外部性,而开放创新是实现外部性的保障机制。无论是平台领导还是用户创业,两者相互依存,存在显著的外部经济特征。但这种网络外部性是正面还是负面的? 其外部性的程度如何? 这些问题与两者是否能够实现协同发展密切相关。在当前纷繁复杂的网络平台创业实践中,一些优秀的平台领导能实现平台与用户的协同发展,而一些平台则发展滞后,甚至面临消亡。究其原因,一个不可忽视的要素就是开放创新机制。本书将在案例研究基础上分析平台领导与用户创业的协同机制,并通过定量的统计分析阐述平台领导特征对用户创业的调节效应,从而为平台领导与用户创业的共生共荣提供有价值的管理借鉴。

本书虽然以电子商务平台领导及用户创业为主要实证研究对象,但本书研究的思路、方法可以为其他不同类型平台及创业研究提供思路。与此同时,在研究过程中,笔者将从国外前沿研究中获取科学理论,进行本土化适用。这些研究的理论归纳、实证分析、对策建议不仅直接为以电子商务平台为代表的网络创业型平台领导及用户创业提供理论支撑及应用指导,也将为其他类型平台领导及用户创业的发展提供有价值的理论借鉴,推动平台经济的繁荣发展。

1.3.2 理论意义

1. 延展用户创业理论研究

用户创业理论研究在国外已经得到了长足发展,研究领域及内容不断拓展:从最初狭义的使用者(消费者)用户创业延伸至专业用户创业,研究领域从婴幼儿用品等消费品领域扩展至生产用品,研究方法从简单的个案研究发展为多案例的质性研究。目前,用户创业理论研究内容涉及公司、社区内的用户创业、领先用户创业、在线用户创新及管理、网络用户创业、开放用户价值创造等。其中,研究比较成熟的是运动器材、儿童用品行业的用户创业。基于现有研究,本书将创业用户聚焦为平台创业用户,拓展了现有用户创业理论的研究主体;本书基于平台理论,重点分析网络平台用户创业能力、行为及绩效的关系,突破了现有用户创业的研究框

架,实现了从实体市场用户创业向线上线下用户创业的转变,丰富了现有用户创业理论体系。

2. 丰富国内平台领导理论研究

平台是指在双边市场中向两边用户提供互动或交易等相关服务的一类企业,目的在于提高双边互动或交易的效果和效率(陈应龙,2014)。平台既可以是传统平台(如实体市场等),也可以是以互联网为技术支撑的网络平台。随着平台理论研究的深入,学者们开始关注"平台升级"现象。Tiwana(2013)所提出的平台升级是指平台资源数量不断增加、平台功能得到增强、平台市场地位不断提升的动态演化过程。万兴和杨晶(2015)则以中国视频网站演化升级为案例,提出了三阶段平台升级,即多边市场阶段、低级平台生态系统阶段、高级平台生态系统阶段。在高级平台生态系统阶段,平台集群将是一种常见的现象。在平台集聚过程中,平台群落间会形成权力、功能的结构化差异,并逐渐演化成位居平台生态体系核心的平台领导及平台共建相关利益主体两类。而从当前的研究现状分析,平台研究比较成熟与完善,平台领导的国外研究也比较丰富,但国内相关研究较少。而本书直接以平台领导为研究对象,聚焦其平台领导特征,并分析其对平台用户创业能力、行为的调节作用,这将进一步推进平台升级的相关理论研究,丰富国内平台领导研究体系。

3. 变迁协同创新理论至网络平台创业新领域

协同创新发端于协同论,经历了从技术创新、协同制造、开放式创新到协同创新的学术发展脉络(王炳富,郑准,2016)。协同创新是在一个大的系统组织内,各个相互关联、相互作用的能动主体间开放创新、协同发展的互动过程,基于协同创造与开放式创新机制,依托系统组织内的核心主体开展整合与互动:整合主要包括知识、资源、行动、绩效,互动主要是指创新主体间知识传递与共享、资源优化组合及行动的协调一致(Veronica,Thomas,2007)。协同创新理论发展比较成熟,逐渐从技术创新领域延伸至社会科学领域。本书的重要内容是平台用户创业与平台领导特征间的关系研究,既包括定性的协同创新机制研究,也涉及定量的影响关系分析。在这些研究中,研究者借鉴协同创新理论,特别是开放式创新理论来分析用户创业及平台领导。在已有相关研究中,不乏基于协同创新理论基础上的用户进行创新创业研究。例如,王炳富和郑准(2016)提出了协同创新系统下用户创新的四层面影响因素。但纵观现有研究,将协同创新理论嵌入网络平台用户创业及其与平台领导间互动关系的研究很少,本书是一种新的理论迁移,是一种新的尝试。

1.4 研究框架及主要内容

1.4.1 研究框架

网络平台用户创业是一种新型的创业模式,其特殊性在于创业主体为平台用户,创业环境为网络平台领导所构建的平台网络体系。但究其创业本质、过程及元素,仍然符合创业基本规律,研究者也应当遵循现有的创业研究范式提出相应的理论模型。张玉利等(2004)在综述现有创业理论文献基础上,提出了"创业主体—创业环境(调节)—创业活动(中介)—创业绩效"的基本逻辑框架。其理论逻辑是包括个体创业、公司创业(Corporate Entrepreneurship, CE)(Miller,1983)及社会创业(Social Entrepreneurship, SE)的主体研究,然后分析个体特质、团队结构等对创业活动的影响,进而影响各主体的创业绩效。在这个过程中,创业主体所处的环境会对创业活动产生影响,从而影响整个创业进程及绩效。这里的创业活动包括Gartner(1985)所提出的建立新组织,Low 和 MacMillan(1988)所提出的创办新企业,Shane 和 Venkataraman(2000)所提出的发现和利用有利可图的机会的行为。创业环境则是指组织结构、控制体系、人力资源管理、组织文化等在内的各种变量(Morris,Kuratko,2003)。

基于该研究框架,一些研究者进行了相关的创业理论与实证研究。聂雪林和张炜(2013)将该逻辑应用于开放式创新过程的研究,并提出了"行为(中介)—情境(调节)—能力—绩效"模型(BCCP 模型)。郭海和沈睿(2013)则研究了以商业模式创新行为为中介变量,市场环境为调节变量的创业机会识别能力与企业绩效间的影响关系。夏清华等(2016)进一步深化了郭海和沈睿(2013)的研究,提出了在商业模式创新行为中,中介作用以及环境不确定性调节作用下的创业机会识别能力与企业绩效间的影响作用。将该研究框架应用得比较彻底的是张启尧等(2017)所进行的企业绿色资源整理能力与企业绩效的关系研究,其中漂绿行为(Greenwashing Behavior)为中介变量,恶性竞争作为环境要素发挥着调节作用。综合上述,本书借鉴了张玉利等(2004)所提出的研究框架,提出了 CCBP 研究框架,即"能力(Capability)—情境(Contingency)(调节)—行为(Behavior)(中介)—绩效(Performance)"研究框架(见图 1-6)。

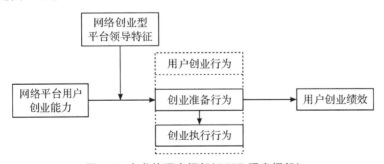

图 1-6 本书的研究框架(CCBP 研究框架)

1.4.2 主要内容

基于上述的研究框架,本书主要分为以下五个子研究:

子研究 1:基于规范的理论研究,分析网络创业型平台领导的概念、内涵、属性、演化、运营模式等内容,阐述网络平台用户创业特征、类型及一般模式。

子研究 2:基于扎根理论构建网络创业型平台领导特征模型。由于网络创业型平台领导特征的相关研究较少,本书将运用扎根理论研究方法,分析网络创业型平台领导的特征模型。这部分的研究目的在于形成网络创业型平台领导的核心维度,为后续的量表开发、变量间影响关系的实证研究提供基础。

子研究 3:平台用户创业能力、创业行为及创业绩效的影响关系研究。研究目的在于分析用户创业能力、创业行为与创业绩效间的影响关系,包括创业能力对创业绩效的影响、创业行为对创业绩效的影响、创业能力在创业行为中介作用下对创业绩效的影响(创业行为中介效应分析)等内容。笔者将以电商平台为实证调查对象,采用大样本问卷调查法,实证检验创业"能力—创业行为(中介)—创业绩效"的影响关系。

子研究 4:网络创业型平台领导特征的调节效应分析。目的在于分析作为情境因素而存在的网络创业型平台领导特征对用户创业能力、创业行为的调节作用,从而阐释网络创业型平台领导特征对用户创业的影响,完善本书所提出的"能力—情境(调节)—行为(中介)—绩效"的研究框架。

子研究 5:基于网络创业型平台领导的用户创业行为分析。目的在于更全面、更系统地分析网络平台用户创业行为,包括用户创业的内在机制、行为嵌入路径、行为载体及行为模式等内容。笔者将在电商平台领域选择案例,深入地分析基于网络创业型平台领导的用户创业行为,从质性研究的角度阐释网络创业型平台领导与用户创业行为的动态协同及机制。

1.5 研究方案

1.5.1 技术路线

本书研究的主要问题是"基于网络创业型平台领导特征调节作用的用户创业能力、行为及绩效关系研究"。为此,笔者将在现实与理论背景基础上,梳理基础理论及相关研究,并通过六个具体研究来分析该研究命题:一是进行网络创业型平台领导及网络平台用户创业概述;二是运用扎根理论的方法构建网络创业型平台领导特征模型;三是基于上述研究,进行量表开发、预试,并提出相应的研究假设;四是在实证调查基础上,开展用户创业能力、行为及绩效的影响关系研究,具体又包括"用户创业能力、创业行为及绩效的影响关系研究"及"网络平台用户创业行为的中介效应分析"两项内容;五是分析网络创业型平台领导特征对用户创业能力及行为间影响关系的调节效应;六是为更全面、系统地研究网络平台用户创业行为,本书将以电商平台领域内的淘宝网为案例进行案例研究,分析基于网络创业型平台领导的用户创业行为,包括用户创业嵌入路径、运行模式等相关内容。基于上述研究,笔者最后进行了研究总结与展望。具体研究技术路线见图 1-7。

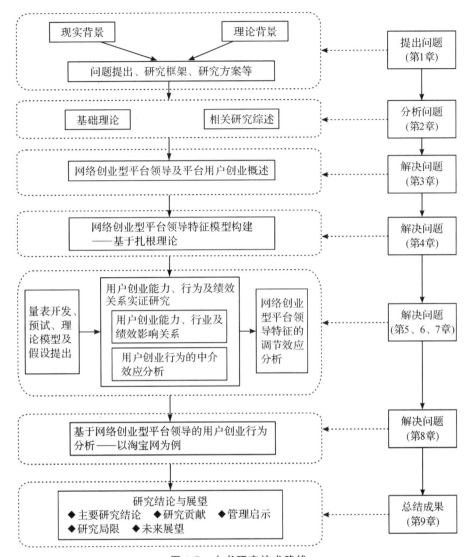

图 1-7　本书研究技术路线

1.5.2　研究流程

为了能更好地完成整个研究计划,本书经历了思考阶段、计划阶段、执行阶段（一）（预调查阶段）、执行阶段（二）（正式调查阶段）及完成总结五个阶段,具体研究流程见图 1-8。

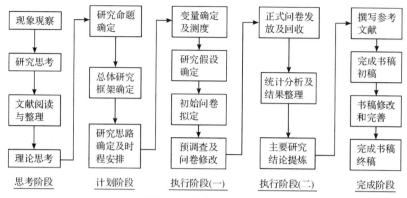

图 1-8 本书研究流程

1.5.3 章节安排

根据研究技术路线,本书对内容进行了结构性安排,具体见图 1-9。

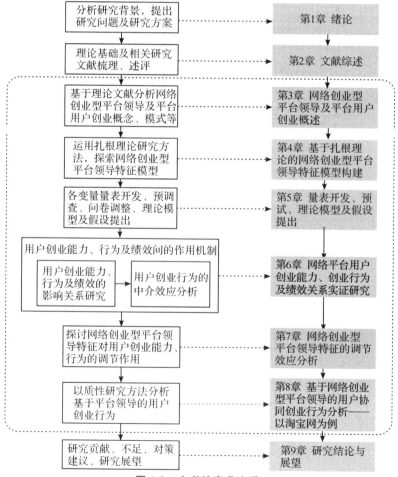

图 1-9 本书的章节安排

第 1 章绪论,基于现实背景和理论背景的分析,提出研究问题,明确研究目的和意义,构建研究框架及主要内容,清晰地阐述本书研究的技术路线、研究流程、章节安排、研究方法,阐释"网络创业型平台领导"和"用户创业"的概念及内涵,并提炼了研究创新点。

第 2 章文献综述,为了梳理本研究的相关文献,进行了基础理论及相关研究文献综述。本研究基础理论综述包括平台经济理论、双边市场理论、开放式创新理论;相关研究则包括平台领导理论、用户创业理论、创业能力理论、创业行为理论、创业绩效理论。通过这两个层面的文献综述,本研究进一步明确了研究主题。

第 3 章网络创业型平台领导及平台用户创业概述,主要分析网络创业型平台领导的概念、属性、演化、层级逻辑、运行模式,阐述网络平台用户创业的特征、类型及一般模式,从而为后续定量研究、案例研究提供理论基础。

第 4 章基于扎根理论的网络创业型平台领导特征模型构建,网络创业型平台领导是平台在网络经济驱动下逐渐发展、完善后的新型组织形态,具有平台、网络组织、组织领导的相关特性。由于现有相关研究较少,所以研究者运用扎根理论,通过四个阶段的有序研究,构建了网络创业型平台领导特征模型,从而为后续的量表开发、问卷编制等提供研究基础。

第 5 章量表开发、预试、理论模型及假设提出,基于文献综述、特征模型构建,对本研究的用户创业能力、创业行为、创业绩效及网络创业型平台领导特征 6 个变量进行了维度设计及量表开发、预试。在此基础上,提出了本研究的理论模型以及59 个理论假设。

第 6 章网络平台用户创业能力、行为及绩效关系实证研究,在量表开发、预试基础上,进行了正式问卷的发放与回收,并进行了数理统计分析。分析主要涉及两部分内容:一是用户创业能力、行为及绩效影响关系研究;二是用户创业行为在用户创业能力与绩效间的中介作用。在这个过程中,运用了 SPSS 及 AMOS 等统计软件,对 420 个有效样本数据进行了描述性统计分析、组间因子差异性分析、探索性因子分析、验证性因子分析、信效度分析、结构方程假设检验、Bootstrapping 中介效应分析,并进行了假设检验。

第 7 章网络创业型平台领导特征的调节效应分析,基于上一章节的研究结果,运用 SPSS22.0 对样本数据再次进行阶层回归分析,探讨网络创业型平台领导特征对用户创业能力及行为间影响关系的调节效应,从而从定量角度分析了两者的互动关系。

第 8 章基于网络创业型平台领导的用户创业行为分析——以淘宝网为例,为了更全面、系统地分析平台领导与用户创业的互动关系,以及用户创业行为,笔者以淘宝网为案例,分析了基于平台领导的用户创业内在机理、行为嵌入路径、行为载体及模式(行为类型),从而从定性研究角度诠释了平台用户创业行为,拓展了现有研究体系。

第9章研究结论与展望,通过循序渐进的定性及定量研究,笔者对用户创业能力对创业绩效的各种促进作用及其大小、用户创业行为的中介作用、网络创业型平台领导特征的调节效应及其与用户创业的互动机制进行了科学分析,形成了一系列的研究成果,并对平台创业用户、平台领导组织提出了相应的管理启示。除此之外,笔者也将进一步反思本研究的不足,并提出未来研究方向。

1.5.4 研究方法

1. 文献研究

文献研究是一种应用非常广泛且重要的研究方法。笔者也非常重视文献研究,仅文献综述部分,就投入了5个多月的时间进行文献搜集及整理。通过查阅国外的 Elsevier、Springer、EBSCO、JSTOR、Google 学术以及 ProQuest 数据平台,并搜集国内的 CNKI、万方、维普等数据库相关文献,笔者对平台经济理论、双边市场理论、开放式创新三大基础理论进行了文献综述,对用户创业、创业能力、创业行为、创业绩效及平台领导相关理论文献进行了比较详细的文献述评。在文献综述基础上,提出了本研究的理论框架。

2. 扎根理论

在理论构建不太成熟的研究领域,扎根理论是一种比较行之有效的质性研究方法。本研究基于平台领导理论研究相对不足的现状,对网络创业型平台领导特征的概念构思进行探索性开发。为此,笔者严格遵循扎根理论的研究范式,进行了四阶段的理论研究:阶段一是通过专家头脑风暴法对预设的访谈问题进行甄选,确定半结构化访谈提纲;阶段二是进行样本选择,并将所选样本随机划分为访谈组一和访谈组二,第一组访谈数据用于实质性编码,第二组访谈数据则用于理论饱和度检验;阶段三是对采集的数据进行开放编码、主轴编码及选择性编码,并进行理论饱和度检验;阶段四是理论建构并对特征模型进行解释。

3. 问卷调查

问卷调查因其适应性强、可操作性等特点,成为当前众多研究领域应用最为广泛的研究方法。本研究在质性研究及文献研究基础上,对本研究所涉及的所有变量进行了量表开发、初始问卷拟定,并在经过量表预试、统计分析等一系列科学分析之后,确定了正式问卷。之后,笔者通过网络与实地调查相结合的方式进行了有序的问卷发放及回收等工作,从而为后续的统计分析提供基础。

4. 统计分析

按照研究进程,本研究的统计分析主要分为两个阶段:阶段一是初始量表开发阶段的统计分析;阶段二是正式调查阶段的统计分析。在初始量表开发阶段,运用 SPSS 17.0 对 152 份有效问卷进行了统计分析。具体统计分析方法有极端值的独立样本 t 检验、量表题项与总分相关性检验、信度检验等。在正式调查阶段,笔者运用 SPSS 17.0、SPSS 22.0、AMOS 22.0 等软件对样本数据进行了描述性统计分析、组间因子差异性分析、探索性因子分析、验证性因子分析、信效度分析、结构方程假设检验、Bootstrapping 中介效应分析法、阶层回归法等统计分析。而为了提高研究的科学性,本研究采用了随机等分样本来进行探索性因子分析、验证性因子分析及信效度分析。

5.案例研究

案例研究(Case Study)是一种比较常见的定性研究方法,属于一种经验主义的探究(Empirical Inquiry)(Yin,1984)。本书以淘宝网为案例进行了比较全面的案例分析,包括淘宝网基础数据、淘宝开放平台运行模式、用户与淘宝网平台领导间的嵌入路径等内容。在案例研究中,笔者进行了多次、多主体的访谈。访谈对象涉及淘宝网卖家 85 名、买家 50 名,访谈内容主要涉及用户的商品交易体验;淘宝平台互补产品参与开发者 3 名,访谈内容涉及平台开放性、接口兼容性及平台开发规则等;电子商务平台相关研究专家 15 名,访谈内容涉及平台运行机理、运行模式等。

1.6 基础概念

1.6.1 网络创业型平台领导

为了更清晰地阐述"网络创业型平台领导"(Network Entrepreneurial Platform Leadership,NEPL)概念,笔者将其与平台等相关概念进行了区分,其关系见图 1-10,具体区别见表 1-6。

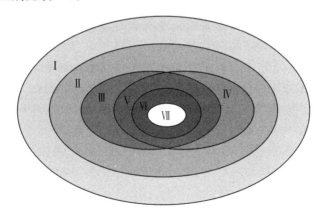

Ⅰ:平台;Ⅱ:平台领导;Ⅲ:技术型平台领导;Ⅳ:商业型平台领导;
Ⅴ:综合型平台领导;Ⅵ:网络经济平台领导;Ⅶ:网络创业型平台领导

图 1-10　网络创业型平台领导与相关概念的关系

表 1-6　网络创业型平台领导与相关概念的区别

名　称	概　念	案　例
平台	平台的本质是市场的具体化,为市场提供交易空间,以此提供市场交易的场所(徐晋,2013)	银行卡等
平台领导	以推动自身行业创新为目标的公司(加威尔,库苏麦诺,2007),在多平台中有着"领导"地位和功能的特殊组织	手机操作系统
技术型平台领导	以技术引领行业发展,为行业相关技术领域提供核心组件的领导型企业或组织	英特尔、微软等
商业型平台领导	以有竞争力的商业模式集聚多主体、多平台参与,最终形成以其为"领导"的商业生态体系	多业态的综合型购物中心
综合型平台领导	融技术和商业形态的领导型企业或组织	QQ 等
网络经济平台领导	借助互联网推动行业发展的领导型企业或组织,呈现鲜明的网络经济特性	世纪佳缘等
网络创业型平台领导	以互联网技术为支撑,以形式多样的多主体创业活动为鲜明特色,在多平台、多主体构建的商业生态体系中拥有领导能力的企业或组织	淘宝、京东等

图 1-10、表 1-6 表明,平台领导是一种特殊的平台类型,其实质也是平台,它首先具备的是平台的基本内涵及属性。"平台"概念最先应用于技术领域,而后随着网络经济蓬勃发展,平台逐渐从单一的技术领域衍生至商业领域。目前,越来越多的学者认同平台是一种现实或虚拟空间的观点,该空间可以导致或促成双方或多方客户之间的交易(徐晋,张祥建,2006;陈玲,2010;叶秀敏,2016)。从平台内涵角度分析,平台具备外部性(Externality)、多属性(Multi-homing)、长尾(The Long Tail)、价格杠杆(Leverage Effect on Price-making)、协同创新(Collaborative Innovation Effect)等特征。而平台领导除具备一般平台属性及内涵之外,其特殊性在于其"领导"的地位及功能。平台领导是在平台群落中拥有领导能力的特定组织,其领导行为将驱动着该组织围绕特定平台技术而开展行业层次的创新驱动(Cusumano,Gawer,2001)。类似这样的组织都可以称为平台领导,他们不仅仅组织多方主体交易,而且提供一种充分开放的平台技术,使得外围企业或个人能提供配套或辅助产品或服务(Cusumano,2011),在平台经济的基础层、平台层、应用层、用户层(叶秀敏,2016)都发挥着规则界定、运行监管、资源提供、利益分配等各项领导功能。其领导特性在多平台共生的生态体系中才能凸显。

从其发展脉络分析,平台领导最初主要指的是类似于微软这样的技术型平台领导,而后逐渐发展为商业型平台领导。而由于商业与技术元素的逐渐融合,综合型平台领导开始出现,并层出不穷。其中以互联网为核心技术支撑的网络经济平台领导是最具时代元素的综合型平台领导,也是越来越广泛存在的平台领导类型,它包含信息平台、市场平台、交易平台、制造平台、物流平台、营销平台、服务平台等多个子平台,涉及平台领导组织、双边市场用户、平台共建主体等多方利益相关者。

随着"大众创业,万众创新"战略以及网络经济组织开放式创新的推进,创业被逐渐扩大化,它不仅仅是创办新企业,任何一个现存组织也都可以实施创业行为,因为创业最为关注的是有利可图的机会的发现和利用(Shane,Venkatraman,2000),所以包含机会搜寻、资源整合在内的产品、服务或技术的价值创造过程就可被称之为创业(陈震红等,2004;蔡莉等,2016)。在平台领导所构建的平台商业系统中,平台领导自身、双边市场主体、平台共建主体都存在形式多样(自我雇佣、组织创业;商品或服务交易;技术创新或应用等)的创业活动,创业成为驱动平台领导及各主体创新发展的常态化活动。基于上述研究,本研究将网络创业型平台领导界定为以互联网技术为支撑,以形式多样的多主体创业活动为鲜明特色,在多平台、多主体构建的商业生态体系中拥有核心领导能力的平台组织。本书第 3 章将进一步阐述网络创业型平台领导。

1.6.2 用户创业

"用户创业"(User Entrepreneurship,UE)所指的"用户"最初就是指产品使用者(消费者),又可称为终端用户(End Users)。这种消费者创业是消费者基于提高自身幸福感而通过识别机会及资源重组来进行选择、购买、分销产品或服务的行为(Huefner,Hunt,1994)。例如,健身爱好者在使用运动器材过程中进行产品创新或创业(Luthje et al.,2005)。随着双边市场的兴起,平台经济的日益发展,越来越多的创业活动无法被终端用户创业所解释,用户创业的主体开始超越消费者范畴。中端用户(Intermediate Users)创业(Bogers,West,2012)、专业用户(Professional Users)创业(Shah,Tripsas,2007)等新型用户创业层出不穷。金杨华和潘建林(2014)则系统归纳了平台经济背景下的用户创业的六种类型,即纯粹平台开发用户创业、终端市场的纯粹卖方用户创业、终端市场的卖方用户兼平台开发用户创业、终端市场的买方用户转化为卖方用户的创业、终端市场买方用户转化为平台开发用户创业、混合型用户创业(用户多归属)。基于上述分析,本研究所阐述的用户创业是指基于用户属性而开展的各种形式的创业活动,是一种广义上的用户创业。

1.7 本研究创新点

笔者基于现实与理论背景,提出了研究命题。首先,通过翔实的基础理论及相关研究文献综述,形成了本研究的理论基础;其次,通过规范的扎根理论研究方法,构建了网络创业型平台领导特征模型;最后,在上述研究基础上,通过 SPSS 及 AMOS 等软件进行了量表开发及预试,并将最终形成的调查问卷进行了大样本数据分析,取得了一定的研究成果。本书的创新点主要在于其研究对象和研究内容。

在研究对象上,本研究选择了基于网络创业型平台领导特征调节作用的用户创业行为作为研究命题。当前,网络平台用户创业实践方兴未艾,其中以电商平台用户创业最为常见。在繁荣的平台用户创业实践中,一系列与创业相关的问题层出不穷,而与之相对应的用户创业理论研究则相对缺乏。基于这样的时代背景,该研究命题的提出具有创新性及现实意义。

在研究内容上,本书创新之处在于以下四个方面:

一是基于扎根理论,构建了网络创业型平台领导的特征模型及量表。网络创业型平台领导特征是本研究的重要变量,也是本研究的特色之一,但当前尚没有比较成熟的相关量表。为此,笔者运用扎根理论,通过专家头脑风暴法确定半结构化访谈提纲;将所选样本随机划分为访谈组一和访谈组二,第一组访谈数据用于实质性编码,第二组访谈数据则用于理论饱和度检验;之后,对采集的数据进行开放编码、主轴编码及选择性编码,并进行理论饱和度检验;最终建立了包含 14 个具体特征的网络创业型平台领导特征模型。基于特征模型,笔者进行了量表开发及预试,形成了正式量表。这是对网络平台理论研究的一次新的拓展,为科学分析、评估平台领导提供理论支持,进一步完善了平台理论体系,也丰富了网络组织的理论研究成果。

二是基于用户创业行为的中介效应,分析了用户创业能力对创业绩效的作用机制,丰富了现有的"能力—行为—绩效"CBP 理论模型。本研究以平台用户创业为主要研究范畴,以电子商务平台用户为主要研究对象,通过科学、严谨的问卷开发、统计分析,探讨了用户创业能力对创业绩效的影响效应,并分析了用户创业行为的中介作用,形成了一系列研究成果。该研究内容能在理论上丰富用户的创业研究,也能较好地解释用户创业绩效差异的原因,为用户创业成功或失败提供理论借鉴,也为用户提升创业绩效提供理论支持。

三是基于网络创业型平台领导特征的情境调节作用,分析其对用户创业能力及行为关系的影响,从而将 CBP 模型延伸为 CCBP 研究模型。本研究运用 SPSS 22.0 阶层分析法分析了网络创业型平台领导的调节效应。研究结果表明,网络创业型平台领导特征的 4 个变量在用户创业能力的 4 个变量对用户创业行为的 2 个变量影响作用过程中,共有 17 个调节效应得到显著性检验。该研究结果不仅证明了平台领导特征作为一种环境要素能对用户创业产生影响,而且还提炼出具体的影响变量,从而为平台领导能力提升提供理论借鉴。

四是以嵌入式开放创新视角,分析了基于网络创业型平台领导的用户协同创业行为。为了能在整体上更全面地分析用户创业行为,笔者以"淘宝网"为案例,进行了深入研究。通过研究,本书提出了多主体嵌入及开放创新的非线性互动机制、平台开发嵌入与双边市场嵌入的双嵌入路径、开放创新的子平台生态群的运行载体、多属性用户的多线性创业的行为模式等研究成果。该研究内容及成果比较规范地提炼了平台用户创业内在机理,为更好地理解、分析平台领导与用户创业提供了借鉴,丰富了用户创业研究,进一步完善了创业理论研究体系,具有一定创新性。

1.8 本章小结

    本章对本书的整体情况进行了介绍。以研究的现实背景与理论背景为研究起点,提出了本研究的命题、研究框架、目的及意义。在此基础上,笔者按照提出问题、分析问题、解决问题及研究总结的思路,提出了本研究的技术路线、研究五阶段流程、章节安排及研究方法。与此同时,本书对本研究所涉及的网络创业型平台领导、用户创业两个基础概念进行了解释,并提炼了本研究的创新点。

第2章 文献综述

2.1 基础理论

2.1.1 平台经济理论

随着网络经济学在信息经济学、双边市场理论及产业组织理论下的发展,以广泛存在的平台为研究对象、以平台经济为主要研究内容的"平台经济学"(Platform Economics)在21世纪初萌芽(张启迪,2012)、兴起并得到发展。学术界普遍认为2000年左右美国的一场关于澳洲、美国、欧洲国际银行卡网络反垄断案件的学术争论(Julian,2004)标志着平台研究的开始(陈宏民,胥莉,2007)。经过Rochet和Tirole(2003)、Caillaud和Jullien(2003)、Armstrong(2006)等学者的共同推动,2004年由法国产业经济研究所(IDEI)和政策研究中心(CEPR)联合主办的"双边市场经济学"会议在法国图卢兹召开。这标志着平台经济理论已形成。2006年,国内学者徐晋、张祥建首次提出"平台经济学"概念(徐晋,张祥建,2006),2011年,国外学者Evans等首次提出Platform Economics的概念。经过多年发展,平台经济理论逐渐形成自身的研究体系框架(见图2-1)。

1.基础性研究

在最初的平台研究阶段,Gawer和Cusumano(2002)就开始关注平台的"鸡和蛋"(Chicken-and-Egg)谁先于谁的问题,即如果没有一方的需求或者市场存在,另一方的需求和市场也会随之消失。基于这一特性,平台就可以采用"各个击破"的方法(Caillaud,Jullien,2003)设法召集双边市场用户。2007年,Andrei在分析电子商务平台基础上,提出基于信息对称的条件,及卖方投资冲动重要性超过买卖双边市场商品需求互补性的市场环境,平台商业模式能更好地促进双边用户交易。而后,Andrei和Julian(2011)在研究平台交易时,对平台促成依附于它的多方客户需求匹配和发生直接交易的典型特征做了描述,从而将平台经济研究引向多边市场领域。

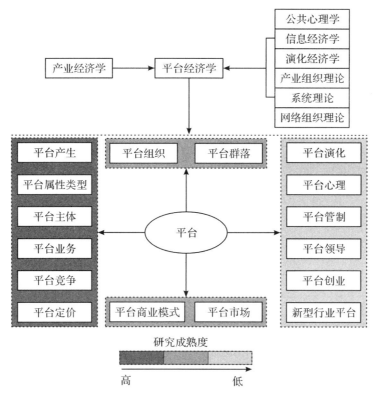

图 2-1　平台经济理论的研究体系及进展

伴随着平台"鸡与蛋"的问题,平台属性及类型的相关研究逐渐呈现,并且日渐成熟。在平台属性特征领域,研究最早且比较成熟的是平台的外部性及多属性。其中,平台外部性又可以划分为"成员外部性"(Membership Externality)和"用途外部性"(Usage Externality)。成员外部性又称间接网络外部性,是指平台一方用户的数量将会影响另一方用户的价值。用途外部性,又称直接网络外部性,是指用户间互动及交易数量越增加,用户将越会受益(Evans,2003a)。平台的多结点联结模式特点,使得平台所关联的多边市场呈现复杂、多样化结构:相似性(一致性)平台(Coincident Platform)即多个平台为市场同一方提供相似或同质的市场关系,可以简称为"多平台,单市场";交叉性平台(Intersecting Platform),即多个平台为多个市场方提供可替代的产品或服务关系,平台间、平台与市场方之间存有服务与被服务关系,简称"多平台、多市场";垄断性平台(Monopoly Platform),即市场任何一方都不存在相互竞争的平台,简称为"单平台、单市场"。除此之外,即使在同一个平台中市场一方也可能同时充当着市场另一方,例如电子商务平台中卖家也可能是买家(金杨华,潘建林,2014)。基于这样的平台市场结构,市场一方就可能会选择多属行为来获取占优策略(李允尧,刘海运,黄少坚,2013)。因为,在功能替代或互补的平台商业环境下,此策略能最大化市场方的利益。除了外部性及多属性两个核心特征,平台还具备长尾、价格杠杆、协同创新等特征。基于平台类型研究,国内学者徐晋(2013)从平台本质特性及表现形态,将平台划分为 7 大类 19 种平台。

平台基础性研究领域比较成熟的第三部分内容就是平台相关主体研究。"平台经济"涉及四方主体,即需求方用户(Demand-side)、供给方用户(Supply-side)、平台企业(也称平台提供者,Platform Provider)和平台支撑者(Platform Sponsor)(李凌,2013)。而随着平台生态体系逐渐完善及开放式创新模式的嵌入,平台提供者往往不是单一的,而是基于平台母体多方嵌入协同提供或开发,这使得平台主体及其相互关系更为丰富和复杂(见图 2-2)。

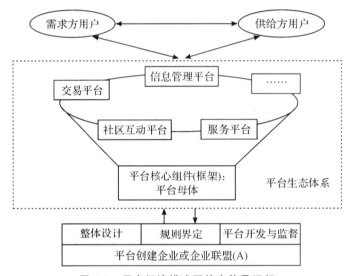

图 2-2 平台经济模式下的主体及运行

基于平台主体相关研究,国内外专家学者归纳了平台业务常见的 3 种模式(Evans,2003a):一是平台通过定价、投资等方式获取平台双边市场用户的进入,从而实现召集双边用户的目的,解决"鸡和蛋"的问题;二是双边用户的利益平衡及博弈,即平台要通过价格结构及杠杆作用获得平台整体最优的利益,既能保障双边用户的利益平衡,推动良性博弈,也能实现平台整体效益最优;三是规模化和流动性,即平台要通过自身已积累优势实现用户规模效应及平台产品或服务的范围经济,并通过政策、机制刺激,推动平台主体及各要素在平台上的流动,促进平台动态发展。

平台的另一个研究重点就是平台竞争,包括平台内部主体间竞争及平台间竞争。这种竞争可以是自然形成的,也可以是市场一方主动积极行动所引起的(Roson,2004)。平台的竞争可能会使原有平台市场力量减弱或增强,也可能导致原有平台的价格结构发生变化。除了平台竞争一般性研究,国内外学者非常关注平台竞争手段的研究。综合现有相关研究,平台竞争的主要手段有以下四种。一是平台服务的差异化,即通过服务差异化获取竞争优势。与传统双寡头垄断模型不一样,即使平台利润为零,平台的差异化服务所呈现的价格平衡也会出现,因为市场一方会补贴另一方。二是客户差异化。根据客户特殊性采取不同的策略,如价格平衡策略等,这也是平台竞争重要手段(Gabszewicz,Wauthy,2004)。三是通过调整平台交易费用、会员费等方式,获取市场用户的多属优势。四是优化平台竞争结构的内生性要素,即通过平台内部竞争结构的优化,如双边市场利益均衡、要素优化流畅等方式,实现资源整合及优化(Hermalin,Katz,2004)。除此之外,动态性及非对称性等策略也是获取平台竞争优势的手段。

在现有研究中,越来越多的学者关注平台定价。平台的双边市场特性,使得平台定价长期处于动态博弈的状态,平台定价非常复杂。目前,国内外学者对于平台定价的研究主要集中于平台定价的影响因素及定价策略或模型。平台定价的影响因素主要包括需求弹性、边际成本、网络外部性、核心主体的市场能力。市场双边需求弹性是平台定价的重要决定性因素。这里的需求弹性涉及两个层面:一是市场用户对于平台提供服务或产品的价格需求弹性;二是市场一方的规模对另一方需求弹性的影响。边际成本是平台定价的重要参考因素,但与传统定价不同,对于平台某一边的最优价格可能会低于边际成本(Parker,Van Alstyne,2002)。网络外部性体现了一边市场用户规模对于另一边用户收益的影响,因此平台会依据一方网络外部性的程度来确定平台对这一方市场用户的定价,从而形成区别定价(Behavior Based Price Discrimination,BBPD)(董亮,任剑新,2012)。除此之外,随着平台参与主体的复杂和多元化,平台核心主体的市场势力也将影响平台定价。基于平台定价的影响因素,一些学者关注平台的定价策略,并形成相应模型。例如,Rochet 和 Tirole(2004)提出了颠倒原则策略(Topsy-turvy Principle),即如果因为某一个因素导致平台对市场一方收取高价,这个因素也将会促使平台对另一方收取低价。Roehet 和 Tirole(2003)以及 Armstrong(2004)提出并分析了静态定价模型。其核心观点是如果市场一方的规模是另一方需求弹性的影响因素,那么随着买方数量的增加,平台对买方收取的费用就会上升,而对卖方收取的费用反而下降。当前,基于市场假设的平台定价研究依然盛行,如基于 Hotelling 模型的双寡头市场定价博弈等(卓莲梅,陈章旺,贾林,2011)。

2.横向延伸相关研究

随着平台基础性研究的深入,关于平台组织的研究开始出现。平台组织是数据和市场在平台经济学下一体两面的具化(徐晋,2013),是一种包含数据、运行或合作机制等要素在内的跨层结构组织形态,呈现出平台的人格化特征。关于平台组织边界,徐晋(2013)认为平台包含参与层、规则层和数据层:参与层主要负责信息生成并流动,从而为平台组织运行提供信息基础及决策依据;信息经由平台组织内部渠道,进入了规则层,实现了信息的归类、重新编码及提炼,形成基本规则、动态规则及衍生规则;经过提炼后的信息会形成具有平台生产力的数据,实现数据层的构建。三个平台组织层级即时互动并相互支撑。而叶秀敏(2016)则提出了平台组织包含基础层、平台层及应用层三个层面。基础层主要是为平台运行提供通信、软硬件等基础条件与设施;平台层则主要由平台企业构成,提供基础与增值服务;应用层则是双边市场的直接互动,如产品或服务交易等。在平台组织的研究体系中,关于平台内部各层级、主体间的逻辑关系、运行作用机理等研究也在逐渐兴起,但尚不完善。由于现实商业环境的复杂性及双边甚至是多边市场效应,平台也会发生裂变、衍生及嵌入,从而形成平台群,其构建具有一定跨组织的群落特征。平台群落首先一定是由两个或以上的平台构成;其次,各平台都有共时空性;更为重要的是各平台间存在比较频繁的互动或者依赖关系。正是基于各平台间依赖或互动关系类型、程度的不同,国内学者徐晋提出了母子平台、寄生平台、宿主平台等多种类型。这些平台群在一个组织生态体系框架下,进行充分且频繁的互动,但当前国内外在平台群落结构及平台间互动模式等方面都缺乏更为丰富的研究。

在现有研究中,也有一部分国内外学者关注平台商业模式研究。平台商业模式是平台组织、平台群落主体间各要素的流动及其运行机制。这种流动过程或机制可以进行归纳、借鉴,从而构成平台特有的商业模式。2004年Vrechopoulos提出了企业模块化网络运营平台商业模式。2009年,杨云送、朱岩及张毅则从Web2.0技术角度对平台商业模式进行研究。而现在随着电子商务的迅猛发展,越来越多的学者投身于电子商务平台商业模式的研究。国内学者徐晋提出了平台物质流商业模式、信息流商业模式、规则流商业模式等类型。从国内外研究整体现状看,平台商业模式的研究尚处于发展初期,对于平台商业模式的要素、运行、机制、进程等相关研究较为缺乏。

3.纵向延伸相关研究

演化原本是生物学概念,特指生物在自身基因及与环境互适中,形态、类型等不断发生变化的过程。随着演化理论从生物学领域不断迁移至社会经济领域,也有少部分学者开始研究平台演化。平台演化是平台在内外部力量的作用下,所产生的平台内部裂变、进化、重组等变化过程,是一种从动态研究视角所开展的平台研究。徐晋(2013)将平台演化划分为平台寄生、平台共生及平台衍生三阶段。伴随着这三阶段,母子平台间的关系也从简单的子平台寄生发展到子平台独立、成长的过程,单平台也逐渐演化为多平台的群落体系。目前,关于平台演化内容的研究较少,且主要偏重于演化机制等静态研究,如杨玉波和胡啸兵(2015)所开展的互联网金融平台演化机制研究。而与平台演化相关的另一类型研究就是平台管制,在平台演化过程中,平台内部或者平台群落间会形成组织跨层结构,在这个结构中会产生拥有平台管制等领导能力的平台,这种平台管制包含着一种人格化的"权力",这种权力包含价格控制、竞争协调、许可授权、利润分享等。目前也只有徐晋等少数学者研究过平台管制理论,且其研究偏向于静态理论分析。

在当前平台经济理论研究中,另一个比较匮乏的研究是平台心理。平台心理是将社会心理学、群体心理学、营销心理学等心理学相关理论嵌入平台这一特定情境而产生的交叉理论。其研究内容可涉及平台个体行为、群体行为、组织行为。除此之外,心理契约(Psychological Contract)相关理论也会在平台心理中得到应用,但不同于传统组织心理契约,平台心理契约呈现的是双边、多边主体的心理与行为契约,更为复杂。

伴随着平台演化进程,平台异化现象逐渐出现,一部分平台不提供所有要素,而是提供平台发展的核心组件,运用有效的平台管制手段,构建以其为核心的平台经济网络。这种特殊的现象就是平台领导。早在 2001 年,Cusumano 和 Gawer 就开始关注"平台领导"现象。这种新型组织"领导"在创建者理念驱动下界定商业规则,而外围主体依赖平台接口实施平台开发行为,或者在双边市场交易中获取收益或效用。平台领导的本质也是平台,它的特殊性在于在平台群落中所处的"领导"地位及功能。而与平台领导相辅相成的另一个研究内容就是平台创业(Platform Entrepreneurship)。在平台创业中,一种常见的创业形态就是用户创业(User Entrepreneurship)。在平台组织,特别是网络平台组织的推动下,用户创业研究也从原来的实物商品(Shah,Tripsas,2007)转向多属性用户的多线性创业(金杨华,潘建林,2014)。除了上述研究,越来越多的学者开始研究新兴行业平台,如微信平台(王千,2014)、电子商务平台等。

综上所述,相对于国内研究,国外对平台经济理论的研究起步更早,并且研究成果更为丰富。从整个研究发展脉络分析,国内外研究大多经历了从平台基础性研究到平台组织、模式的横向延伸,再到平台心理、管制、领导等相关纵向研究的发展过程。研究内容从"碎片化"走向"系统化",研究视角从静态走向动态,研究方法从现象描述到模式构建,再到多模型嵌入。当前,国内外学者比较关心的研究命题有以下几个方面:一是平台商业生态系统及组织运营模式构建,如 Bald-win 和 Woodard(2008)对平台作为具有有机生态系统的组织结构特征做了精辟阐述,陈玲(2010)等则基于平台理论分析了平台组织运营模式;二是多边平台研究,基于协同开放式创新(Embeded Open Innovation)角度分析多主体嵌入式的平台发展研究,如 Andrei 和 Wright(2011)研究了多边平台的设计及构建;三是电子商务平台、平台创业及运营模式研究,如潘建林和金杨华(2015)基于浙江、广东两省调研,分析了电商经营者的多维创业能力结构;四是平台群落的结构研究,如平台领导规则及与其他附属组织的互动研究(加威尔和库苏麦诺,2007)。

2.1.2　双边市场理论

双边市场理论是研究"双边市场"概念、运行、定价机制等内容所形成的理论体系。双边市场(Two-sided Market,TSM),早期又被称为双边配对市场(Two-sided Matching Market,TSMM)。Gale 和 Shapley(1962)开创了该研究领域的"先河"。他们在分析配偶确定及学校选择的两种情况下,基于转换效用(Transferable Utility,TU)不存在的条件,研究双边配对的合作模型。而后,Shapley 和 Shubik(1972)基于之前的研究,考察了具有转换效用的分配策略,并用转换的货币量来测量效用的大小。自此,双边市场规范性研究开始慢慢出现,双边市场理论也逐渐形成。其理论形成的标志也是 2004 年于法国图卢兹召开的"双边市场经济学"会议。双边市场理论与上文的平台经济理论相辅相成,互为嵌入,既存在"水乳交融"的关系,又有着"霄壤之别"。两者关系如图 2-3 所示。

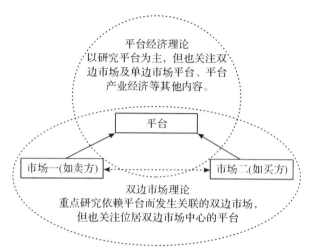

图 2-3　平台经济理论与双边市场理论关系

平台经济理论聚焦于平台,围绕平台运行、平台结构、平台机制等内容而展开研究。由于双边市场与平台的关系密切,所以平台经济研究专家往往同时研究双边市场。双边市场理论主要研究双边市场定义、特征、市场结构、市场行为、反垄断、定价机制等内容。经多年发展,双边市场理论不断完善,研究体系日渐丰富。其研究体系如图 2-4 所示。

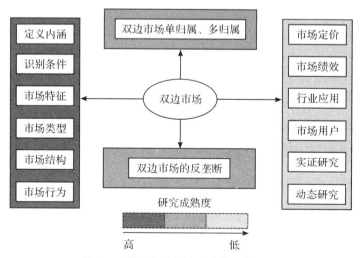

图 2-4　双边市场理论研究体系及进展

1. 基础性研究

关于双边市场的定义及内涵,目前主要有四种界定方式。其一,从网络外部性的角度界定双边市场。Armstrong(2005)认为双边市场是两组参与者通过中间层(Intermediary)或平台(Platform)进行交易,而且其中一组参与者(最终用户)加入平台的收益(效用)取决于另一组参与者(最终用户)的数量。其二,从环境角度界定双边市场。Roson(2004)认为双边市场是一种经济环境,其中商品或服务在两边用户间流动,且每一边用户的收益将随着另一边用户数量的增加而上升。其三,从价格角度定义双边市场。Rochest 和 Tirole(2004,2005)认为双边或多边市场是基于平台合理地向每一方收费而把双方吸引并维持在平台上。其中,一个常见的现象就是对市场一边收取更多费用的同时,必然会对另一边降低费用的收取。其四,从综合角度定义双边市场。黄民礼(2007)、熊艳(2010)认为供求双方之间在产品或服务上的交叉网络外部性,使得双方集聚于平台这一交易媒介,且平台企业向市场两边收取总价格 P(P>0)是由 PB 和 PS 之和构成的(PB,PS 是平台分别向交易双方收取的费用,且可以是零,甚至是负数),即平台交易量与价格结构有关,这样的市场就是双边市场。当前,越来越多学者认同从综合角度来界定双边市场。

在双边市场概念定义中,有些学者专门研究双边市场的识别条件,即区分双边市场与单边市场的判定条件。首先,判定双边市场的必要条件为科斯定理失效。科斯定理认为,无论是否存在外部性,如果产权清晰明确且可用于交换,那么在没有交易成本且信息是对称的情况下,交易双方的谈判结果将是帕累托最优(Pareto-efficiency)。科斯定理可以用于很多市场经济领域,但不适用于双边市场。Parker 和 Van Alstyne(2000)、Rochet 和 Tirole(2004)指出"科斯定理不能应用"是识别双边市场的必要条件。因为在双边市场中,存在交叉网络外部效应,一边用户在给另一边用户创造价值或效益时,如一边市场用户数量的增加会带给另一方用户利益增加,由于这种价值的增加难以进行产权界定、信息的充分对称,所以产权、信息对称及零交易成本也并不足以保证双边用户有效的交易量。值得注意的是,双边市场中科斯定理不适用,并不意味着科斯定理不适用的都是双边市场(张晓媛,曹年更,2013)。其次,"依托平台"是双边市场识别的另一个必要条件。Armstrong(2004,2006)认为双边市场必须要通过某个平台才能完成其产品或服务交易。在传统的单边市场中,交易双方直接进行交易,没有中间层次。然而,在双边市场中,双边市场主体依托平台完成各自的交易需求或效用。第三,识别双边市场的充分条件是"价格结构非中性"。Rochet 和 Tirole(2006)、王娜(2010)、谭力文(2010)等认为区别双边市场与单边市场的有效条件是平台交易量是否会受到市场结构的影响。具体地说,平台的交易量 D 如果仅仅取决于价格总水平(P=PB+PS)则说明该市场是单边。如果在 P 为常数的情况下,交易量 D 会随着 PB 或 PS 的变化而变化,那么该市场属于双边市场。

在双边市场的基础性研究中,双边市场特征研究比较丰富。综合现有研究,双边市场特征主要有以下几方面。一是交叉网络外部性。Evans(2003a)、Armstrong(2006)、程贵孙等(2006,2007)学者都认为交叉网络外部性是双边市场的核心特征。交叉网络外部性是指双边市场一方的用户数量将影响另一方用户的数量、交易量,而且彼此之间相互作用。由于双边市场特殊性,这种网络外部性除了具有交叉性特点之外,还包含着间接与直接两种网络外部性。直接网络外部性主要体现为成员外部性与双边市场用户数量相关,间接网络外部性则是与使用或交易相关(曲振涛等,2010)。二是价格的非对称性或者是非中性。这也是识别双边市场的有效条件。三是需求互补性。传统市场的需求互补是指产品或服务之间的互补,主要是一种功能型的互补。在双边市场中,基于平台的买卖双方在产品或服务上存在供求需求。除此之外,双边市场一个特殊性在于双边市场用户规模大小的互补,而不是功能的互补(Holland,2007)。这种用户规模需求互补使得平台企业努力寻求各种方式将双方拉到平台,实现规模匹配的双边市场。四是差异化定价。由于双边市场的价格非中性,所以其价格与边际成本等相关度不高,而与双边市场规模、外部性程度等有关。为此,双边市场的定价往往是差异化定价。尹晓琳和滕颖(2008)提出了双边市场的"多产品定价";Weyl(2009)提出了双边市场的三级价格歧视有助于交易量及利润提高、社会福利增加;王昭慧和忻展红(2010)则提出了双边市场的价格倾斜行为是平台成长的过渡策略。

如同平台的多类型一样,双边市场也可以根据不同属性划分成不同类型。从市场功能角度,Kaiser 和 Wright(2006)将双边市场分为目录服务(Directory Services)市场、配对市场(Matching Markets)、媒体市场、交易站点(Trading Posts)市场等。从市场参与者的数量角度,Rochet 和 Tirole(2004)将双边市场分成简单的双边市场和复杂的双边市场。简单的双边市场只包含卖方、买方及平台,而复杂的双边市场还包括电信等服务提供商。从双边网络效应的正负角度,黄民礼(2007)提出了"负网络效应",即双边市场一边用户数量会随着另一边数量的增加而减少。王娜和谭力文(2010)为此提出了正负网络外部效应的双边市场分类。而从收入来源角度,Evans(2003a)根据收费来源提出了对称双边市场和不对称双边市场。对称双边市场是平台向市场双边同时收取费用,而不对称双边市场是只向平台一边收取费用,比较显著体现双边市场的价格非中性特征。

伴随着双边市场研究的深入,国内外学者开始研究双边市场的市场结构。市场结构是构成市场的各主体间的相互关系及特征,如垄断、竞争关系及程度等。在双边市场领域,熊艳(2010)提出了市场结构的市场集中度、进入壁垒及所有权结构三个主要指标。市场集中度通常是用行业内排名前列的企业市场份额之和与行业所有企业市场之和的比值来代表,是衡量市场结构的重要指标。但是由于双边市场实证研究的难度较大,当前关于双边市场集中度的研究少之又少。进入壁垒是场外主体进入双边市场(买卖双方、平台企业)的阻碍因素。杨冬梅(2006)认为房产中介、酒吧及电子商务等双边市场存在较低的进入门槛。第三个指标是所有权结构,即各主体对双边市场的占有、控制的程度。Nocke 等(2007)提出在其他因素不变的情况下,具有垄断所有权结构的平台企业比垂直一体化所有权结构的平台企业的稳定性更强。Roson(2005)则根据所有权类型及结构将双边市场中的平台企业划分为垂直一体化及独立拥有平台两类。熊艳(2010)认为双边市场的买卖双方可通过自建平台来实现交易的为垂直一体化双边市场,如"京东商城"就是以垂直一体化特征为主。这种垂直一体化过程可以通过卖方或买方自建来实现。独立拥有平台的双边市场是只能由中间层组织拥有平台,占有平台所有权,也拥有对双边市场的较强的监管权(如交易规则构建等)。

双边市场的市场行为研究与上述的市场结构研究互为融合,协同发展。双边市场的市场行为是市场主体为了自身利益最大化而采取的相关商业行为。包括最为核心的定价行为,以所有权结构变动为主的并购、转让等行为,市场开拓为主的促销行为。其中双边市场的定价行为因其研究内容的相对独立且具有重要性,所以逐渐形成了比较独立的研究体系。与所有权相关的并购、转让以及促销行为则与传统单边市场的相关行为相类似,所以没有专家学者进行重复累赘的论述。

2. 双边市场的单归属、多归属及反垄断研究

在双边市场中,用户往往希望在多个平台上注册以获取更多效益。这种多平台注册就是多归属(Multi-homing)。除此之外,也有学者提出在同一个平台所构建的双边市场中,用户同时拥有"卖方""买方"身份及交易权力的,也是一种多归属(金杨华,潘建林,2014)。这种多归属往往体现于电子商务双边市场中,前者属于跨平台多归属,后者属于单平台多归属。除此之外,在单一平台上注册以单一身份参与交易的为"单归属"(Single-homing)。在现实中,也有学者将双边市场用户归属形态按照单归属、多归属的程度划分为两边单归属(如移动通信产业)、一边单归属一边部分多归属(如银行卡)、两边都是部分多归属(如电子商务产业)三种类型(纪汉霖,2011)。根据单归属和多归属特性,可绘制其双边市场的结构示意图(见图 2-5)。

图 2-5(a)中的 N_{1A}、N_{1B}分别代表加入平台 A、B 的买方数量,N_{2A}、N_{2B}分别代表加入平台 A、B 的卖方数量,图 2-5(b)中的 N_{1AB}、N_{2AB}分别代表既加入平台 A 也加入平台 B 的买方和卖方数量。图 2-5(c)中的 N_{A1}、N_{A2}则代表在平台 A 中的买家及卖家数量,N_{A12}则代表在平台 A 上拥有买家和卖家双重身份或买卖交易行为的用户数量。Caillaud 和 Jullien(2002)是最早研究单归属、多归属问题的学者,其研究假设条件是双边市场用户同质。随后 Armstrong 和 Wright(2004)在 Hotelling 模型的假定下研究了平台企业竞争时的单归属与多归属问题;Gabszewicz 和 Wauthy(2004)研究了平台竞争条件下,基于市场双边异质所产生的排他性契约选择;Doganoglu 和 Wright(2005)则讨论了双边市场用户的多归属及其与平台兼容问题;Armstring(2006)研究了双边市场用户归属行为对平台定价的影响;纪汉霖和张永庆(2009)提出了"竞争瓶颈"型双边市场、纯粹多归属双边市场及部分多归

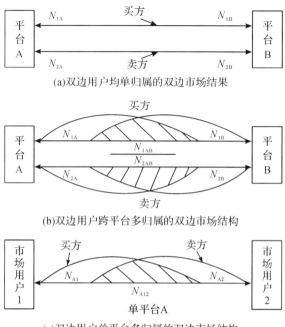

(a)双边用户均单归属的双边市场结果

(b)双边用户跨平台多归属的双边市场结构

(c)双边用户单平台多归属的双边市场结构

图 2-5　双边市场的结构

属双边市场,并分析多归属情况下的平台竞争策略;纪汉霖和王小芳(2014)研究了用户部分多归属条件下的双边市场竞争策略。

　　双边市场反垄断问题虽然在 2003 就得到关注和研究,但研究的进展缓慢,也缺乏系统全面的研究。Evans(2003b)最先考察并探究双边市场的反垄断问题。根据与单边市场的比较,他指出了双边市场的特殊性。双边市场的定价不能仅遵循边际成本或需求弹性等规则,其定价也不能孤立地看市场一方定价,福利分析也需要考虑定价总水平、价格结构及维持双方在平台的条件等多种因素。与此同时,市场势力、进入障碍等都将是影响双边市场反垄断分析的因素。相对应地,国内一些学者也在分析双边市场的垄断平台定价策略。如卓莲梅等(2011)基于 Hotelling 模型来分析双寡头市场的定价博弈,孔令夷(2015)则基于双边市场视角分析互联网市场力间的传递及反垄断研究。

　　3.双边市场研究新发展

　　双边市场的定价行为是最近研究的热点。2003 年,Caillaud 和 Jullien 将交叉补贴策略运用于双边市场,并提出根据不同客户群应采用不同价格模式。随后,2004 年 Rochet 和 Tirole 分析了双边市场需求弹性对市场定价的影响,并提出在垄断市场环境下,市场一方的需求弹性越大,则对其定价将越高。随着国外市场定价研究的升温,国内学者也越来越多关注双边市场定价问题。岳中刚(2006)分析了双边市场定价策略及影响因素。胥莉等(2009)通过两阶段模型的分析提出在双边市场中,具有初始规模优势和较高品牌价值评价的平台企业将设定更加倾斜的价格结构。然而,当双边市场的交叉网络外部性比较弱的时候,弱势平台企业可不断提高双边市场用户的价值评价来获得更多的市场。当前,关于双边市场的定价研究往往还是基于垄断市场等特殊市场分析,研究尚不成体系。如李玉宝(2014)分析了垄断平台社交网站双边市场定价模式,郭三党等(2015)分析了组内网络外部效应不对称的多寡头双边市场定价策略。当然,随着研究的进展,也出现了一些新的有价值的研究成果,如林桂平(2015)摆脱了常规的从租金契约角度来分析双边市场定价机制,提出了分成契约,从而更符合当前双边甚至多边市场的协同创新、创业的社会现实。

关于市场绩效的相关研究起步较迟。2005 年,Bergman 分别从竞争、片面垄断、双侧垄断等具有差异性的市场结构分析双边市场的福利效应。国内学者李泉、陈宏民(2008)通过分析双边市场所创造的社会整体福利,发现生产能力越高的供应商所创造的社会福利越高。张曦(2016)基于一个四平台框架来分析两个相邻平台间横向兼并的福利效应。结果表明与单边市场的并购理论不同,双边市场上横向兼并的成本节约依赖于交叉网络外部性。强交叉网络外部性可诱使兼并厂商降低市场价格,从而增加消费者福利。由于市场绩效涉及价格、产量、费用、利润、质量等各种要素,因此动态、实证的相关研究很难开展,该领域研究也尚未形成统一、规范的研究范式。

双边市场的研究起始于支付卡市场研究(董亮,赵健,2012)。随后,越来越多的学者开展多行业的双边市场应用研究。银行卡行业的双边市场研究起步较早,研究内容也较为丰富。如 Rysman(2007)研究了银行卡市场的单归属、多归属问题;程贵孙和孙武军(2006)基于双边市场视角研究银行卡产业的内部机制;罗泳涛、高平(2016)基于双边市场通过银行卡定价模型研究交换费定价问题。第二个应用的行业是传媒产业。该领域比较经典的是 Kaiser 和 Wright(2006)的研究。他们利用 1972—2002 年间德国杂志业的数据,建立了双边市场的 Hotelling 模型,并关注对读者和广告商的费用收取问题,证实了杂志社交叉网络外部性的存在。国内关于传媒产业的双边市场研究较少。当前研究比较兴盛的是互联网产业的双边市场,Evans(2008)从双边市场的视角对互联网产业进行了研究。随着互联网的广泛应用,电子商务双边市场研究日渐增多。如邱甲贤等(2016)基于在线个人借贷市场实证数据,分析了第三方电子交易平台的双边市场特征。

在双边市场理论体系中,双边市场用户、双边市场的实证及动态研究也受到关注,但研究仍处于初期阶段。双边市场的用户研究,包括用户心理、用户交易行为等一般研究,也包括当前很受关注的双边市场用户创业研究,如电子商务大学生创业研究等。与上述的规范研究相比,双边市场的实证研究文献及成果较少(盖伦,赵清斌,2013),并且研究主要集中于网络外部性及价格决定因素方面(朱振中,吕廷杰,2005)。如唐广应、杨鹏艳(2016)通过中国电影产业的实证分析来研究双边市场的需求和价格结构。除此之外,当前的双边市场研究基本立足于静态框架和严格的限制条件及假设,缺乏动态分析理论视角下的双边市场研究。

2.1.3 开放式创新理论

网络创业型平台领导作为平台经济中的新类型,其显著特征在于开放性与创新性。也正是基于该特征,平台用户才能有机会嵌入平台进行创新创业。因此,开放式创新理论也为本研究提供了理论基础。21世纪初,随着知识型工人数量的增加和流动,私有风险资本的日益普及,开放式创新模式逐渐兴起(徐瑞前,龚丽敏,2011),企业等组织进入了"开放式创新"(OI:Open Innovation)时代(易锐,夏清华,2015)。开放式创新最早由 Chesbrough 于 2003 年提出,他基于封闭式与开放式创新的六个方面比较,提出了开放式创新的定义"有目的地使用知识的流入与流出以促进内部创新,并利用该项创新拓展外部市场"(Chesbrough,2006)。经过十多年发展,开放创新理论体系逐渐完善(见图 2-6)。

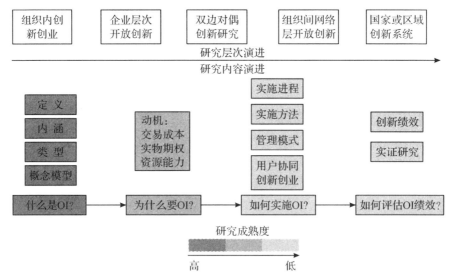

图 2-6 开放式创新的研究体系及进展

从研究层次上看,开放式创新逐渐由微观的个体层面延伸至国家宏观层面,包括组织内的开放式创新(内创业)、单个企业层面的开放式创新、双边对偶开放式创新(两个企业结盟等方式所形成的创新体系)、组织间的开放式创新(多个企业间网络关系基础上的开放式创新)、国家或区域创新体系研究(马胜等,2013)。而从研究内容上分析,逐渐呈现"从开放式创新的定义"等基础性研究延伸至"为什么要开放式创新"以及"如何实施开放式创新"的更深层次领域(张永成等,2015)。

1.基础性研究

开放式创新概念是整个研究体系的基石。学者们从企业边界、用户、过程等角度对开放式创新内涵进行了界定(见表 2-1)。

表 2-1　开放式创新的概念

序号	作者	定义	视角
1	Chesbrough（2003）	开放式创新把内部、外部创意统一于一个组织结构和系统内，其具体的要求则由企业模式来决定。然后，企业模式利用这些内部和外部的创意创造价值，同时建立起相应的内部机制来分享所创造价值的一部分。	企业边界
2	Chesbrough（2006）	有目的地使用知识流入和流出来加速内部创新，同时通过对外部创新的利用来扩大市场。	企业边界
3	Frank Piller，Christian Schaller（2004）	开放式创新是系统地从消费者和使用者那里收集和整合信息来创新、修正或规范服务的过程。	用户
4	Gassmann 和 Enkel（2004）	开放式创新由由外及内、由内及外以及耦合式开放创新活动组成。	过程
5	Joel West，Scott Gallagher（2006）	开放式创新是系统地在企业内部和外部的广泛资源中鼓励和寻找创新资源，有意识地把企业的能力和资源与外部获得的资源整合起来，并通过多种渠道开发市场机会的创新模式。	资源能力
6	Dahlander 和 Gann（2010）	使用内向型和外向型以及经济的和非经济的维度进行交互，来重新定义开放式创新。进而将开放式创新细分为免费获取、采购、售出和公开揭示四种类型。	综合
7	West 和 Bogers（2013）	开放式创新是一个包含创新搜寻、创新集成、创新商业化以及企业与合作者互动的四阶段线性过程。	过程
8	易锐，夏清华（2015）	基于知识有目的的跨边界流动，包括由外及内、由内及外以及耦合的创新活动，采用与企业商业模式相一致的货币性或非货币性机制从而与内外部创新伙伴实现价值共创的分布式创新过程。	综合

基于开放式创新概念，一些学者还对封闭式创新与开放式创新进行了多维度比较。如徐瑞前、龚丽敏（2011）提出了两者 6 个方面的差异性。随着开放式创新定义内涵研究的深入，关于其类型的研究也逐渐完善（见表 2-2）。

表 2-2　开放式创新的分类

分类标准	类　型	作　者
知识流向	由外入内、由内至外、双向流动三种类型	Chesbrough，Crowthe（2006）
知识获取及展现方式	捕获、纯源化、销售和揭示等四种类型	Dahlander，Gann（2010）
技术转移	技术外部获取和技术外部商业化应用两种类型	Lichtenthaler（2010）
创新实现路径	内向许可、联盟、开放式网络、用户社群四种类型	Ye，Kankanhall（2013）
创新渠道及产权归属	基于市场、基于伙伴、基于竞赛、用户或社群创新四种类型	Felin，Zenge（2014）

2. 开放式创新动机研究

开放式创新的产生与迅速发展除了技术演化等客观原因之外，也是基于企业组织、个体的主观选择的结果。易锐和夏清华(2015)综合现有相关研究，提出了开放式创新的三个动机。一是交易成本或交易价值理论视角下的动机理论。该观点认为开放式创新是为了减少经济成本，提高应对市场机会主义风险的能力，所以企业组织会选择联盟、并购等方式实现开放式创新。除此之外，也有学者从更为综合的价格理论视角，提出开放式创新不仅仅是受交易成本驱动，更是出于交易价值最大化。二是从实物期权理论的视角。该理论认为企业面对创新项目或新业务所带来的不确定性，会通过少量的尝试性投资再来决定是否做后续投资等决策。这种行为及动机可以为技术采购等开放式创新决策提供依据。三是资源能力理论视角。随着市场竞争的激烈及企业技术延伸的瓶颈制约，单个企业组织及内部员工难以具备企业创新创业的所有资源，因此寻求与其他组织或个人的合作是企业获取再创业或创新资源的重要路径。

3. 开放式创新阶段及管理模式

当前，开放式创新的研究正逐步聚焦到"如何实施 OI"命题。关于 OI 实施的阶段性步骤，Enkel 等(2009)认为开放式创新可划分为创新搜索、创新集成、创新商业化和创新反馈四个阶段。创新搜索阶段是指企业组织通过自身的企业网络关系直接获取外部创新或者由组织外力量推动的被动获取外部创新，此时创新与企业组织尚无融合；创新集成阶段是指企业通过自身文化、制度等要素的开放，主动吸收外部创新的技术转化能力；创新商业化阶段是指企业在创新集成之后，将创新成果转化为商业利益的过程；创新反馈阶段是指企业通过商业化进程及利润分享、机制互补等方式对自组织及相关利益主体进行反馈，实现双向或多向的可持续创新互动。

围绕这四个阶段，有学者就开始研究各阶段所存在的问题及相应对策。张永成等(2015)基于国内外学者研究，归纳了开放式创新实施的四个注意点及应对方法。一是开放度及其选择。开放度是组织边界的可渗透性(Hippel,2010)，包括使用权和决策权两个维度(Han et al.,2012)。二是组织职能变革。包括通过培训雇员能力来克服创新应用的"水土不服"的组织文化问题(Burcharth et al.,2014)，通过建立矩阵式或网络式组织结构来克服组织结构障碍(Petroni et al.,2012)，通过促进对外开放与跨组织合作创新破解组织制度障碍(Lichtenthaler,2011)，通过人员(主要是研发人员)角色变革实现人员角色重塑(Petroni et al.,2012)等四个方面。三是创新类型与知识能力。四是组织间的关系，即创新参与者或相关利益者的关系及其治理。Du 等(2014)提出了基于学科和基于市场两者创新组织间关系，前者比较适合松散的管理方式，后者适合正式的项目管理方式。Gillespie 和 Steen(2015)则强调了创新的跨组织间信任与沟通的必要性和重要性，并将信任解构为能力和善行两个维度。

除了提出具体对策,也有学者提出了开放式创新的管理模式。王振红(2013)提出了基于信息源、创新过程及资源获取交易机制的三大管理模式。谢学军和姚伟(2010)提出了客户、竞争对手、供应商、员工及投资者的五大开放式创新的信息源,并提出了资源重组框架的相关管理模式。罗伟民和孙炼(2011)关注企业与科研机构、竞争企业、领先用户、服务商及政府的开放式创新合作模式。陈劲和吴波(2011)则基于创新过程视角,将产品或服务创新划分为研发、生产、营销三个环节,并以此提出差异化管理。陈爽英等(2012)从开放式创新的资源角度出发,提出了技术资源及商业化资源概念,并就如何转化资源提出了对策。在上述研究中,很多学者都提到了用户在开放式创新中的重要性,特别是领先用户。他们一方面引领用户市场需求,另一方面也是企业组织进行技术、产品创新创业的重要外部资源。如何嵌入用户创意创业,推动企业与用户协同发展成为很多企业组织发展开放式创新的必须解决的问题,但是当前关于该领域的研究较少,而本研究则会涉及用户协同创新创业。

4.开放式创新绩效评估

随着研究深入,开放式创新研究已经延伸至绩效评估,因为一种创新模式的有效性和生命力在于它能否显著改善创新绩效(张永成等,2015)。Parida 等(2012)也将开放式创新绩效认定为该理论体系的中心问题。目前,开放式创新的绩效评估研究主要围绕以下三个方面展开。一是开放式创新绩效的测量量表开发,如蔡宁和闫春(2013)从财务绩效及战略绩效角度提出了多维度的绩效测量指标体系。二是开放式创新的直接及间接影响研究。Rass 等(2013)通过实证分析,证实了开放式创新对绩效不仅有直接影响,也会通过中介变量对创新绩效产生间接正向影响。国内学者陈艳和范炳全(2013)通过实证研究,发现开放式创新对提升中小企业绩效有显著正向作用。三是开放式创新所产生绩效的影响因素。陈劲等(2011)通过实证研究,发现企业社会资本的关系维度、与外界联系紧密程度、研发活动强度、员工学习能力及组织文化将影响开放式创新绩效。

在网络经济日益发达的经济环境背景下,开放式创新逐渐成为研究热点。虽然在基础研究、动机及实施环节方面已有一定的研究成果,但开放式创新依然存在研究不足。多层框架视角下的组织开放创新及绩效影响研究、开放式创新的实证研究、开放式创新的情境因素及关系研究、开放式创新耦合过程研究、用户协同创新创业等都是该领域有价值且有必要进一步深化的研究内容。

2.2　相关研究述评

2.2.1　平台领导研究述评

平台领导是在平台群落中拥有领导能力的特定组织,其领导行为驱动着该组织围绕特定平台技术开展行业层次的创新驱动(Cusumano,Gawer,2001)。类似这样的公司或组织可以称为"平台领导"。他们不仅仅组织多方主体进行产品或服务交易,而且提供一种充分开放的平台技术,使得外围企业或个人能提供配套或辅助产品或服务(Cusumano,2011)。从纵向发展脉络分析,平台领导现象是随着平台数量的迅猛发展,平台运行机制从单一封闭走向多主体开放而逐渐产生,并渗透于各个行业的。如电脑系统中的 Windows、网络交换机中的思科、支付系统的支付宝、社交服务领域的 Facebook、网络搜索领域的 Google 等都呈现出显著的平台领导特征。而关于平台领导的相关研究主要来自于国外学者。其研究发展脉络及主要研究内容如图 2-7 所示。

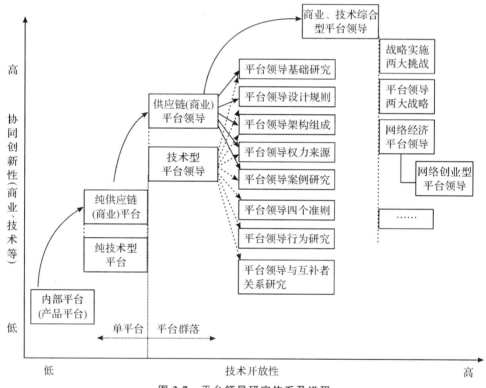

图 2-7　平台领导研究体系及进程

1. 平台领导的四阶段研究进程

根据平台的技术开放性及协同创新程度,可以将平台领导相关研究划分为四个研究阶段:微观、静态及封闭的内部平台(Internal Platform)研究阶段,纯供应链(Supply-chain Platform)(商业)平台及纯技术型平台研究阶段,基于多平台、多主体共生的商业平台领导及技术型平台领导研究阶段,综合商业及技术的综合型平台领导研究阶段。从严格意义上讲,前面两个阶段属于一般平台研究范畴。整个研究体系紧紧围绕商业及技术两个元素而构建(Gawer,2014)。经济视角下的平台领导研究立足双边市场相关理论,关注平台双边需求、竞争等。如 Boudreau(2010)

提出了平台开放战略,Eisenmann 等(2011)提出了"平台包围"战略。技术视角下的平台领导研究立足于技术创新理论,关注产业经济(Industrial Economics)及工程设计(Engineering Design)。Jiao 等(2007)提出产品族设计及平台基础上的产品开发。随着研究的深入,笔者发现无论是经济视角还是技术视角下的研究都存在缺陷:经济视角下的平台领导研究将平台视为一成不变的,将平台领导、双边市场主体看成是简单的买卖关系;而技术视角下的平台领导研究则过于关注模块创新及接口(Interfaces)的开放性,缺乏对平台间竞争、平台领导与互补者间的竞合关系研究(Gawer,2014)。正因如此,未来的相关研究将注重经济与技术的双维度融合(Gawer,2014)。而且,这种研究视角更符合当前商业、技术综合型的平台领导实践,更具实践应用价值。

2. 基础性研究

当前研究主要集中于第三阶段,即商业型平台领导及技术型平台领导研究,共包含九个方面研究内容。虽然当前研究比较偏重于技术型平台领导,但商业及技术两个视角下的研究在以下五个领域存在相似甚至是相同之处,即平台领导基础研究、设计规则、架构、权力来源、案例研究。

平台领导的基础研究可以进一步划分为角色、要素、条件等细分领域的研究。Choi 和 Phan(2012)提出了平台领导所承担的三个角色:技术解决及商业模式创新者;内外组织活动的协调者;整个商业系统的培育者。与此同时,他们还提出了平台领导的三个重要要素:规模、技术及核心业务。平台领导的规模可以实现范围经济,可以扩展市场份额,进一步显现网络外部性,但规模并不是成为平台领导的充分条件(Gawer,Cucumano,2008)。正因如此,成为平台领导的企业或组织不一定就是Google、Intel 等技术型企业,也可以是 Amazon、Facebook、Taobao 等商业型公司或组织联盟。技术是成为平台领导的重要因素,可以使其成为网络体系的核心(Zhu,Iansiti,2011)。除此之外,要想成为平台领导,必须拥有整个网络生态体系的核心业务。在此基础上,国外学者 Gawer 和 Cucumano(2002,2008)、Choi 和 Phan(2012)总结了成为平台领导的前提条件,包括产品或服务必然附有一种价值易增加的技术功能,能协调内外部活动以适应环境变化,设计并监管"控制阀门"(Mandatory Gateway)来联结外围企业或个人。只有具备这些前提条件,平台领导才有可能发挥其技术或商业优势,对外围组织或个人产生吸引力。Parker 和 Van Alstyne(2012)则在开放还是封闭、免费还是收费、合作还是竞争的决策困境基础上提出了一系列的设计规则。包括开发平台所需的各种标准组件,必须建立清晰的规则以实现良性互动,平台治理要建立问责制及更为商业化的服务、产品或解决方案,建立合适的网络参与激励机制等。

平台领导组织架构也是研究范畴之一。Parker 和 Van Alstyne(2012)将平台组织架构分为平台构建者(Platform Sponsor)、平台提供者(Platform Provider)、用户需求方(Users Demand Side)及用户供给方(Users Supply Side)。平台构建者是创建平台的个体或团队,他们为平台的创建提供整体思路,是平台的创造者;平台提供者是平台的核心组件,是整个平台网络的母体。当平台母体产生了领导作用,滋生出多个双边市场,或者能与外围提供者产生竞合关系,那么平台提供者也就演变为平台领导。在实践中,平台母体提供者与外围提供者间的关系非常复杂。平台领导首先是一种平台,但其特殊性及价值在于它在平台网络中的领导地位及功能。基于此,就有专家学者研究平台领导的权力来源。Evens(2014)从四个依次递进的维度分析了平台领导的权力来源:宏观层面的权力来源于制度,中观层面的权力来源于行业集中度、双边市场、进入壁垒及技术变革,微观层面的权力来源是平台领导的规模、垂直整合、跨行业经营、产品或服务、独占性及转换成本,个体层面的权力来源则是声誉、策略等。

相对于上述理论研究,平台领导案例研究成果较多,但基于商业视角下的平台领导案例研究则相对较少。国内学者金杨华和潘建林(2014)基于嵌入式开放新视角,以淘宝网为个案分析平台领导与用户创业协同模式。基于技术视角的平台案例研究则相对较多。最为经典的是 Cusumano 和 Gawer(2002,2008)对 Intel、Microsoft及 Cisco 的持续性研究,形成了丰富的案例研究成果。Tee 和 Gawer(2009)从影响平台领导的公司规模、关系、能力等多个要素分析了网络运营商 NTI 在日本获得巨大成功的原因,及其在荷兰却遭惨败的原因。Ondrus(2015)则具体分析了 NFC在移动支付领域获得平台领导地位的原因及策略。

3.技术视角下的平台领导研究综述

当前,比较多的平台领导研究是基于技术视角。早在 2001 年,Cusumano 和Gawer 就提出了平台领导的四个准则,即四个战略决策:一是公司的业务范围,即哪些业务是由平台领导自己完成,哪些应当由外围企业(互补者)完成;二是产品技术决策,包括模块化程度、接口技术(接口开放程度)和知识产权三个方面的决策;三是与外部互补品制造商的关系,即如何协调好与互补品开发者的竞争与合作关系,化解冲突;四是管理好平台领导内部关系,如建立不同工作组来分别完成竞争与合作的业务。这四个准则在 Cusumano 和 Gawer 之后的研究中多次被应用,为追求平台领导地位的企业或组织提供了战略。基于这四个准则,Gawer 和 Phillips(2013)进一步分析了平台领导行为:设计平台核心组件;精心安排平台的分布式创新;维持第三方创新以持续推动商业生态体系发展;开放并共享知识产权;开放接口及标准;立足核心组件不断寻求自我创新;建立激励机制推动互补品创新。

与上述研究并行发展的是平台领导与互补者的关系研究。就在 Cusumano 和Gawer 提出平台领导四个准则时,他们就开始探索平台领导如何平衡与互补品开发者之间的利益冲突,并提出了"生态控制"(Ecological Control)及塑造良好声誉、威信等措施,以确保既能保证平台领导的控制权,又能实现与外围企业或个体的协同创新。之后,Ku 和 Cho(2011)通过实证研究证明平台领导的商业合作及冲突控制能力将影响外围互补品开发者对平台领导的选择。在此基础上,该研究还提出了包含三个平台领导特质与三个互补品开发者特质的概念模型,以此来协调两者的竞争及冲突关系。国内学者张利飞(2013)提出了平台领导互补技术研发的三大战略,即内部研发、合作研发及研发并购,并予以科层管理、中间型组织及市场交易三种组织结构匹配。同时,张利飞还归纳了外部冲突及内部冲突的来源。钱人瑜等(2016)则借助结构力学上的 Kiewitt 型索穹顶张力结构模型直观分析平台领导与一层、二层补足品供应商的协作与冲突。

4.商业、技术综合型平台领导研究综述

随着研究的深入,越来越多的学者摒弃了技术或商业的单维视角,运用商业及技术融合视角来分析平台领导。Gawer 和 Cusumano(2008)提出了平台领导的两大挑战:一是技术挑战,包括架构设计、接口设计、知识产权共享设计三个具体内容;二是商业挑战,包括商业生态圈各主体参与的激励制度推进、击败竞争平台。面对这两方面挑战,这两位学者提出两大实施战略:一是中心化(Coring)战略;二是占得先机(Tipping)战略。从技术视角分析,中心化战略要求平台领导解决必要的系统问题,促进外部成员提供补足品,保持内部核心技术知识产权关闭,维持平台领导与互补者的依赖关系。占得先机策略则要求平台领导努力开发独特、有吸引力特征的平台,跨市场占得先机,鼓励更多的双边市场主体进入。从商业视角分析,中心化战略要求平台领导维持自己较高的收入及利润,维持较高的双边市场或互补者的转移成本。占得先机战略则要求平台领导能给予互补者、双边市场更多有激励作用的补贴,提供更有竞争力的价格机制。例如双边市场上的单侧或双侧补给机制、"平台包围"策略等都是可以应用的策略。除此之外,随着网络经济背景下"大众创业,万众创新"的持续推进,网络创业型平台领导的相关研究也开始兴起。

5.研究简评

平台领导的理论研究是立足平台研究而得以产生与发展的。自从 2001 年开始,国外学者开始持续关注技术领域,如 Intel 等的平台领导现象。通过多年持续、不间断的研究,学者们精心提炼出了平台领导战略及实施策略,特别是平台领导与互补者间的关系处理策略。与此同时,国外学者也归纳了一些平台领导行为。当然这种归纳比较片面,缺乏系统性。当前研究过于聚焦技术型平台领导,导致不能很好地诠释当前广泛存在的商业型平台领导,所以学者们开始关注商业型平台领导,将双边市场相关理论、资源依赖理论、商业模式等理论嵌入平台领导研究中。这一方面拓展了平台领导的研究范畴,另一方面也为研究当前纷繁复杂的商业平台,如网络创业型平台领导,提供了新的理论视角及范式。在这样的理论背景下,本书将主要偏重于从商业视角来分析平台领导与用户平台创业间的互动关系,以及用户创业绩效的影响因素。

2.2.2 用户创业研究述评

当前,用户创业研究领域正在逐渐被拓展(Haefliger et al.,2010),已经从最初的汽车产品、婴幼儿用品、运动器材等生活领域延伸至经济、社会生活的各个领域,用户创业活动正在以比我们预期更快的发展速度在国内外推广(Shah,Tripsas,2012)。其研究体系及内容如图 2-8 所示。

1. 研究进程

　　用户创业最早起源于消费者创业,消费者创业是消费者基于提高自身幸福感而通过识别机会及资源重组来进行选择、购买、分销产品或服务的行为(Huefner,Hunt,1994)。这种用户创业模式形式简单,且主体仅仅为直接消费产品的消费者。之后的研究逐渐开始从消费者创业延伸至更为宽泛的用户创业。在这个过程中,分布式创新(Distributed Innovation)起着重要的推动作用。分布式创新是超越传统创新的理念,其将焦点放在企业或组织外围利益相关者上,其中一个最为重要的利益相关者就是用户(Bogers,West,2012),用户创新(User Innovation)是其最常见的行为。用户创新是个人或公司用户基于自己使用目的而开发、改变现有的产品或流程(Hippel,2005)的行为,其包括中间用户(Intermediate Users)创新及消费者用户(Consumer Users)创新(Bogers et al.,2010)。而随着用户创新的普及,一部分用户将创新产品或服务商业化,进而实现了用户创业。该类型用户创业吸纳了熊彼特创业理论观点,具有鲜明的创新特征。正是由于分布式创新驱动下的用户创新,消费者创业才能进入更深层次的创新型用户创业,创业主体也才能延伸至更广泛的"用户"。与之同时发展的另一个用户创业理论就是基于柯兹纳创业范式的交易型用户创业。随着用户创业实践的多元化,用户创业的多类型研究开始产生;随着国际化、网络经济的发展,平台用户创业、用户国际创业、用户社会创业等新的研究命题也不断出现。综上所述,用户创业主体经由产品或服务的终端消费者拓展至范围更广的用户,研究内容也从消费者创业延伸至创新型、交易型用户创业,研究领域也从日常生活用品拓展至虚拟产品、农村产品、平台产品或服务。

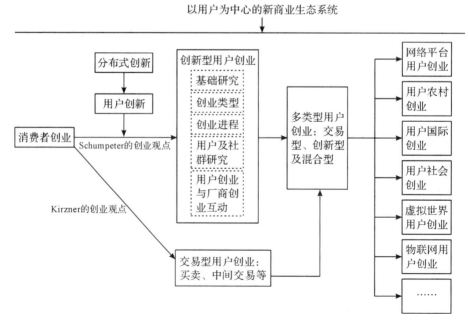

图 2-8　用户创业研究体系及进程

2.创新型用户创业研究综述

创新型用户创业研究是用户创业研究体系的重要组成部分。其研究内容包括用户创业基础性研究、用户创业类型及进程研究、用户及社群互动研究、用户创业与厂商创业互动研究等内容。

(1)创新型用户创业基础研究

基于创新视角下的用户创业是作为用户的个体或团队将自己使用的产品或服务商业化的过程(Shah et al. ,2007),其创业主体是领先用户(Lead Users)。相比于经典创业模式,用户创业的显著特征在于创业者源自非金钱给付的满足感。这种满足感来自于自我雇佣(个体创业)的满足感、对管理及战略决策的自主权和控制权、对工作的享受等方面(Klepper,2007;Shah et al. ,2007)。除此之外,学者们研究发现用户创业有其成长的条件偏好。这些条件包括创业本身能给予创业者享受,比较低的机会成本,所处行业规模小且属于利基市场,所创业的产品或服务比较新、用户需求比较模糊且不断变化(Shah et al. ,2007)。

(2)创新型用户创业类型研究

关于用户创业类型,学者们比较公认的分类是 Shah 和 Tripsas(2007)所提出的二分法,即将用户创业分为职业(专业)用户(Professional-users)创业和终端用户(End-users)创业。职业用户创业的产品往往与他所从事的原有职业有关,往往不是在家里创建,而且有着更少的自我资金依赖,更多的收入(Shah et al. ,2011),创业者也往往具有更高的技能。终端用户创业往往更突显自我使用,其可组合的资源及雇佣的工人更少,创业收入相对较低,往往是在家里创建并自我筹资。除此之外,Shah 等(2011)在原有的两种类型基础上,增加了混合型(Hybrid)用户创业,即融合职业(专业)型和终端型用户二者的创业特点。国内学者金杨华和潘建林(2014)则在职业(专业)型及终端型用户创业基础上,增加了中端型用户(Intermediate Users)创业,并结合淘宝网案例研究提出了三大类六种具体用户创业类型。

(3)创新型用户创业进程及模式研究

用户创业进程与经典创业模式相反,它往往不是先识别机会,而是先对现有产品、模式进行修正以形成创新成果,之后再识别商业机会(Shah,Tripsas,2007;Haefliger,2010;Yadav,Goyal,2015)。正因如此,用户创业进程及模式有自身的特殊性。Hippel(2005),Shah 和 Tripsas(2007)围绕终端用户专业提出了三阶段用户创业模型:用户试验并创新解决方法以满足自己需要,在用户社群及公共互动中完善并识别潜在的商业机会,最后进行市场商业化。Haefliger 等(2010)基于游戏市场提出了用户创业的二阶段进程模型:面对未满足的市场需求,用户会将现有行业某些产品或元素横向应用于另一行业,以寻求创新;之后,用户将商业化其创新产品。国内学者金杨华和潘建林(2014)则基于淘宝网案例研究提出了多线性的用户创业进程模型。

(4)用户及社群研究

虽然不一定是领先用户才能实现用户创业(Chandra et al.,2010),但领先用户确实有更大可能性去实施用户创业行为。领先用户之所以更有可能实施创业行为,与其自身的特质相关:市场趋势的引领者,高预期收益,所处领域的专业知识和动机,极致的产品需求,社群中的领袖及良好口碑(Bilgram et al.,2008)。而除了领先用户之外,用户社群也是用户创业的重要促进要素(Haefliger,Krogh,2010),因为用户在实施商业化之前,往往会在社群中组织与该产品相关的创新活动(Shah,2006;Hippel,2007),并通过用户黏性(Sticky)而不断与社群成员互动。这样的用户社群往往具备如下特征:拥有鲜明的社会结构,寻求合作动机,共享观点及资源(Hertel et al.,2003)。随着网络的飞速发展,在线网络社区(Henkel,Sander,2007)及全球社群(Global Community)(Kortuem,Kawsar,2010)作为一种新型的社群方式不断呈现,并发挥着积极作用。除此之外,Kokkola(2013)在原有研究基础上,将用户社群划分为品牌社群(Brand Community)及非品牌社群。在品牌社群中,用户是基于对某个品牌产品或服务的忠诚而聚集在社区中,其讨论、分享的内容都与该品牌相关。

(5)创新型用户创业与厂商创业互动研究

从用户创业角度分析,用户创新要实现向用户创业的"惊险跳跃",必然需要厂商创业者的支持。Baldwin等在2006年提出了用户创新商业化模型中的4个行动主体,包括创新型用户、购买型普通用户、创业型用户、已有厂商。其中已有厂商可以利用自身的生产能力、分销渠道及品牌优势,购买用户创新产品或服务,从而在推动已有厂商创业可持续发展的同时,实现用户创业。而从厂商创业角度分析,它通过两种方式与用户创新互动:一是用户创新完成后的产品适用,即将用户创新成果应用于厂商创业实践;二是将用户直接嵌入产品或服务的开发过程,CAP(Customer-active Paradigm)就是具体体现形式(Bogers et al.,2010)。第二种合作方式更为深入,也更能体现用户作为协同开发者的价值(Raymond,1999)。从双主体角度分析,虽然用户创业与厂商创业在利润临界值(Profit Threshold)且财务回报评估两方面也存在差异(Shah,Tripsas,2012;Stuiver,2014),但他们之间可以相互转化。Shah 和 Tripsas(2012)构建了用户创新、创业与厂商创业互动模型。该模型根据用户及厂商根据利润临界值、财务回报评估两个维度构建了五象限互动模型,具体包括用户创新象限、厂商嵌入用户创新及商业化象限、用户授权创新给厂商及商业化象限、用户创业象限、用户与厂商混合创业象限。

3. 多类型用户创业的研究综述

随着用户创业研究领域的不断拓展,用户创业形式的不断演变,用户创业也不仅仅就是用户为自我使用而创新的商业化进程,也包括商品或服务交易的创业活动等方式。Chandra 和 Coviello 在 2010 年以用户国际创业为研究内容,分析创新型及交易型的用户创业,并构建了模型。在该研究中,笔者将用户创业划分为基于熊彼特(Schmpeter)创新理论的创新型用户创业和基于柯兹纳(Kirzner)创业套利理论的交易型用户创业。创新型用户创业因为凸显用户创新而备受学者们关注。交易型用户创业则因为缺乏显著的创新特质而被忽视,但交易型用户创业实践却普遍存在。交易型用户创业是基于套利的思想而在市场供求不对等的情境下所开展的买卖交易行为。也正因如此,交易型用户创业的进入门槛较低,且收益快,很多用户往往是以这种方式实施创业。例如电子商务平台用户创业者中很大一部分都是以交易为主的创业者。基于这种多类型用户创业视角,围绕用户国际创业,Chandra 和 Coviello(2010)根据用户创业者对市场偏好造成的影响程度及其创业本质(创新和套利),将具体用户创业形式划分为四种:第一种形式为产品或服务交易型的国际交易者,如 Ebay 商家;第二种形式是国际金融家,通过国际社群网站等识别传统金融市场所遗留的市场空白点进行贷款、在线银行服务等创业形式;第三种为创新驱动的国际外包商,通过与大型企业外包服务等形式将自身创新理念、产品或服务转化为商业价值;第四种为国际创新及生产者,即主要依托自身网络资源将创新产品或服务商业化。前两种用户创业类型属于交易型用户创业,后两种则属于创新型用户创业。

4.新兴研究领域

随着用户创业实践的不断推进,产生了一些新的研究命题。首先,基于日益发展的网络平台商业环境,平台用户创业研究成为新的研究领域。Juho(2013)以音乐媒体行业为研究对象,分析了在开放网络平台 Spotify 的 SoundCloud 用户创业模式,形成了可借鉴的平台用户使用规则,分析了平台社群及用户创业的互动。第二个新兴研究领域是基于区域经济视角下的用户创业。Yadav 和 Goyal(2015)以印度农村的五个案例来分析用户农村创新、创业的路径及影响因素,并提出了可借鉴的关于农村创业的相关建议。Chandra 和 Coviello(2010)则从国际化创业角度分析了四种不同类型的用户创业。第三个新的研究领域是社会价值驱动的用户社会型创业。随着国家、区域及群体间贫富差距的扩大,以追求社会道德、社会价值为目标的社会创业得到越来越多学者的推崇。Dieke(2014)整合了用户创新创业理论、社会创业理论、欠发达地区发展理论,首次提出了用户社会型创业研究命题,分析用户社会型创业特征,提炼了影响用户从创新到社会型创业的因素,并构建了包含用户创新、用户创业的多维度理论模型。与其如出一辙的是 Ströbele(2015)分析了荷兰的用户社会型创业,并通过实证研究构建了包含机会识别、知识能力及社会影响的三维度模型。第四,物联网及虚拟世界用户创业研究。Kortuem 和 Kawsar(2010)以智能家居为研究领域,分析了用户中心思维下的用户物联网创业。Chandra 和 Leenders(2012)则以"第二生活"为案例,分析"虚拟世界"的用户如何通过虚拟与现实嫁接获取创业机会,实施创业行为。

5.研究简评

早在 20 世纪 90 年代,用户价值就已被企业发现并利用,但是当时经济社会依然是以企业为中心。而随着网络经济平台、虚拟经济业态的发展,这种以企业为中心的单一模式受到了质疑,越来越多的学者开始关注以用户为中心的商业系统构建,以用户为中心的分布式创新模式也因此得到发展。在这样的新商业环境下,用户创新及创业得到前所未有的重视。经过十几年的发展,国外关于用户创业的研究从狭隘的消费者延伸到创新型、交易型的多类型用户创业,研究领域从日常消费品延伸到其他各个领域,研究方法从单纯理论范式发展到实证、实验,研究体系日渐完善,研究新命题层出不穷。随着平台经济日渐繁荣,关于平台用户创业的研究将具有极大的现实及理论意义:一方面,平台充分体现了以用户为中心的分布式创新,是代表未来新经济发展的重要元素,越来越多的用户"寄生"于平台实施创新、创业,研究具有重要的现实意义;另一方面,当前用户创业研究虽然已经延伸到平台用户创业,但相关研究尚不成体系,且研究者基本以国外学者为主,从而难以诠释当前国内欣欣向荣的电子商务平台、移动平台的用户创业,因此该领域研究也具有重要的理论意义。

2.2.3 创业能力研究述评

创业能力的研究起始于 20 世纪 80、90 年代,最先由 Chandler 和 Hanks (1993)提出,而后兴起于西方国家。创业能力是一个非常重要的概念,是创业成功的关键因素(Man et al.,2002;罗志恒,2009;朱蕾蕾,2014)。经过二十多年的发展,创业能力研究体系日渐完善,研究内容、研究领域不断拓展,并逐渐从静态的概念性研究走向变量交互作用的动态研究,其研究体系见图 2-9。

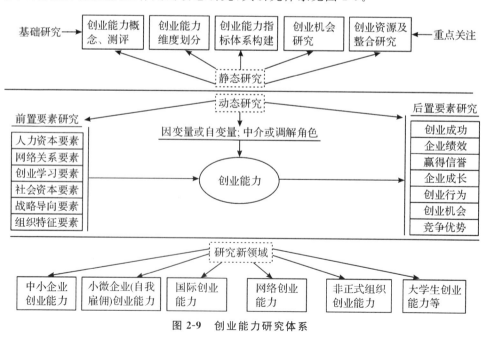

图 2-9 创业能力研究体系

1. 基础性研究

创业能力基础研究包括创业能力概念、评价方法、维度划分及指标体系构建等内容。创业能力是一个非常复杂的概念，到现在为止也没有一个完善且公认的定义（张佳瑜，2012）。综合国内外研究，可将创业能力概念汇总如表 2-3 所示。

表 2-3　创业能力概念汇总

研究视角	定　义	代表人物
个人特质	创业能力是创业者所拥有的对创业有促进作用的天赋能力或潜在心理特质、知识和技能等	Bird，1995；Man & Lau，2000；Man 等，2002；Bolton & Thompson 2003；Thompson，2004；Man 等，2008；Muzychenko，2008；叶春霞，2012；等等
资源	创业能力的核心在于不断整合内外部创业资源，从而形成他人难以模仿的可持续竞争优势	Jarillo & Martinez，1990；张映红，2005；罗志恒，2009；张佳瑜，2012；等等
机会	创业能力是创业者在创业过程中识别、利用或评估机会的能力	Chandler，Hanks，1993，1994；Shane & Venkataraman，2000；Arthurs & Busenitz，2006；Phillips & Tracey 2007；Muzychenko，2008；Rasmussen et al. 2011；尹苗苗、蔡莉，2012
运营管理	创业能力是创业者在创业阶段的企业组织运营能力	Man & Lau，2000；Man 等，2002；唐靖、姜彦福，2008；张玉利、王晓文，2011
综合	创业能力是包含创业机会识别、利用，资源运营管理等多种能力在内的综合能力	李志能等，2000；冯华、杜红，2005；朱蕾蕾，2014；赵文红等，2016

关于创业能力的测评方法，目前比较普遍的还是 Chandler 和 Jansen（1992）所提出的自我效能（Self-efficacy）和自我评估（Self-assessed）方法。自我效能是指创业者对于创业活动完成程度及效果的信念程度，自我评估则是指创业者对完成创业活动所具备能力的自我评价。其中，自我评估能力又是自我效能信念的核心（Wood，Bandura，1989），所以在国内外研究中学者们偏好于自我评估法。

基于自我效能或自我评估方法，创业能力可以被划分为多维结构。一是创业能力二维结构。比较常见的划分是将创业能力划分为机会能力和资源运营管理能力（罗志恒，2009；马鸿佳等，2010；庄晋财等，2014；董保宝，2015；尹苗苗、马艳丽，2016）。除此之外，陈旭阳和陈松（2016）提出了创业者品质和专业素养的二维结构。二是四维创业能力结构理论。贺小刚和李新春（2005）提出了管理能力、战略能力、政府关系能力及社会关系能力四维能力结构。张佳瑜（2012）则提出了机会能力、资源整合能力、运营管理能力和创新能力四维度。三是五维度创业能力结构理论。陈钦约（2010）提出了机会识别能力、资源整合能力、组织成长能力、企业家学习能力、创业融资能力五维度。潘建林（2013）提出了中小企业创业能力包括创业者行动力、创业者资本、创业者性格特质、创业者认知、创业者品质五维度。在此基础上,潘建林和金杨华(2015)针对电子商务创业,提出了创业内驱力、创业执行力、创业持续力、创业资本力、创业约束力三层五维度结构模型。四是六维度创业能力结构理论。Man 等(2002),唐靖和姜彦福(2008)及朱蕾蕾(2014)构建了机会识别能力、机会开发能力、关系能力、承诺能力、组织管理能力及战略能力的二阶六维度能力结构模型。张玉利和王晓文(2011)基于唐靖等人的研究,提出了新的二阶六维度创业能力模型:机会相关能力包括机会、关系、承诺能力;管理相关能力包括组织、概念、战略能力。除此之外,Man(2001)提出了机会、关系、概念、组织、战略、承诺、学习及个人特质八维度能力结构。张炜和王重鸣(2004)提出包含机会、关系、概念、组织、战略、承诺、情绪及学习八大要素的创业能力。尹苗苗和蔡莉(2012)提出了包含创业者特质、机会识别、构想、承诺、机会评估、机会利用、关系、战略和组织能力九个要素的创业能力。王志军(2014)则提出了创业能力的机会识别、机会开发、创新、资源整合、组织管理、战略、关系、承诺、学习、概念性、构想能力11项内容,进一步丰富了创业能力维度研究。基于维度划分,国内外专家学者进行了指标体系设计。如 Man(2001)基于八维度能力结构设计了包含 68 个题项的指标体系,体系设计完整、科学,成为该研究领域的常用测度指标。

2. 创业机会能力及资源整合能力研究

创业机会、资源整合或运营能力是创业能力中普遍受关注和认可的核心能力,大多数的实证或理论相关研究都会涉及这两种能力。创业机会能力是通过多种方式识别或开发市场机会的能力(Snell,Lau,1994;Muzychenko,2008;Kyndt,Baert,2015)。目前关于创业机会的研究主要集中于以下四个方面:一是创业机会的来源研究。环境学派认为机会是外生的,来源于外在社会环境变化、技术进步等。如Eckhardt 和 Shane(2003)认为社会及人口变化是创业机会的重要来源。行为学派则认为机会是内在的,是创业者认知或发现的。二是创业机会开发过程研究,如Lumpkin 和 Dess(2001)提出了创造的机会识别过程模型。Ardichvili 等(2003)提出了创业机会识别、开发及评估的三阶段模型。三是创业机会识别机理研究。Lindsay 和 Craig(2002)提出了机会搜索、机会识别、机会转化及机会评估的内在机理。四是创业机会与创业绩效的研究。陈海涛(2007)构建了包含机会特征、战略导向、机会开发及企业绩效在内的关系理论模型,阐述了创业机会对绩效的直接影响。

创业资源的研究主要集中于创业资源类别和整合研究。综合现有的研究,创业资源具体可以划分为人力资源、物质资源、财务资源、社会资源、技术资源、组织资源、家庭资源等。人力资源又可称为人力资本,主要指创业者的专业技能、经验等;物质资源是创业的有形资源;财务资源主要是指创业者的融资能力;社会资源即社会资本,是创业者的网络资源;技术资源是创业者的专业技术、工艺等;组织资源是创业组织文化、声誉、市场地位等;家庭资源是家庭给予创业者提供的资金、关系网络等。资源整合研究体现出动态特征,研究也更为复杂。其研究的基本思路是在分析创业者所拥有的创业资源基础上,研究其资源开发、整合的过程、机制及效果。Brush 等(2001)提出了资源开发的资源识别、吸引、整合和转化四阶段进程。Sirmon 和 Hitt(2003)则将资源开发过程分为资源存储、资源绑定和资源杠杆三环节。蔡莉等(2008)聚焦于新创企业的资源开发过程,提出了资源识别、资源获取和资源利用的创业资源开发模式。除此之外,创业资源作为创业能力的重要组成部分,也常被用于研究创业能力与创业绩效的关系。如贾宝强(2007)通过实证研究分析了企业资源与创业绩效的关系。

3. 前置、后置要素研究

(1)前置要素研究

一是人力资本要素对创业能力的影响,主要从创业者已有的经历、经验、知识、技能等对创业能力(特别是创业机会识别能力)的影响。Westhead 等(2005)认为较丰富的先前经验对于识别创业机会有着促进作用。而 Baronze(2008)却认为过多的先前经验不利于创业机会的识别。二是网络关系对创业能力的影响,Wiklund 和 Shepherd(2008)认为网络关系异质性越高,联结关系程度越强,则越能促进创业机会识别和资源获取。庄晋财等(2014)通过对赣、皖、苏 183 个农民工创业样本的调查,得出社会网络及产业网络的双重嵌入对于农民工创业能力有着正向作用。三是创业学习对创业能力影响。该类型研究可分为三个分支:①创业学习对创业能力的直接作用,Wang 和 Chugh(2011)通过研究发现感知和直觉学习有利于创业者机会识别能力与开发能力的提升;②创业学习对创业能力的间接作用,秦双全和李苏南(2015)通过研究证实了创业学习在创业经验和创业能力中起中介作用,而网络技术又起着调解作用;③创业学习对创业能力的多重影响,赵文红等(2016)认为创业学习对于创业能力的影响是多重的,既可能是中介作用,也可能是调解作用。四是社会资本对创业能力的影响,社会资本是通过社会网络而聚集起来的资源,殷洪玲(2009)通过实证研究发现社会关系网络存量、社会关系网络层次两大广度社会资本,以及社交倾向、信任预期等深度社会资本都与创业能力有正向关系。五是战略导向等组织特征对创业能力影响研究。尹苗苗和马艳丽(2016)通过对广东等省的 600 多家新创企业的调查,发现企业战略中的创业导向和投机导向都会对创业机会识别和资源整合能力有显著的正向影响。

(2)后置要素研究

当前研究比较多的是创业能力对创业绩效的影响,包括成功创办企业(Ahviad,2010),获得新创企业绩效(张佳瑜,2012;蔡莉等,2014),获得良好信誉(Jiao,Ogilvie,2010),实现企业成长(财务和非财务)(Barazandeh et al.,2015;陈旭阳、陈松,2016)。除此之外,也有学者研究创业能力对创业行为的影响(周劲波,黄胜,2015),对创业机会变化规律的影响(唐靖云等,2016),以及对企业竞争优势的影响(董保宝,周晓月,2015)。

4. 中介或调解作用视角下的创业能力研究

随着研究的不断深入,学者们也逐渐从双变量的简单研究走向多变量的复杂研究,创业能力也从自变量或因变量转化为中介或调解变量。蔡莉等(2014)研究了经验学习和认知学习如何通过机会识别和利用能力来影响新企业绩效。在该研究中,以机会识别和利用为代表的创业能力发挥了中介功能。黄胜等(2015)将创业导向作为自变量,将创业能力作为中介变量,来研究创业能力与创业模式及创业绩效的相互关系。除了将创业能力作为中介变量外,也有少数学者将其作为调节变量。董保宝和周晓月(2015)将创业机会能力与运营管理能力作为网络合作性、关注度、开放性对竞争优势影响的调节变量,分析其调节效应。总体而言,学者们通常是将创业能力作为自变量或因变量,很少有学者将其作为调节变量。

5. 研究新领域

目前,创业能力研究范围逐渐扩大,研究类目日益细化。具体地说,创业能力研究对象已从宽泛的企业细化为中小企业(SME)、小微企业(自我雇佣)、国际创业、网络创业、非正式组织创业、大学生创业等领域。目前,研究相对较多的是中小企业创业能力。例如,Vijay 和 Ajay(2011)、Tehseen 和 Ramayah(2015)都开展了相关研究。小微企业或自我雇佣创业能力研究是以个体工商户为主要研究对象。如叶春霞(2012)以温州市 603 个个体经营户为样本,分析并构建了个体经营者创业能力的评价指标体系。刘万兆和李学东(2014)构建了包含机会识别能力、创新能力等七维度的小微企业创业能力量表。随着国际创业实践的开展,关于国际创业能力的相关研究也逐渐增多。Azizallah 等(2012)将国际创业能力划分为国际网络、营销、创新与风险承担、学习、经验等五个维度。黄胜等(2015)、马鸿佳(2016)都对国际创业能力与创业绩效的关系及影响因素进行了专题研究。由于网络经济的迅猛发展,网络创业能力研究日趋兴盛,如谭花蓉(2010)、仇志伟和仇志君(2013)都聚焦于网络创业能力研究。潘建林和金杨华(2015)则以网络创业中的电子商务创业能力为研究对象,构建了电子商务个体经营者的多维创业能力模型。除此之外,非正式部门创业能力相关研究(AI Mamun et al.,2016)及学校创业或大学生创业能力研究也频繁出现,成为新的研究领域。

6. 研究简评

经过二十多年发展,创业能力研究体系日渐完善,从静态的基础研究发展为多变量的交互影响研究,且延伸至更多新的领域。从研究内容上分析,创业能力的前置变量研究日渐丰富,从最初的个人经验拓展到组织特征,如战略特征、组织行为特征等,从而将组织"人格化"。创业能力的后置变量研究也在原有的财务和非财务绩效基础上,融入了荣誉地位等成长性指标,更符合当前的创业实践。与此同时,创业能力在整个互动关系中的角色更为多元,从传统的自变量或因变量延伸至中介或调解变量,更能适应当前复杂的变量研究。从研究对象分析,逐渐从宽泛的组织细化为各经济或非经济组织,涵盖了自我雇佣、个体经营户、新创企业、小微企业、中小企业、国际企业、非经济部门、大学生组织、网络组织等各个领域。其中,随着国际贸易、创业的日渐兴盛,国际创业能力研究已经"升温";随着网络平台经济

的日渐繁荣,基于网络平台而开展的个体、企业网络创业及能力研究将成为研究
热点。

2.2.4　创业行为研究述评

1. 研究综述

创业行为的主题研究始于 20 世纪 80 年代(闫丽平,2012)。它是随着创业实
践大众化而逐渐受到学者们重视的研究,但却依然没有形成统一的创业行为概念
界定(谢竹云等,2009;闫丽平,2012;张秀娥等,2014)。综合当前诸多学者观点,创
业行为可以分为广义和狭义两个层面(钱永红,2007):广义的创业行为是创业者在
创业机会识别、资源整合、新企业创建及成长全过程中所体现出的行为(Shane,
Venkataraman,2000;Smith,Gregorio,2002;Ucbasaran,Westhead,2009;McKen-
drick et al.,2009;闫丽平,2012)。具体包括产品或服务改进行为、R&D 流程优化
行为、技术提升行为等。狭义的创业行为则聚焦于新企业或项目的筹备及创建过
程(Newbert,2005;Liao et al.,2005)。但无论是广义创业行为还是狭义创业行
为,最终都会具体化为与创业相关的具体事件及行为。而这种事件或行为会体现
为首创者的个体或团队行为,也可能是企业组织行为,是一种多层次的过程性行
为。创业行为不同于创业活动,创业活动范围更广,而创业行为则比较聚焦于创业
者本身及其行为。创业行为也不同于组织行为,组织行为是在已有组织中的个体
及组织行为特征,不一定是创业行为。但是当这种创业行为主体为组织时,创业行
为与组织行为就合二为一了。基于创业行为概念研究,有学者从时间动态特征角
度分析创业行为的动态特征,主要包括行为集中度和行为速度(闫丽平,2012)。行
为速度是创业过程中行为实施的快慢,表述为单位时间内开展创业行为的数量。
行为集中度则是这种创业行为速度变化所呈现的规律性,可体现为行为速度的波
动性大小。

基于创业行为基础性研究,有学者对创业行为相关理论进行归纳总结。钱永
红(2007)提出计划行为理论和社会认知理论。出于对个人创业行为的预测及诠
释,计划行为理论(TPB)将态度、主观规范、知觉行为控制作为行为意向的影响因
素,进而预判创业行为意向,分析创业行为。自从 80 年代创业行为理论被重新整
合以来,已有学者将该理论应用于特定领域的创业行为及意向研究,如 Kolvereid
(1996)将计划行为理论用于评估创业意向。社会认知理论则是当前比较被认可并
广泛应用的创业理论。该理论将环境影响、个人因素作为影响创业行为的因素,从
而构建了类似于三角形的社会认知理论框架,以此分析创业行为意向及行为特征。
综合上述创业行为相关理论,一些学者专注于创业行为的前置因素研究:一是创业
者个体特征对创业行为的影响研究,如 Menzies 等(2006)从性别、动机、认知等个
体特征分析创业行为差异,Brush(2008)则从创业者的成长期望角度分析其对创业
行为、结果的影响;二是创业机会对创业行为的影响,Edelman 和 Yli-Renko(2010)

将创业机会作为中介变量来分析环境对创业行为的间接影响;三是创业环境对创业机会的影响,主要分析创业制度、经济、竞争环境等要素对创业行为的影响。

除了上述研究,学者们还特别关注创业行为的内容研究。创业行为是包含一系列多样化具体行为的总和,并且各行为间存在逻辑关系。根据这种逻辑关系,学者们持有有序观和无序观(闫丽平,2012)两种观点。有序观认为创业行为是有时间序列的逻辑关系,有着鲜明的先后联系。持这样观点的学者往往会按照时间将所有创业行为的具体内容排序,形成线性创业行为关系。如 Birley(1984)提出创业行为为包含创业决策、自我雇佣、注册公司、银行账户开通等八个关键行为,Newbert(2005)提出开发产品原型、购买原材料、购置大型资产、全身心投入创业、雇佣员工等 7 个关键行为,杨俊(2005)提出了评估创业机会、整合资源创企业、谋求企业生存和成长等三个关键创业行为,Reynolds(2007)基于美国 PSED 数据,提出了 6 类 23 项创业行为,张秀娥等(2014)按照时间序列将创业行为划分为机会分析、计划制定、决策行为、企业融资和创业合作等 5 个内容。无序观则认为创业并不一定按照时间序列进行,而是难以预测和排序的。持这种观点的学者往往会重点研究某一个或某类创业行为。如 Bygrave 等(2007)专门研究了创业计划中的商业计划,并分析商业计划与新企业绩效的关系。

在创业行为的内容研究过程中,有学者关注创业行为维度、测量工具开发研究。创业行为维度是从创业行为内涵出发,提炼、分析其创业行为特质。Covin 和 Slevin(1989)提出创业行为的创新性、前摄性和风险承担三个维度。Lumpkin 和 Dess(1996)则在这三个维度基础上增加了超前行动和积极竞争两个维度。谢竹云等(2009)也对创业行为的维度开展相关研究。基于创业行为维度,闫华飞和胡蓓(2014)从创业机会、资源获取和团队组建三个维度设计了 11 个测量指标,并采用 5 点量表法进行测量。闫华飞和胡蓓(2014)研究了产业集群下的创业行为维度结构与测量,提出了机会识别、创业团队组建、创业资源整合、创业网络构建、模仿等五维度 19 个测量指标。

2. 研究简评

经过几十年发展,创业行为作为一个研究命题,伴随着创业研究体系的完善而得到发展。但从整体上看,相对于其他创业研究命题,创业行为的专题研究相对较少,且主要集中于按时间序列方式分析新企业创建的行为。从其前置因素来分析,当前研究关注了个体因素、环境因素、时间因素等对创业行为的影响。从后置因素分析,当前研究基本聚焦于创业行为对创业绩效的影响研究。在这些研究中,研究者逐渐形成了创业行为的维度及可借鉴量表。这些研究成果一方面为本研究提供了理论基础,另一方面也为本研究提供了研究思路。本研究将创业行为作为一种中介变量,其前置因素为创业能力,调节因素为平台领导特征的环境因素,后置因素是创业绩效。这一研究的逻辑性在现有相关研究中已得到部分验证,研究具有合理性。

2.2.5　创业绩效研究述评

从一般意义上理解,绩效包括效能、效率和适应性(Ruekert et al.,1985)。效能就是产出能力,主要体现为产品或服务;效率是投入与产出比率;适应性是企业对环境的适应能力。创业绩效则是创业企业或个体创业中的具体绩效体现。随着创业实践的持续开展,创业绩效问题引起了经济学者、管理学家、社会学者的广泛关注,已成为当前创业研究的一个重点(Grande et al.,2011;Audretsch,2012),研究内容不断拓展,研究体系日渐完善。

1. 理论视角

创业绩效理论研究往往是依据组织和战略管理绩效研究结果,结合经典创业过程模型(Wickham,1997;Timmons,1999)中所提出的创业者、机会、资源和环境四要素,对创业绩效进行不同维度的理论研究。刘文和王建中(2012)提出了目标理论、过程理论、利益相关者理论及系统资源理论四种绩效理论。李乾文(2006)和余绍忠(2013)则提出了群体(种群生态论)、社会认知论、资源基础论和战略适应理论四种绩效理论。

群体(种群)生态论借用生态理论,依托资源依赖理论,强调在环境视角下的创业企业生存与发展,认为环境总容量、企业分布及密度、市场规范、竞争结构等环境决定了创业组织的种群规模、特点及发展空间(孟晓斌,张海兰,2007)。这种理论视角认为创业绩效在很大程度上取决于创业企业或个人所依存的外部情景,所以又被称为"自然决定论",往往用财务指标来评判创业绩效。社会认知理论则改变了由环境决定的被动理论假设,注重创业过程中人的主观能动性,认为创业者或团队能积极主动运用自身学习能力、特质及行为来实现创业机会、资源、组织及环境间的动态均衡。因此,创业者或团队特质、异质性、社会特征、行为特征等都将影响创业绩效,非财务指标也具有很强的创业绩效标识作用。资源基础理论基于传统的资源基础理论,强调创业企业或个人的资源对创业绩效的影响,如创业主体的社会资本等资源都将是重要的创业资源。战略适应理论应该说是种群生态论与社会认知理论的结合,该理论认为创业主体基于环境互动来识别创业机会,实施战略选择,从而影响创业绩效(Li,2001;宋雪,2014)。根据上述理论,可将创业绩效的理论视角整合模型描绘如图 2-10 所示。

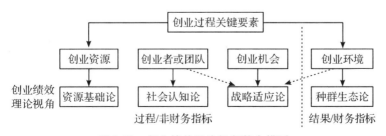

图 2-10　创业绩效理论视角整合模型

2.影响因素研究

随着创业研究的深入,创业绩效影响因素的研究范围日益广泛,从单一因素转向多因素研究。曹之然(2010)将创业绩效的影响因素划分为组织内部、组织外部及组织战略。余绍忠(2013)在已有研究基础上,将创业绩效影响因素归纳为环境与机会、资源、战略、创业者及团队、其他等五类。综合上述观点,本研究将创业绩效的影响因素汇总如表2-4所示。

表 2-4　创业绩效的影响因素

维度	理论视角	因素	代表作者	概述
组织外部	种群论和战略适应论	环境与机会	Aldrich（2001）；Ardich-vili 等（2003）；蔡莉等（2007）；方琦璐（2012）；朱红根等（2015）；齐斯源（2016）	主要从创业所处的外部环境,如政治、经济、文化等角度来分析影响创业绩效的因素；将融合于创业环境中的机会作为影响创业绩效的重要因素,分析机会识别、评估与创业绩效关系。
	资源理论	资源	Dollinger（2003）；Busen-itz 等（2003）；余绍忠（2013）；吴迪（2015）；刁守进（2015）；彭学兵等（2016）	将创业过程中所需要的各要素及组合视为创业绩效的重要因素,如人才资源、管理资源、信息资源、科技资源、政策资源等。
组织战略	战略适应论	战略	Li(2001)；薛红志（2006）；江玮,王奎（2014）；卜华白（2014）；宋雪（2014）	将创业组织或个人所采取的战略决策、战略选择、战略组合等作为创业绩效的重要影响因素。如防御型、探索型、分析型等战略策略对创业绩效影响。
组织内部	社会认知论	创业者或团队	Timmons（199）；Francsi, Sandberg（2000）；张振华（2009）；张秀娥等（2013）；孙卫等（2014）；李书文（2016）	将创业者个体特征(控制点、自我效能、承诺等)、胜任力,或者团队异质性、合作等作为创业绩效的重要因素,分析影响作用的显著程度及路径。
其他		产业结构等	C'hrisman(1998)；郑馨（2007）；李晶（2008）；杨艳、胡蓓（2012）；戚湧、陈尚（2016）	从创业所处的产业结构、行业结构、组织氛围、风险投资、创业投资等角度分析对创业绩效的影响。

当前比较多的研究是关于环境因素、资源因素、创业者及其团队因素对创业绩效的影响。创业环境因素的影响主要基于资源依赖理论视角分析环境对创业绩效的影响。环境是组织或个人要去适应的一系列外部条件(Aldrichh,Pfeffer,1976),创业环境则是影响个人、团队、组织创业的重要因素。杜海东和李业明(2012)在GEM全球创业观察的研究基础上,将创业环境因素归纳为政策、基础设施、金融支持、技术环境、教育及市场环境。齐斯源(2016)则将创业环境划分为有形(如金融支持等)与无形环境(如文化氛围等)。创业资源是在现有环境条件下,创业主体在创业过程中所能支配的各种要素及其组合(林嵩,2005)。研究者主要从创业资源各要素及其组合对创业绩效的影响角度来研究相关命题。例如,余绍忠(2013)研究了在环境动态

性的调节作用下,创业资源中的资金资源、人才资源、管理资源、科技资源、政策资源等六大资源对创业绩效的影响。创业者及团队因素的研究主要从创业者个体特质及团队组合特征两个角度分析其对创业绩效的影响。于丹丹(2014)将创业者特质分为成就需要、控制源、风险倾向和模糊容忍度,并分析了它们在创业导向调节作用下对创业绩效的影响。创业团队及其组合的研究在近几年逐渐"升温",主要包括创业团队异质性对创业绩效的影响研究(张秀娥等,2013),创业团队冲突管理与创业绩效的关系研究(孙卫等,2014),创业者特质及团队组合的综合因素对创业绩效的影响研究(李书文,2016)。类似研究将创业绩效的影响因素从单因子转向多因素,从静态转向交互作用研究。除此之外,随着电子商务发展,关于电子商务创业绩效的影响因素研究也逐渐增多。如楼晓靖和丁文云(2012)分析创业者特征、网络服务、环境三大要素对电子商务创业绩效的影响。这些研究不断推进着理论与创业实践的融合,为进一步剖析创业实践提供了理论借鉴。

3. 测评方法及指标研究

目前,创业绩效的测量方法主要有客观、主观评价法,绝对、相对评价法四种。客观评价法是采用创业可量化的客观指标来反应创业绩效。销售增长率、回报率、总投资平均报酬率、现金比率等都是常用的客观绩效评价指标(Ensley,2002)。创业绩效主观评价方法是运用主观评估法来评价创业绩效,往往在创业绩效难以量化或者数据难以收集的情况下使用,它呈现的是一些过程性绩效指标,如员工或顾客满意度、组织承诺程度、服务质量评价等。在具体指标测量中,研究中通常采用"满意""不满意"或者"很好""不好"等主观等级评价来反映绩效,是当前创业绩效评估的重要手段。绝对评价法是以要研究的创业项目客观指标来评价创业绩效,相对评价法则是基于同行或类似创业项目绩效来进行比较的横向评价方法。在实践中,由于相对评价法的数据采集有比较大的难度,所以在研究中较少使用。基于上述四种测评方法,创业绩效的具体指标研究不断完善,指标的类目不断增加。王瑞,薛红志(2010)提出了财务绩效、生存绩效和总体绩效三大类指标,翟敏(2014)则提出了生存性和成长性两大类绩效指标。但从总体上分析,财务和非财务指标是研究者最常用的绩效分类标准(余绍忠,2013)。

4. 研究简评

创业绩效作为创业研究的一个结果变量,是评价创业模式选择、创业行为实施、创业者创业能力的重要指标。目前创业绩效的研究理论发展脉络清晰,呈现出与创业进程一一对应的发展轨迹;创业绩效的影响因素研究也从外在的环境延伸至内在的创业者特质或团队特征;创业绩效的测评方法更为多元,测评指标体系也更为完善;创业绩效的研究对象从一般创业组织绩效发展为国际创业绩效、个人创业绩效、农民创业绩效、网店创业绩效、电子商务创业绩效等更广泛的领域。基于现有研究,未来创业绩效的相关研究要注重不同因素对创业绩效的整合影响及作用机制研究,逐渐从比较静态的结果研究转向更为动态的演化研究,探寻创业绩效与影响因素间的动态互动机制。除此之外,要将国外的创业绩效研究成果更好地应用于国内创业实践,特别是网络创业实践,开发符合中国国情和当前商业环境的创业绩效指标体系,不断完善创业理论研究。

2.3　本章小结

随着网络经济的发展,以平台为核心的平台经济日益繁荣。基于产业组织理论、网络组织理论的平台经济理论研究也从平台概念、价格竞争、属性等基础性研究延伸至更为复杂的平台商业模式、多边平台共生的生态群落等领域。平台动态演化、基于平台的多主体创业、平台的领导行为等已成为当前的研究热点,并取得了一定的研究成果。与平台经济理论研究相辅相成的是双边市场理论。双边市场理论基于一般市场理论基础,结合平台特性,形成了较为完善的双边市场类型、市场结构、市场行为等基础性研究体系,并进入了平台多归属、反垄断等更为复杂的研究领域。由于平台的多网络结构性、互联网技术的广泛应用,"双边市场"不仅仅单指位居平台两边的双边市场,而可能是"三边市场",甚至是"多边市场",所以"双边市场"是一个非单一市场的统称。除此之外,网络经济平台的特性,使得双边市场主体又有了新的名称,即"平台用户"。他们的身份可能是纯粹的的双边市场用户,也可能是纯粹平台用户(如平台 APP 开发用户),更可能是多种用户属性的混合。无论是何种属性,他们都在从事着商业或创业行为,在平台经济及双边市场领域中发挥重要作用。目前,以这些新特征为研究对象的理论研究不断出现。平台经济与双边市场之所以能融合,得益于平台与各主体间的开放式创新,开放式创新能推进平台与各主体间的要素流动及重新组合。因此,开放式创新是平台与双边市场各主体实现可持续互动的核心机制。目前开放式创新理论已经深入到管理模式、实施进程、用户协同创新创业、创新绩效评估等领域。

平台与双边市场,在开放式创新机制的作用下,以平台为核心的商业生态圈逐渐扩大,平台经济体系更为完善。而与该实践相对应的理论研究也随之不断推进,形成了相对独立且又存有关联的三个基础理论:平台经济理论、双边市场理论及开放式创新理论。正是这三大基础理论,才为平台领导理论、用户创业理论提供了支撑。平台领导是平台演变发展中的特殊组织,是一种人格化的组织界定,它往往存在于平台群落中,发挥着领导功能。平台领导的理论研究也有着循序渐进的过程,它以企业组织内部平台研究为起点,之后发展为以商业(供应链)和以技术为主的两大类平台研究。而随着单平台到多平台的跨越,萌生了平台领导,平台领导的理论研究也正式开启。经由技术型平台领导及商业型平台领导的研究,才慢慢演化为技术与商业的综合型平台领导研究,而这种综合型平台领导研究正反映了当前以电子商务创业平台为代表的网络经济实践,网络创业型平台领导开始受到关注。

除此之外,与平台紧密相关的用户创业研究也不断兴起,并逐渐形成体系。用户创业理论有两个不同基点:一是以用户创新为基点的创新型用户创业,二是以用户交易为基点的交易型用户创业,前者的研究相对较多。随着网络经济发展,用户身份多属性特征更为明显,同一用户可能兼具创新及交易的双重特征,同一平台也可能同时拥有创新型和交易型用户,并彼此交互作用。正因如此,多类型、混合型用户创业研究受到关注,且逐渐应用于国际创业、农村创业、网络平台用户创业等新兴研究领域。

经过二三十年的发展,创业能力研究日趋成熟。创业能力概念、维度划分及指标体系构建的相关研究已经非常丰富。当前,将创业能力作为关系变量的研究日趋"升温":其前置要素包括人力资本、网络关系、创业学习、组织特征等多个要素,其后置要素是创业行为、创业绩效等。除此之外,也有越来越多的研究将创业能力作为一种中介或调解作用,来分析自变量和因变量之间的相互作用关系及路径,并且将这种研究模型应用于国际创业、网络创业、非正式组织创业等新领域。创业绩效作为创业研究的结果变量,其研究也比较成熟,无论是创业绩效的影响因素研究,还是创业绩效的测量方法及指标体系,目前都有较多的研究成果。随着电子商务创业实践的开展,有关电子商务(如网店)的创业绩效研究也开始兴起,已经产生一系列的研究成果。这些研究成果将为本研究的开展提供理论基础。

第3章　网络创业型平台领导及
平台用户创业概述

3.1　网络创业型平台领导概述

网络创业型平台领导是以互联网技术为支撑,以形式多样的多主体创业活动为鲜明特色,在多平台、多主体构建的商业生态体系中拥有领导能力的企业或组织。网络创业型平台领导的外在形态多种多样,其归属也可以多重,它可以是由某个企业、企业联盟单独构建,也可以是由多个主体共同构建。但无论其形态如何,其本质依然是市场的具化,既包含有类似于其他平台的一般属性,又凸显着"平台领导"的特定属性。除此之外,网络创业型平台领导的产生也并非一蹴而就,它是在一般平台的裂变、演化过程中逐渐产生的,有其自身的"成长土壤",也有其自身的层级逻辑及运行机制。正因如此,只有"拨开"网络创业型平台领导的"外衣",一层一层由外而内地"剥离",方能真正探寻其产生、发展的内核,才能更好地去提炼其属性,分析其特征维度,并阐述其与网络平台用户创业的互动关系。

3.1.1　网络创业型平台领导属性

1. 网络创业型平台领导的一般属性

(1)网络外部性

外部性(Externality)指的是在社会经济生活中,参与人的数量或者行为对其他相关人员带来的非直接影响。这种影响往往是非市场性的,产权难以清晰界定,也比较难以纳入成本收益分析。而根据外部性结果的不同,可以将其划分为正向外部性(外部经济性)和负向外部性(外部不经济性)。正向外部性指的是正面、积极的影响;负向外部性指的是负面、消极的影响。在各类研究中,研究者比较注重于正向外部性。而根据外部性所处的行业领域,徐晋(2013)提出了三大类外部性:在生产领域,可以有生产的外部经济性和生产的外部不经济性;在消费领域,可以有消费的外部经济性和消费的外部不经济性;在平台经济学领域,可以有平台的外部经济性和平台的外部不经济性。

　　基于外部性的理论基础,外部经济理论逐渐演化发展,形成了网络外部性。外部性的产生及影响需要通过有形或无形的链路(Links),这就形成了"网络"的外在形态。网络指的是通过一系列的链路直接或间接地连接起来的一组结点(Richard Schmalensee,1995;Nicholas Economides,1996)。外部性正是通过这个网络结点实现了正向或负向影响。基于网络的概念理解,网络外部性指的是当同一属性成员人数增加时所引起的净价值增量(Liebowitz,Margolis,1995)。

　　网络外部性有两种类型:一是直接网络外部性;二是间接网络外部性。直接网络外部性是同一属性成员人数对成员价值的影响。这种网络外部性的影响往往不能用金钱衡量和评估,市场价格机制往往也不能发挥作用。例如,一个新成员的加入会使得成员人数增加,从而提高了原有成员的价值;原有成员的存在又提高了新成员的价值,但这些价值无法进行精细化的计算和评估,也就难以用市场化的方法进行管理。间接网络外部性则主要通过产品或服务来体现。具体地说,当 A 产品、服务的消费者或使用者数量增加,双边市场中关于该产品、服务、服务的配套产品也会随之增加且性价比也会更高。而随着服务或配套产品的增加,将会有越来越多的消费者或使用者选择 A 产品或服务,这就增加了 A 产品或服务的价值。正因如此,在间接网络外部性中,产品或服务的互补性发挥了重要作用,它们构建并丰富了外部性的各结点。

　　平台作为双边市场网络体系构建的载体,具有鲜明的网络外部性,即任何一方用户的参与、用户数量、使用或消费的产品或服务都会影响其他或另一方用户的利益或价值。不同于其他组织,平台外部性会受到平台会员费、使用费的影响,但这两种费用的影响路径却不尽相同:平台会员费,即要成为平台会员所须提交的固定费用,这种费用直接决定了双边市场的用户数量,进而通过用户数量的多少来决定其对于其他用户的影响,呈现出成员外部性特征;平台使用费,即成员在使用平台产品或服务过程中所产生的交易费用,这种交易费用直接决定了平台用户间产品或消费交易的频率及深度,进而通过用户互动的程度来决定它对其他用户的影响,呈现出用途外部性特征。其具体示意图如图 3-1 和图 3-2 所示。

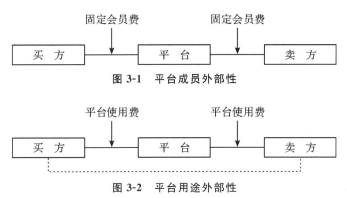

图 3-1　平台成员外部性

图 3-2　平台用途外部性

(备注:修改于徐晋(2013)所著的《平台经济学》中"双边市场外部性")

平台的成员外部性,又可以称为平台的直接网络外部性。它指的是一方成员数量的增加对另一方所产生的价值,而且这种价值往往不能纳入市场机制和财务计算体系。这种外部性的决定性因素是平台对成员是否收取平台会员费及收取费用的多少。因为成员做出是否参与某一个平台的主要决策的影响因素就是进入平台的成本与收益。基于这样的内部影响机制,平台组织一开始所要做的就是要充分发挥这种网络外部性,尽可能地将会员"拉"到平台上来。这也就是平台研究一开始就关注的"先有鸡还是先有蛋"的问题。所以,平台的成员外部性往往出现于平台构建发展之初。

随着平台的发展,平台的用途外部性属性会逐渐显现。用途外部性,又可以称为间接网络外部性。它指的是平台成员使用或消费的某一款产品(如"A"产品)数量的增加,势必会引起相关配套、互补产品的增加,从而形成了围绕以 A 产品为中心的更为齐全、性价比更高的配套产品系列,进而提高了 A 产品的价值。由于这种网络外部性是基于平台使用费的影响机制而产生的,所以平台用户使用或消费某一产品或服务的主要决策依据是消费该产品的方便性、价格、配套产品等方面的综合使用费。基于这样的内部影响机制,平台组织所要做的决策就是如何平衡双边市场使用费的收取,以实现平台用途正向外部性的最大化。

网络创业型平台领导的实质就是平台,它有着鲜明的网络外部性属性,包括成员网络外部性和用途网络外部性。伴随着互联网经济的日益发达,网络创业型平台领导所产生的网络外部性更为广泛、影响更为深远。而且随着平台网络结点布局的复杂化,这种网络外部性也有可能是一种负向(不经济)的网络外部性,需要研究者进行科学、细致的分析。

(2)用户多属性

多属性指的是平台成员的身份属性。简单地说,就是用户是属于哪个平台或是哪些平台。用户身份属性取决于平台的联结模式。结合徐晋(2013)所提出的用户属性观点,笔者将平台联结模式划分为 4 种:平台双边直属联结模式(见图 3-3)、平台双边中介或服务商联结模式(见图 3-4)、平台单边中介或服务商联结模式(见图 3-5)、平台多属联结模式(见图 3-6)。

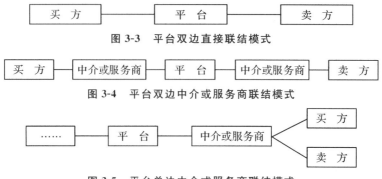

图 3-3　平台双边直接联结模式

图 3-4　平台双边中介或服务商联结模式

图 3-5　平台单边中介或服务商联结模式

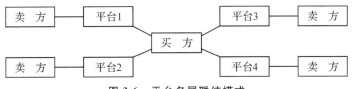

图 3-6 平台多属联结模式

图 3-3 的平台双边直接联结模式是最简单的平台联结模式,也是典型的单归属模式。买方和卖方都属于单一平台,也没有中间组织(如中介或服务商)。而随着平台经济的发展,逐渐会有一部分中介或服务商介入到平台网络体系,联结起平台与买卖双方。具体地说,买家通过一个中介或服务商嵌入平台,而平台又通过另一个中介或服务商联结着卖家,形成了买方—中介或服务商—平台—中介或服务商—卖家的联结关系。在这个联结模式中,中介或服务商会通过向买方或卖方或平台收取佣金等相关费用;买方或卖方通过向中介或服务商提供交易费用来实现市场交易的目的。在平台运营实践中,还会出现图 3-5 所描述的单边中介或服务商联结模式。在这个联结模式下,买方通过中介或服务商 A 实现与平台互动,而平台也通过中介或服务商 A 实现与卖方的互动,最终实现买卖交易行为。这种单边中介或服务商联结模式适用于特定行业,例如银行卡的发卡方也是结算方。从理论上分析,平台双边直接联结模式、平台双边中介或服务商联结模式、平台单边中介或服务商联结模式不凸显平台的多属性特点。而图 3-6 所示的交易模式就充分体现了平台用户的多属性特点,是一种买方型的平台多属性联结模式。在这个平台上,买方介入 4 个甚至更多的平台,通过与多个平台上的多个卖家互动,实现平台交易行为。

在多属性平台领域,存在着不同类型的多边市场结构(徐晋,2013):一是一致性平台,即多个平台为市场同一方(买方或卖方)提供同一市场的平台;二是交叉性平台,即多个平台为多个市场的买方、卖方提供有一定替代性的产品或服务,且平台间也存在服务与被服务的关系;三是垄断平台,即只有一个或少数几个平台为市场方提供产品或服务。在上述这些多边市场结构体系中,由于存在很多功能差异、相互替代或者是不相关联的平台,所以市场中的买方和卖方可以同时与多个平台产生联结行为,呈现出鲜明的用户多属行为特征。

根据平台及双边市场用户在整个平台网络体系中势能的差异,又可以将这种多属行为划分为四种,分别是买方多属行为,卖方多属行为,买卖、中介或服务商多方交叉多属行为,用户平台、身份交叉多属行为。其示意图分别见图 3-7、图 3-8、图 3-9 和图 3-10。

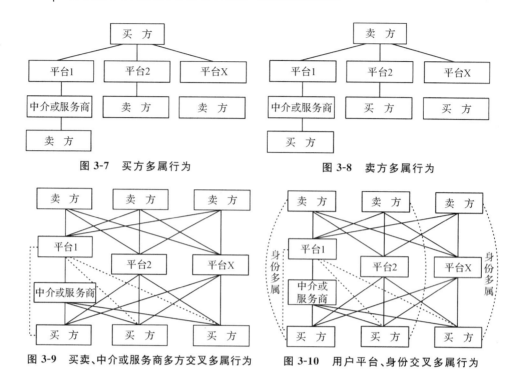

图 3-7　买方多属行为　　　　　　　　图 3-8　卖方多属行为

图 3-9　买卖、中介或服务商多方交叉多属行为　　图 3-10　用户平台、身份交叉多属行为

当平台双边市场中产品或服务的供给大于需求时,势必会出现卖方市场争夺买方用户的激烈竞争,市场的势力将倾向于买方用户。在这种条件下,买方用户拥有更多选择平台、卖方的权利,从而形成了较少或单一买方、多平台的用户属性特点。相反地,如果平台双边市场中的产品或服务供给小于需求时,势必会出现买方市场争夺卖方的激烈竞争,市场的势能会转移到卖方用户。在这种条件下,同一卖方用户可以选择多个平台开展多属性交易行为。无论是买方多属行为还是卖方多属行为,都有可能会出现中介或服务商的平台联结模式。除了这两种多属性行为之外,还有一种更为常见的多属行为就是买卖、中介或服务商多方交叉多属行为。在这个平台多属模式下,买方与卖方都存在着多属特性。正如图 3-9 所示,买方 A 可能同时嵌入平台 1、平台 2 甚至更多平台开展双边市场交易;卖方 B 也可能同时嵌入平台 1、平台 2 甚至更多平台开展双边市场交易。除了这两种直接双边市场多属性交易外,还存在着借助中介或服务商的多属性交易行为,从而使得整个多属性交易行为变得更为错综复杂。随着平台的日益开放、平台身份转移成本的降低,以及平台用户需求的多样化,用户除了具有上述的平台多属性之外,还形成了平台用户身份多属性行为。用户身份多属性指的是平台用户,包括平台共建主体用户、双边市场用户都可能是多归属的,他们既可以是买方用户,也可以是卖方用户,甚至可以兼具平台共建开发主体身份,从而使得平台用户身份多属行为更为复杂、多变。网络创业型平台领导作为网络经济背景下的一种新平台类型,其用户在平台间的迁移成本更低,平台的开放性更强,参与共建的主体更多,所以无论是买方还

是卖方,无论是平台服务商还是开发商,都存在着更为复杂、更多交叉的多属性行
为特征。

(3)多层结构性

网络创业型平台领导除了具备平台的网络外部性、用户多属性等一般属性之
外,还有着鲜明的多层内部结构性。当前,有学者(徐晋,2013)基于大数据的信息
及数据流,提出了平台内部的三层结构模型:参与层,即各主体基于平台的各项互
动行为,及由此产生的原始信息;规则层,即信息规范及数据结构形成阶段;数据
层,即基于参与层流入的原始信息,经过规则层的数据规范化实现数据处理及结
构。基于现有平台内部结构理论,本书提出了包含平台界面展示层、规则交易层、
数据分析层、平台决策层的四层面平台内部结构,具体见图3-11。

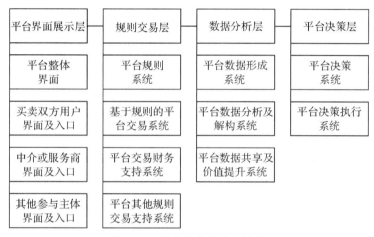

图 3-11　平台的多层内部结构

①平台界面展示层。平台界面指的是各用户与平台接触、互动的入口及"屏
面",是平台最外显、最直观的组成部分。例如,网店浏览页就是一种典型的线上平
台界面,各种展览会的展馆整体设计、各展位的门店就是一种典型的线下平台界
面。平台界面展示层因为对用户有着"首因效应",所以在整个平台结构体系中起
着"引流"的重要作用。而按照界面适用主体的不同,可以把平台界面进一步细化
为买方界面及入口设计、卖方界面及入口设计、中介或服务商界面及入口设计,以
及其他参与主体的界面及入口设计等。每一个界面因为其适用主体不同,界面风
格、模块、入口设计等都会存在较大差异。

②规则交易层。规则交易层是"吸附"于平台界面的第二层结构,包括规则层
和交易层两层。规则层指的是指导、约束各平台主体行为规则的系统;交易层则是
促进平台双边市场执行交易行为的系统。规则层和交易层相互嵌套,规则层是交
易层的"隐形"框架,起着规范交易层的作用,而交易层又是规则层的具体行为体
现。从规则交易层的具体构成分析,它可以划分为平台规则系统、平台交易系统、
平台交易财务支持系统、平台其他规则交易支持系统等多个子模块。平台规则系

统涉及平台规则设计、平台规则学习、平台规则培训、平台规则问答等内容。从平台运营实践看,很多平台都会有平台规则解读的模块,以实现与平台各主体的互动交流。平台交易系统是直接服务于双边市场用户、中介或服务商用户的模块,帮助各主体顺利完成交易,实现各自需求,也为平台获取利益。平台交易财务支持系统是支撑平台交易支付的财务运营系统,既可以是平台自主研发的支付系统,也可以是嵌入第三方支付的运营平台。如果平台使用的是第三方支付运营系统,那么此时的第三方支付运营主体就成为平台服务商。除了上述这些平台运营模块,还有其他支撑整个规则交易的子模块,如物流配送等。

③数据分析层。随着大数据时代的到来,各平台越来越重视平台数据的价值。数据分析层以数据形态融于平台各个模块,有着重要的社会经济价值。一般情况下,数据分析层包括平台数据形成系统、平台数据分析及解构系统、平台数据共享及价值提升系统等模块。平台数据形成系统指的是收集平台各主体及其行为信息的内部系统。通过这个子系统,平台可以在第一时间获取最为原始的数据信息,形成初级信息资源库。当然,此时所形成的数据或许是"骨干数据",也或许是"肮脏数据"。正因如此,平台还须借助平台数据分析、解构系统来"化验"平台原始数据。这种分析和解构需要通过数据分析专家借助现代化技术手段才能完成。通过这种分析和解构,就能将碎片化的数据系统化,并且能"去其糟粕,取其精华",实现平台数据"说话"的功能。基于此,平台还可以利用自身优势,将解构后的平台数据进行即时共享,从而有助于其他共建主体平台行为的实施,推进平台与各主体的良性互动。

④平台决策层。平台是一个组织,扮演着部分"人格化"的组织行为。其中,一个重要的平台行为就是决策。平台决策既是指平台的重大决策,也可以是平台参与主体在与平台、其他主体互动中所形成的各种决策。平台决策层可以分为平台决策系统和平台决策执行系统。平台决策系统指的是基于平台数据分析及解构所形成的决策生成体系;平台决策执行系统则是决策实施体系。平台决策层往往处于平台内部结构的最深处,对于平台及各主体的发展起着至关重要的作用。

(4)多主体性

平台用户多属性的特性表明平台用户可以是单归属,也可以是多归属,其主体身份比较复杂。平台除了主体身份复杂之外,还具备多主体属性。Parker 和 Van Alstyne(2012)提出了平台中介网络理论模型,该模型包含平台创建者、平台提供者(平台领导)、用户(需求方)、用户(供给方)四个主体。

①平台创建者。平台创建者是整个平台的设计者、规划者及构建者,往往是由一个企业或企业联盟来充当这一角色。在平台实践中,平台创建者可以通过企业内创业的方式,构建拥有独立归属的平台。除此之外,平台创建者也可以通过寻求外部资源,通过多主体合作(如联盟)来实现平台创建。平台创建者在整个平台发展过程中起着至关重要的作用,平台的整个框架设想、规则界定等都将由平台创建者完成。可以说,平台是平台创建者意识形态的产物。

②平台提供者。平台创建行为的产物就是形成平台提供者。平台提供者可以是一个比较封闭的平台,也可以是一个开放创新的平台,甚至可以是一个支撑多平台共生的平台领导。本书所研究的网络创业型平台领导就属于这一类型。平台提供者在整个平台发展中起着平台组织"母体"的作用:一方面,它充分执行了平台创建者的设计理念,也充分彰显了平台创建者的平台"梦想";另一方面,它又为平台其他参与主体、双边市场提供了活动载体。在平台实践中,平台提供者既可以是一个包含全产业链的平台组织,也可以是只提供平台核心框架、组件的"母体"。前者是相对比较封闭的平台提供者,双边市场主体也比较稳定,后者则是比较开放创新的平台组织。除了平台提供者之外,还会有很多平台共建者,如平台互补产品提供者、服务商等,由此构成一个有一定生态结构性的平台网络体系。

③需求方用户。无论平台形态如何演变,其核心功能还是在于满足市场需求方的需求。因此,平台双边市场中的需求方用户是平台不可或缺的组成部分。从狭义上理解,平台的需求方用户指的是对平台上产品或服务有需求且已注册为平台成员的用户;而从广义上理解,平台上所有已注册为平台成员的用户都可以是需求方用户,因为平台的多属性会使得需求方用户与供给方用户身份重叠,即平台的需求方用户,同时也可以是平台的供给方用户。

④供给方用户。供给方用户一般指的是双边市场上的卖方,他们通过平台在双边市场上提供产品或服务,以交易产品或服务获取利润。而根据上文所阐述的用户多属行为,供给方用户不单单存在于平台双边市场,也可以是平台提供者的共建主体:一是平台共同开发主体用户,他们以平台开发共建者的用户身份,通过提供互补开发产品或服务的方式,与平台提供者共同开发并完善平台系统;二是以平台中介或服务商的用户身份促成或直接参与市场交易,赚取佣金、差价等收益。

2. 网络创业型平台领导的特定属性

网络创业型平台领导除了具备上述的一般属性之外,还有着其自身鲜明的特定属性。也正是这些不同于其他平台的属性,使其形成了强大的"吸附力",吸引着外围主体、双边市场用户的积极参与,推进了以其为核心的平台商业生态体系的构建。

(1)网络经济属性

网络创业型平台领导之所以能得到快速发展,得益于网络经济时代,因此网络创业型平台领导的首要属性是网络经济属性。网络经济从狭义上理解就是借助因特网技术进行投资、销售的商业行为及其所产生的经济效益。而从广义上理解,网络经济就是生产者与消费者通过因特网联系而进行的各类经济活动(胡鞍钢,周绍杰,2000),是一种基于信息技术和互联网的全球化经济,它以信息网络作为基础平台,以技术创新驱动经济增长,以电子商务主导商品流通,以互联网联系全球市场,是与传统经济板块并行的新型经济板块(黄璐,2003)。具体地说,网络创业型平台领导的网络经济属性包含以下五个方面:一是虚拟性,网络创业型平台领导及其所构建的网络商圈呈现鲜明"轻公司"特性,很多交易行为、投资行为都借助线上平台完成,虚拟特性显著。二是直接交互性,网络创业型平台领导各主体交易、互动非常直接,而且呈现鲜明的交互性、多结点、非线性特征。三是长尾经济特性。"长尾"这一概念最早由 Chris Anderson 于 2004 年提出,当时主要是用该词描述 Netflix 和 Amazon 等网站的商业模式。"长尾"原本是统计学中的幂律(Power Laws)和帕累托分布(Pareto)的一种口语化表述,基于长尾的长尾理论实际上属于丰饶经济学。其核心在于通过满足市场个性化需求(即使看似小众市场),实现企业的差异化战略,其特点在于避开主要市场的"红海竞争",选择市场中看似"碎片化"的"小块需求",通过"小块供给"来获取收益。要实现长尾效应,须具备市场需求个性化、多样化以及供给成本低两个条件,而互联网时代就能很好地满足这两个条件。具体地说,长尾理论及其效应产生于计算机网络技术飞速发展的时代,正因为网络真正实现了对时间和空间的超越,人们的需求愈发呈现多样化(陈兴淋,纪顺洪,2017),满足人们需求多样化的成本也因为互联网而降低。四是无摩擦经济。制度经济学奠基人科斯认为,由于市场中存在获取市场信息的成本及谈判或监督履约的成本,市场交易中会因为这些交易成本而产生摩擦。但在互联网时代,由于信息技术及互联网的飞速发展,市场信息获取成本不断降低。同时,信息不对称性的降低也减少了谈判或监督履约的成本。这些都使得网络经济呈现鲜明的无摩擦经济特性。五是敏捷化经济。互联网经济是分布式多结点的创新经济,各主体的互动路径非常复杂和多元,互动点不仅更多而且也更为动态。正因如此,市场各主体间的行为响应会更为敏捷且多变,"速度为王"成为网络经济时代一个新的有效竞争策略。

(2)创业特性

网络创业型平台领导的第二个属性就是"创业"。目前我们正在进入一个全球创业的时代(窦军生,包佳,2016),创业意识或行为已经融入社会经济生活的方方面面。创业的概念有广义和狭义之分:狭义的创业指的就是创建一个新企业的过程,而广义的创业指的是企业创立和成长的过程(李力涛,2010)。这种成长不单单是显著的创业绩效增长,也可以是财务绩效的缓慢增长或者是非财务绩效的改善(如员工人数、员工承诺等);这种成长不仅包括创建新企业,也包括企业内部的再次创业,即内创业(Burgelman,1983;杜辉等,2017)。据此,本书认为基于资源整合基础上的商业价值增值行为都可称为创业。这一创业观点符合当前"大众创业,万众创新"的创业实践。而平台的各类用户也是基于这样多形态、多层次的创业行为,融入网络创业型平台领导的网络生态体系。在平台创业实践中,双边市场中的买卖双方可以通过基于熊彼特(Schmpeter)创新理论实施创新型用户创业(Shah,Tripsas,2007;Haefliger,2010;Yadav,Goyal,2015),也可以通过基于柯兹纳(Kirzner)创业套利理论实施交易型用户创业,甚至可以开展创新型、交易型的混合型平台用户创业。正是双边市场众多买卖主体的创业行为,网络创业型平台领导才得以日益繁荣发展。当然,除了双边市场用户,技术开发商也可以嵌入平台开发系统实施平台开发型创业;其他中介或服务商也可以嵌入双边市场的各联结环节实施创业。应该说,"创业"属性是网络创业型平台领导之所以能产生、发展的关键,也是其区别于其他平台领导的特殊属性之一。

(3)多平台共生

网络创业型平台领导产生的条件之一就是存在着多个共生性平台。具体地说,网络创业型平台领导须具备如下属性方能产生并发展。一是多平台的存在,即有一定数量的平台"寄生"或"共宿"于网络创业型平台领导。这些平台有可能是由网络创业型平台领导裂变而来,也可能是由外围主体第三方构建,也有可能是由网络创业型平台领导与外围主体共同组建。二是这些平台与网络创业型平台领导存在一种"共生"关系。根据这种共生关系的强弱及主体间的势能差异,可以将这种共生关系划分为平台偏利共生、平台原始协作共生、互利共生三种关系(徐晋,2013)。平台偏利共生指的是平台间的共生关系对一方比较有利,对另一方既无利也无害;平台原始协作共生指的是平台间的共生关系对双方有利,但一旦不共生,彼此分开也不会对双方造成损失;平台互利共生关系指的是平台间的共生关系对任何一方都有利,而且任何一方一旦分离,则都要面临崩溃。在这三种多平台共生关系中,前两种共生关系的嵌入程度较浅,第三种共生关系则比较密切。当然,这三种共生关系是可以相互转化的,而且网络创业型平台领导与多平台间往往同时存在这三种共生关系。

(4)互补性

2007 年,安娜贝拉·加威尔和迈克尔·库苏麦诺在其《平台领导:英特尔、微软和思科如何推动行业创新》一书中,明确提出了平台领导的概念,并归纳出平台领导的四个决策准则或框架。其中一个准则就是与外部补足品商的关系准则,即哪些业务应当由平台领导自己履行,哪些业务应该交给外围主体履行。这就涉及平台领导与互补产品提供商之间的互补关系问题。网络创业型平台领导作为整个平台网络体系的提供者,提供了整个网络生态体系的核心组件与框架,但仅仅由网络创业型平台领导不足以构成多生态性的完整平台网络,还需要各共生平台、共生主体提供配套的产品或服务。只有如此,才能形成繁荣的网络平台生态体系。

(5)领导权力

网络创业型平台领导作为"人格化"的领导组织,要通过实施其领导权力才能实现其领导地位,才能维持其在网络体系中的中心位置。这种领导权力在平台领导构建之初主要体现为它为其他主体、平台提供了"寄生"场所,有着"母体"的角色及地位。随着平台网络体系的逐渐发展及日渐成熟,其领导权力及作用的发挥也会发生变化。此时的领导权力更多地体现为对各共生主体、各共生平台的规则界定(如产品或服务、互补品的供给边界)、行为约束等,使得平台能按照平台构建者的设计初衷发展,并且能符合网络创业型平台领导的发展规律。无论网络创业型平台领导的领导权力以哪种形式呈现,它都不同于单纯的平台管制。平台管制是一种低意愿的外部强迫式"法定"权力,缺乏弹性;而网络创业型平台领导的领导权力则会基于双方、甚至是多方的意愿,在协调升级的情况下,通过现代科学的契约化手段实现权力获取,并据此实施权力行为。

(6)开放创新

网络创业型平台领导的网络经济属性、用户多属性、多平台共生等属性决定了其必然比其他平台更为开放、更为创新。现在的大多数网络平台已经超越了最初的"1 个平台+1 个双边市场"的封闭型平台网络体系,实现了系统开放、平台开放以及分布式创新。网络创业型平台领导则表现得更为显著:一方面,作为平台领导,它通过设计并提供平台产生及发展的核心组件,运用开放的平台系统,实现了外部主体、外部平台组织的无障碍、无摩擦进入,以此实现包容性成长;另一方面,网络创业型平台领导所构建的平台网络体系,分布着无数个可以随时触发创新的网络结点,每一个结点都拥有敏捷性、快速响应的创新机制,从而推动着各平台组件、整个平台网络体系的快速更迭。

3.1.2　网络创业型平台领导演化

1.网络创业型平台领导的五阶段演化进程

网络创业型平台领导的产生不会一蹴而就,它需要在不断的演化发展进程中逐渐形成。结合徐晋等学者的理论观点以及平台创业实践,本书提出了网络创业型平台领导演化的五阶段模型(见图 3-12)。

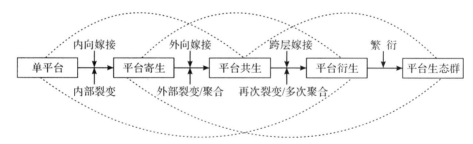

图 3-12　网络创业型平台领导演化的五阶段模型

图 3-12 表明,网络创业型平台领导演化经历了单平台阶段、平台寄生阶段、平台共生阶段、平台衍生阶段、平台生态群阶段。其中,单平台阶段是网络创业型平台领导的初级阶段,往往是以平台领导的单平台形态呈现。由于在该阶段尚不存在多平台共生,所以这一阶段尚没有产生真正的平台领导。后经内向嫁接、内部裂变,单平台也会演化为平台寄生,此时网络创业型平台领导就真正产生了。而处于平台寄生阶段的网络创业型平台领导却不会停滞其演化,反倒会通过外向嫁接以及外部裂变或聚合等方式,实现以其为核心的多平台共生。随着网络创业型平台领导与各共生平台间的共生共栖,网络创业型平台又会衍生新的平台,甚至是新的

子平台领导,实现了平台衍生。经过了平台衍生阶段,以网络创业型平台领导为核心的网络平台群落就会呈现一定的"生态"结构性,网络创业型平台领导位居核心,与各相关平台呈现网状互联关系,通过分布状的网络及其结点输送资源,实现多平台的交互发展。在这个网络结构体系中,每一个子平台也都有着与其相适宜的网络位置,以实现平台的最优共生。而在平台运营实践中,网络创业型平台领导的演化并不一定按照单平台、平台寄生、平台共生、平台衍生、平台生态群的线性发展模式运行,其演化过程可能会出现跳跃,演化路径会呈现多线性特点。

(1)平台寄生阶段

"寄生",原本是一种生物学语言,指的是一种生物长期或短期地寄居于另一种生物体内,靠另一种生物体提供的生命元素才得以生存与成长。寄居于其他生物体内的生物,可以称之为寄生物;被其他生物寄居的生物可以称之为被寄居生物(宿主生物)。在生物学领域中,这种寄生往往是互惠互利的,而且会出现寄生物发展到一定程度就会脱离宿主生物的情况。借助该生物学现象和理论,并结合徐晋所提出的平台寄生理论,本研究所指的平台寄生即其他相关平台寄生于网络创业型平台领导,靠网络创业型平台领导提供的资源得以生存发展,而网络创业型平台领导也将从这些寄生平台中获取相关利益,实现寄生型平台网络的构建。

网络创业型平台领导从单平台演化为多平台寄生,主要通过两种路径实现。首先,网络创业型平台领导会通过内向嫁接,催生一个新的子平台。"嫁接"一词原本用于植物种植栽培领域,指的是将一种植物的枝条嵌入另一种植物的根或茎,实现不同植物间的嫁接。由于平台寄生是居于网络创业型平台领导这一母体的寄生,所以这种嫁接是内向嫁接,即其它主体嵌入网络创业型平台领导内,经与网络创业型平台领导的交互作用,产生新的平台并寄生于网络创业型平台领导母体内。其次,网络创业型平台领导还可以通过自身内部裂变实现平台寄生。裂变是一种物理学现象,指的是一种元素在外界作用下分裂为几个其他要素的过程。网络创业型平台领导可以通过细化自身平台功能,实现平台领导内部分裂,产生多个平台,并与新产生的平台维持着寄生、宿主关系。

(2)平台共生阶段

在平台寄生阶段,各子平台寄生于网络创业型平台领导母体内。随着各寄生平台的成长,它们中的一部分会脱离宿主平台,成为相对独立的平台组织。虽然它们受网络创业型平台领导的管制也会因此而减弱,但它们与网络创业型平台领导之间依然存有紧密的共生关系:一方面,这些平台组织需要依靠网络创业型平台领导所提供的平台网络才能生存;另一方面,它们也为网络创业型平台领导这一母体提供"养分",使两者能够相互依存。在平台运营实践中,除了寄生平台可以演化为共生平台,外围组织也可以通过嵌入网络创业型平台领导网络体系,实现与平台领导的共生关系。

由于共生平台的场域在网络创业型平台领导母体外,所以平台往往是通过外部嫁接、外部裂变及聚合等方式产生共生平台,形成共生关系。外部嫁接不同于内部嫁接,其行为趋向为网络创业型平台领导的外向型嫁接,即网络创业型平台领导将自身的模式或要素嵌入外围组织,实现对外嫁接;外部裂变也不同于内部裂变,主要是指由外围组织分裂出来的某些功能或模块,经演化后成为与网络创业型平台领导共生的平台组织;聚合则是一种多组织、多要素、多主体融合所形成的新平台组织。

(3)平台衍生阶段

在平台寄生或平台共生的演化过程中,网络创业型平台领导作为整个平台网络体系的"一级母体",会培育出新的"二级母体"来分包日益细化的平台功能,实现平台衍生。平台衍生所产生的"二级母体"与"一级母体"间的关系比原先平台寄生、平台共生阶段的各平台间的关系更为密切:从权力分配上看,"二级母体"的领导权力来自于"一级母体"的授权;从平台功能上看,"二级母体"承担着"一级母体"的部分功能,存在着一定的功能互补关系;从平台网络结构上看,"二级母体"是一个新的平台中心,与"一级母体"一样也有着多平台寄生或共生。平台衍生是平台领导发展到一定阶段的非必然产物,需要通过跨层嫁接、再次裂变和多次聚合才能产生。这种跨层嫁接、再次裂变和多次聚合可能发生于平台共生之后,也可能发生于平台寄生之后,存在着跳跃式演化的可能。

(4)平台生态群阶段

"生态群"主要应用于生物学领域,指的是由多生物构成的可循环能量守恒体系,多种生物"相生相克",在有序的结构体系中生存、繁衍。由网络创业型平台领导所构建的平台生态群指的是各平台在一个有轨的网状空间结构中有序运行,彼此互通有无,相得益彰。在这个平台生态群中,网络创业型平台领导是"一级母体",提供平台框架和核心组件,其内部和外围有着众多寄生或吸附于它的平台组织。除此之外,网络创业型平台领导会从这些寄生、吸附的共生平台中,选择并培育"二级母体",形成新的衍化。这些"二级母体"的产生,进一步拓展了新的平台寄生、平台共生、平台衍生链条,实现了分布式的拓扑结构,推进了平台网络体系的横向与纵向衍生,构建了繁荣、有序、多生态性的平台群落。

2. 网络创业型平台领导运营模式

在网络创业型平台领导的演化过程中,其运营模式也会发生变化。在平台演化初期,网络创业型平台领导承担着一般平台的功能,在双边市场中承担着中介作用,为双边市场用户提供交易空间。而随着平台寄生、平台共生及平台衍化等多形态演化的进展,网络创业型平台领导内部不断裂变、聚合,多平台集聚的生态群日渐形成,其运营模式也发生了演变。

（1）伪网络创业型平台领导运营模式（纯中介运营模式）

网络创业型平台领导的第一种具体运营模式为纯中介运营模式。其模式如图 3-13 所示。

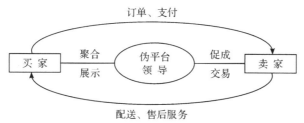

图 3-13　伪网络创业型平台领导运营模式（纯中介运营模式）

图 3-13 所示的运营模式对应于图 3-3 的平台双边直接联结模式。在该运营模式中，网络创业型平台领导为双边市场用户提供中介功能，主要发挥以下三个作用：一是聚合作用，即网络创业型平台领导通过科学设计平台会员费、使用费，通过对外宣传、广告等方式，将潜在的市场主体"拉"到平台，成为平台双边市场的买方和卖方，从而解决了平台"鸡"和"蛋"的问题。二是展示作用。网络创业型平台领导会设计适用于买方和卖方的客户界面，展示平台功能，并为卖方提供展示空间（如产品信息、企业信息等）。三是促成交易作用。网络创业型平台领导通过参与双边谈判等方式促进买卖双方交易的实现。在这个过程中，网络创业型平台领导可能不参与具体交易，也可能参与市场交易，靠收取会员费、使用费或者佣金获得平台收益。在这个运营模式中，双边市场的买方会实施下订单、支付货款等行为，而双边市场的卖方则会实施配送、售后服务等行为。由于网络创业型平台领导在这个过程中并未真正体现出其在多平台网络体系中的领导作用，所以可以将该运营模式界定为伪网络创业型平台领导运营模式。

（2）交易型网络创业平台领导运营模式

纯中介运营模式中的网络创业型平台领导执行了一般平台的初始中介功能，其主要作用在于促成双边市场交易。在这种模式下，平台领导作用的发挥非常有限，平台利润中心比较单一。相较于纯中介运营模式，交易型网络创业平台领导价值链嵌入更深，领导权力角色扮演更为丰富，具体运行模式图见 3-14：

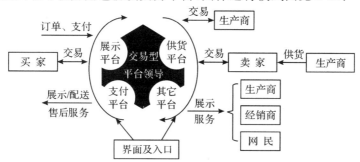

图 3-14　交易型网络创业平台领导运营模式

交易型网络创业平台领导不仅仅是中介中心,也是交易中心,更是利润中心。对外,它有两个平台界面:卖家或供应商界面、买家界面。在卖家或供应商界面,平台领导通过界面展示,向生产商、经销商,甚至是所有网民传递平台定位、展现平台产品或服务,将更多潜在的主体"拉"到平台,以解决"鸡"和"蛋"的问题。除此之外,交易型网络创业平台领导会通过交易系统的对外开放,实现与卖家的产品或服务交易。而随着价值链的扁平化,现在很多交易型网络创业平台领导会直接与生产商进行交易,实现"厂商—平台"的直接对接,以减少中间环节、提高利润。在买家界面,交易型网络创业平台领导通过平台的展示功能,吸引买家购买平台产品或服务。为了促成平台与买家的交易,交易型网络创业平台领导会有订单、支付、物流配送及售后服务等功能。

而为了能更好地履行交易型网络创业平台领导的上述功能,平台领导内部会裂变出展示子平台、支付子平台、供货子平台等寄生或共生平台,并由交易型网络创业平台领导实施平台监管、规划等领导行为,推进平台生态经济的繁荣。值得注意的是,这些子平台的产生基本都是由交易型网络创业平台领导内向嫁接、内部裂变而成。在平台具体运营实践中,"超市型电子商务平台"就是一种典型的交易型网络创业平台领导。沃尔玛、有中国"网上第一图书店"和"网上第一音像店"之称的卓越、各种类型的"网上商城"等都是该类模式的典型代表。他们一方面以买家的身份与供应商、卖家进行产品或服务的交易;另一方面,他们又以卖家的身份与消费者进行交易。这种平台运营模式的出现,对供应商而言,不仅省去了和大量个体消费者打交道的繁复劳动,而且大大提高了产品或服务的成交率和成交量;对消费者而言,交易型网络创业平台领导上的产品或服务品种更为丰富、可选择范围更广、价格也更低;对于交易型网络创业平台领导而言,它可以充分发挥平台的规模经济和范围经济效用,通过赚取商品买卖差价、享受长尾经济效应等方式,获取丰厚的平台利润。

(3)开发型网络创业平台领导运营模式

交易型网络创业平台领导主要存在于交易市场,而随着平台功能的日益细化和专业化,一种以技术开发为主要业务的网络创业型平台领导也应运而生。这种技术开发型的网络创业型平台领导是以技术开发、交易为主要业务内容,为技术开发个体、组织等群体提供技术开发及交易的核心组件,从而构建了以其为核心的技术开发网络平台体系,其具体运营模式见图3-15。

开发型网络创业平台领导在提供平台发展框架和核心组件的基础上,除了自身会积极投入平台技术开发,也会通过开放开发系统及数据,鼓励外围主体注册为平台用户以实现共同开发。具体地说,这些平台共同开发用户主要有四类:一是专业技术个体开发用户,即以参与平台技术协同开发所获取的收益为主要收入的专业技术型人员,他们以长期为单个或多个平台开发支持工具或软件为职业;二是专业技术组织开发用户,他们往往是一个企业组织,承接并完成平台领导所发出的技

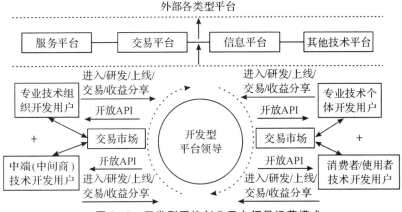

图 3-15　开发型网络创业平台领导运营模式

术协同开发要约来获取收益;三是消费者或使用者技术开发用户,这类用户在购买或使用产品、服务过程中,激发了对产品或服务的二次创新构想,并通过自主研发的方式改进产品或服务,研发新的平台工具或系统,实现自我雇佣式创业,这是典型的终端用户技术型创业;四是中端(中间商或服务商)技术开发用户,这类用户在长期经销产品或提供服务中积累了丰富的技术经验,由此产生了技术创新想法,并通过不断自我改良,实现了技术工具或软件的开发,实现了与平台的协同创业。

开发型网络创业平台领导主要通过开放 API 实现各开发主体的嵌入,通过每天定时调试 API 来实现即时更新。而各平台开发主体则通过注册获得用户身份,通过研发实现产品、服务、技术创新,通过平台领导所设置的新技术上线申请流程实现新技术上线,通过试用、正式使用等方式实现新技术的商业应用与推广,最终通过事先约定的利润分享机制获取收益。在这些技术开发互动过程中,开发型网络创业平台领导与各开发主体间会形成一个或多个新工具、新技术的交易市场,以提高新技术的上线率和使用率。经过上述的多主体共同开发及市场交易,开发型网络创业平台领导会形成包含服务平台、交易平台、信息平台等技术型子平台的更为专业、更为综合的技术型平台网络,以此满足其他外部各平台发展的技术需求。而在满足其他平台技术需求的同时,开发型网络创业平台也实现了自身的商业价值,获得创业收益。

(4)综合型网络创业平台领导运营模式

在平台运营实践中,纯粹的技术型网络创业平台领导或纯粹的交易型网络创业平台领导比较少见,因为平台技术往往是与产品或服务融为一体,而产品或服务的市场交易也难以离开技术支撑。正因如此,在平台领导运营实践中,比较常见的运营模式是既有技术性又有交易性的综合型网络创业平台领导。综合型网络创业平台领导以产品、服务或平台系统的新技术开发为支撑,以双边市场的多主体交易为载体,实现技术与商务的互融互通。其具体运营模式如图 3-16 所示。

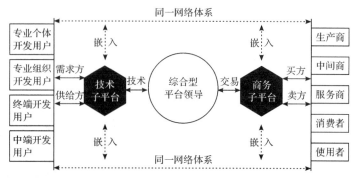

图 3-16　综合型网络创业平台领导运营模式

图 3-16 表明,综合型网络创业平台领导主要是由两个既独立又相关联的子平台构成,一个是技术型网络创业平台,另一个是交易型(商务型)网络创业平台。技术型网络创业平台将在与专业个体开发用户、专业组织开发用户、终端(消费者或使用者)开发用户、中端(中间商或服务商)开发用户的互动中,构建包含新技术研发、新技术在线审查、新技术在线试用、新技术在线推广应用等在内的完整的技术开发体系。交易型(商务型)网络创业平台则将在与生产商、供货商、中间商、服务商、消费者及使用者的互动过程中,形成包含买方和卖方双边市场的完整交易体系。这两个子平台系统有着较为清晰的功能区分,在综合型网络创业平台领导的框架下各自运行,但同时两者又相互作用:从参与开发或交易的用户主体分析,这些用户主体的身份不是固定的,也不是单一的,而是多变且多重的。也就是说,在技术子平台上的专业个体开发用户又同时是双边市场中的买家或卖家,交易(商务)子平台上的供应商或中间商又是技术平台上的中端开发用户;从技术平台与交易平台的边界分析,两者往往互相嵌入,技术开发平台中会存在包含买方和卖方的双边市场交易,在交易平台中也会嵌入新技术、新工具的上线试用或应用等功能。

3.网络创业型平台领导的层级逻辑

上文关于网络创业型平台领导一般属性的阐述表明,网络创业型平台领导作为一种平台类型,具有多层结构性,包含平台界面展示层、规则交易层、数据分析层、平台决策层等四个层次。而网络创业型平台领导作为一种更具网状结构的新平台,其内部结构更为复杂,层级关系也更具生态性,所以有必要进一步剖析网络创业型平台领导组织的层级逻辑,并归纳其运行机制。网络创业型平台领导的层级逻辑如图 3-17 所示。

从一个完整的网络创业型平台领导体系分析,网络创业型平台领导包含平台创建、平台领导及平台群落三个层级逻辑,三个层次互为递进:平台创建主要涉及平台创建者的平台创建行为;平台领导主要涉及平台核心组件的构建,以及平台界面展示层、规则交易层、数据分析层、平台决策层四层面的设计;平台群落是平台领导及各相关主体平台共建的结果,涉及平台技术开发、市场交易等各个子平台,并以此形成多生态性的平台群落。

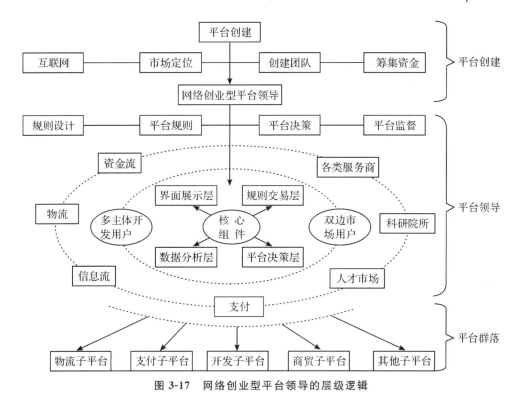

图 3-17　网络创业型平台领导的层级逻辑

（1）平台创建层级

平台创建层是平台领导产生的驱动层,其内在运行逻辑是平台创建者基于互联网科技的商业背景,结合自身已有的创业资源,识别市场定位,创建并运营创业团队,筹集创业必备资金,进而实施平台领导创建行为。这个过程涉及"一个主体,四大要素"。"一个主体"指的是网络平台领导的创建主体。该创建主体可以是个体或团队,可以是一个企业,也可以是企业联盟,甚至可以是非正规部门。从创建主体的职业身份分析,既可以是非组织个体或团队,也可以是现有组织内部的部门、个体或团队,后者即为上文所指的企业或组织内创业。"四大要素"指的是互联网、市场定位、创建团队、筹集资金。在互联网全覆盖的现实背景下,互联网科技是网络平台领导创建所须借助的科技手段,可以说互联网科技成就了网络创业型平台领导,网络创业型平台领导又进一步发展了互联网科技。上文所阐述的"网络经济"属性就是这一要素的具体体现。市场定位是网络创业型平台领导创建的第二个要素。创建主体必须先识别潜在的市场群体及机会,然后以此为导向塑造科学、合理的市场定位。根据上文的阐述,网络创业型平台领导有纯中介运营模式(伪平台领导模式)、技术型网络创业平台领导、交易型网络创业平台领导、综合型网络创业平台领导等多种类型,每一种平台类型都会有其自身不同的运营模式及特点。因此,网络创业型平台领导在创建之初,就应该精准锚定市场机会,设定适合自身及市场发展的平台类型。

有了互联网科技,进行了精准的市场机会锚定,平台创建者还须配备相应的团队以推进网络创业型平台领导的构建。创业团队是有效执行平台领导市场定位、市场进入以及创建平台领导的必要且充分条件。这个团队可以由创建者自身组建,也可以由创建者与外围主体共同组建,甚至也可以由第三方外围主体组建。除了互联网科技、市场定位及创建团队,创建资金的筹集也是平台领导构建的必备条件。平台领导的创建过程需要完成平台核心组件的建设,而这需要花费一定的资金成本。随着互联网金融的飞速发展,平台领导建设资金的筹集渠道也更为多元,除了网络创业型平台领导创建者自筹之外,还可以由创业团队筹集,也可以通过互联网金融进行线上筹集。因此,其资金来源既可以是自然人出资,也可以是法人出资,甚至可以是社会众筹。

(2)平台领导层级

平台领导层级是平台领导网络体系中最重要的层级,其内部又可以划分为四个层级逻辑关系。一是平台核心框架或组件的搭建。网络创业型平台领导创建之初的重点就是搭建整个网络平台的框架(核心组件)。这个平台框架或核心组件是整个网络创业型平台的内核,决定了平台的整体定位、平台的整体功能以及平台的未来发展方向。它一般是由平台创建者构建。二是平台领导内部结构的完善。在平台创建者搭建了网络创业型平台领导的核心框架或组件之后,网络创业型平台领导就会基于核心组件开始自我运行。在运行的过程中会逐渐裂变、衍生出平台界面展示层、规则交易层、数据分析层以及平台决策层四个内部结构层,从而进一步完善了网络创业型平台领导的内部组织结构。三是平台领导的多主体嵌入。网络创业型平台领导在完成了四层面构建之后,就会通过开放 API 以及双边市场入口等方式,吸引并推进外围专业技术个体或组织、中间商、消费者、生产商、供应商、使用者等各个主体嵌入平台领导,共同参与平台技术开发以及双边市场交易。四是平台领导网络体系的构建。基于网络创业型平台领导所提供的平台组件和框架,依托平台内外部各主体的共同推进,资金流、物流、信息流会逐渐聚集于网络创业型平台领导上,支付体系、人才市场、科研院所以及各类平台服务商也会嵌入或汇聚于平台领导,形成一个内外互补、多主体参与的平台领导网络体系。

①平台核心组件或框架的构建。网络创业型平台领导的最初形态就是平台的核心组件或平台框架。虽然网络创业型平台领导的平台功能会日渐完善,平台分工也会日渐细化,但这些新的发展都是基于平台的核心组件或框架。可以说,平台核心组件或框架代表了网络创业型平台领导的内核,决定了整个网络创业平台体系的发展格局。在这个过程中,平台创建主体会通过以下四个方面来规划、设计平台的核心组件,并以此形成网络创业型平台领导的内部运行轨道,约束并管理网络创业型平台领导自身以及相关主体的平台行为。一是规则设计,即外围主体要遵守相应的平台规则以嵌入平台的协同发展。这种规则设计往往是一种顶层设计。这种规则包含平台进入规则、平台交易规则、平台开发规则、平台互动交流规则、平

台利润分享规则等各个方面。二是平台规划,包含平台领导的发展规划、发展战略以及整个平台网络体系的发展规划及进度安排。平台领导的发展规划主要指的是平台核心组件的配备及未来调整规划,属于平台核心层的规划设计;整个平台网络体系的规划包含各子平台及平台生态群落的规划、设计及发展进程安排,从而为平台的有序发展提供框架。三是平台决策,即通过设定平台决策机制、程序来合理地做出有关平台的各类决策。在网络创业型平台领导尚未构建之时,平台决策主要体现为平台构建者的决策,而一旦网络创业型平台领导已经构建并能自我运转,那么平台的主要决策就表现为网络创业型平台领导的"人格化"决策行为。平台决策是一种动态、复杂的组织行为,不仅涉及平台规划设计等重要的战略性决策,也包含子平台功能调整等非战略性决策。四是平台监督,即网络创业型平台领导要对平台各主体及平台行为进行监管,处理平台各主体在互动过程中的矛盾和冲突,防止出现有悖于平台发展的行为。总体而言,顶层设计确定了网络创业型平台领导及整个网络平台体系的发展框架;平台规划确定了网络创业型平台领导及平台群落的发展方向及路径;平台决策明确了平台发展的决策归属;平台监督明确了平台发展的监督者和管理者,为平台发展提供了有效保障。上述四个平台领导行为,可以协调好网络创业型平台领导与各平台、各主体的关系,推进网络平台体系的健康发展。

②平台领导内部四层面结构设计。一旦形成了平台核心组件,网络创业型平台领导内部就会进行演化,如内部嫁接、内部裂变等。经过演化,平台核心组件会滋生四个结构层面,即网络平台领导界面展示层、规则交易层、数据分析层及平台决策层。正如上文所述,平台领导的界面展示是最为外显、直观的界面浏览及入口设计,是各相关主体与平台领导最表层的互动;规则交易层,不仅指的是各主体、各平台间及其与平台领导间的各种互动行为,也包含了各主体、平台行为的边界设定和制度约束;数据分析层属于更深层次的互动,将平台各主体行为数据化,将碎片化的行动系统化、逻辑化,是一种数字化的"画像";平台决策层则是最深层次的内部结构设计,决定着平台领导的内部结构以及变化发展。当网络创业型平台领导已经从核心组件演变为包含界面展示层、规则交易层、数据分析层、平台决策层时,平台领导的内部体系就基本建设完成。

③平台领导的多主体嵌入。平台核心组件及四个层面内部结构设计的完成,标志着平台领导内部体系构建基本完成。在整个体系构建过程中,平台领导并不是单凭自身力量完成这些功能、模块的设计,而是会借助外围相关主体的嵌入来共建。其中,一个非常重要的主体就是"平台用户"。从理论上讲,一个综合型的网络创业型平台领导,其用户主体可以分为两大类:一是双边市场用户,即依托平台而生存的卖方和买方、供应商、中介商等,他们通过市场交易来繁荣整个平台;二是平台开发用户,即依托平台领导而生存的技术型开发个体及组织,他们通过研发新工具、新系统或创新产品、服务来使平台功能渐趋完善。从平台运营实践分析,在平

台领导内部体系的构建过程中,平台开发用户的参与度较高;而在平台领导内部体系构建完成之后,双边市场用户的参与度较高。

④平台领导网络体系的构建。平台领导的多主体嵌入完善了网络创业型平台领导的内部体系。围绕该平台领导内部体系,外围的资金流、物流、信息流等资源型要素逐渐被吸引到平台,一些风投机构、银行等资金运营机构也会投入资金,共同参与平台建设;物流企业会嵌入平台自营物流或者第三方物流体系;数据处理、信息处理中心等专业机构也会参与平台共建。除此之外,如支付宝、微信支付等现代化的网络支付应用等工具型要素也会嵌入平台交易及运营,而网络创业型平台领导的发展不仅需要资金等物质要素,更需要人力要素。因此在网络创业型平台领导网络体系的构建过程中,人才市场、科研院校等人才智能型要素也会积极嵌入。例如电商学院、Wish平台的校企合作人才开发等都是围绕平台人才开发而实施的项目。在这些资金流、信息流、物流、支付系统、人才机构等相关主体的嵌入过程中,会产生一系列的服务商群体或组织,他们与网络创业型平台领导、其他相关主体共同构成了平台领导网络体系,从而为多平台共生的平台群落的构建提供了基础。

3. 平台群落层

随着网络创业型平台领导内部及整个网络体系的构建、发展,网络创业型平台领导的内部结构、功能模块会快速成长,并逐渐演化、裂变为相对独立的子平台。此时,网络创业型平台领导也就转变为拥有领导权力的母平台。这种裂变可能会经历平台寄生阶段、平台共生阶段,或者是平台衍生阶段,也可能是跨越式的直接演化。结合网络创业型平台实践及相关理论,网络创业型平台领导所延伸出的子平台主要有物流子平台、支付子平台、开发子平台、商贸子平台等。物流子平台是在物流汇聚基础上逐渐发展而成的,它可以是平台领导自营物流,可以是第三方物流企业的嵌入,也可以是平台领导与第三方物流企业共建的物流平台。它是聚焦于物流配送体系建设、物流仓储服务的专业性平台,为平台交易提供物流保障。支付子平台是由平台支付系统演变而来的,包括支付界面设计、支付APP、支付结算等功能模块,为网络创业型平台领导及整个平台网络体系发展提供交易支付条件。

开发子平台是由技术开发型网络创业平台领导中的技术交易市场演变而来。在技术开发型网络创业平台领导中,平台领导会开放API。而专业技术型开发个体、组织,以及受自我满足感驱动的消费者、使用者、中间商等兼职型开发个体、组织会通过开放的API,嵌入开发平台以实施技术开发行为,并通过平台技术交易市场进行技术产品交易。随着技术交易市场的日渐成熟,网络创业型平台领导会将其裂变为相对独立的子平台,以更好地推进平台技术开发。商贸子平台是双边市场行业分化、功能细化的产物,根据子平台的行业分布及平台功能的差异,可以将商贸子平台大致划分为垂直型商贸子平台和水平型商贸子平台。垂直型商贸子平台是同一行业或同一品类的专业性商贸平台,因为经营产品属于同一行业或同一品类,所以平台的专业性很强,产业链纵向延伸较长,产品相关度极高。例如,聚美优品(化妆品)、去哪儿网(票务)、驴妈妈(旅游)等都是垂直型商贸子平台的代表。水平型商贸子平台涵盖的产品种类很多,涉及的行业也很多,其优势在于平台的广度而不是深度,平台往往不自持物流等配套系统。例如,淘宝网就是典型的水平型商贸子平台。

除了上述的物流子平台、支付子平台、开发子平台、商贸子平台,根据平台所处的行业特点,网络创业型平台领导还会衍生出创意设计子平台、消费者互动子平台(如微商群、买家群等)等多业态的平台群落。这些子平台与网络创业型平台领导共同构建了一个多生态性的开放创新的平台群落体系:网络创业型平台领导作为整个生态群落的"根",决定着整个平台网络体系的框架,输送着各平台发展所需的"养分";各子平台如同"枝叶",在各自领域发展壮大,并回流所吸收到的"阳光",反哺"根部"。

3.1.3　网络创业型平台领导的运行机制

网络创业型平台领导的层级逻辑非常严密,环环相扣,层层递进,任何一个环节的脱离都可能会影响整个平台的健康运行。而要实现每一个层级、每一个主体的可持续运转,建立一整套行之有效的运营机制至关重要。网络创业型平台领导的运行机制涉及平台领导的构建机制、网络组织的协同创新机制、网络创业型平台领导与用户的协同机制、网络创业型平台领导与平台开发主体的竞合机制、网络创业型平台领导与子平台的协同机制等。

1. 网络创业型平台领导的构建机制

图 3-17 表明,网络创业型平台领导的创建涉及"一个主体,四个要素":"一个主体"为平台创建主体;"四个要素"为互联网、市场定位、创建团队、筹集资金。其中,平台创建者作为平台领导的构建主体,是网络创业型平台领导在创建过程中的施动主体,起着非常重要的推进作用。因此,本书将重点分析网络创业型平台领导创建主体的构建机制。

从理论上分析,网络创业型平台领导的构建有两条基本路径:一是"无中生有",即创建一个新的网络创业型平台领导;二是已存在的企业组织通过转型变革为网络创业型平台领导。前者属于新平台组织的创建;后者是原有组织形态的延伸,其实质是现有企业组织的内创业。本书将重点阐述现有企业组织转型为网络创业型平台领导的构建机制。现有企业组织构建网络创业型平台领导既有优势也有劣势:一方面企业组织当前所拥有的资源可以为网络创业型平台领导的构建提供基础和条件,这是其优势;另一方面,现有企业组织的框架、组织惯性又会成为网络创业型平台领导构建及发展的组织障碍,这是其劣势。正因如此,需要形成科学的构建机制,才能发挥优势、规避劣势。

(1)建立三大类资源评估机制

现有企业组织转型为网络创业型平台领导需要很多内外部资源的支撑。从来源上分析,这些资源有内部资源,也有外部资源;从资源分类上分析,主要包括技术资源、用户资源、人力资源三大类。

①技术资源。从平台运营实践分析,虽然网络创业型平台领导有纯中介运营模式(伪平台领导模式)、技术型网络创业平台领导、交易型网络创业平台领导及综合型网络创业平台领导四种类型,但实际上大多数的网络创业型平台领导都以综合型为主,融合了技术和商务。所以技术资源成为现有企业转型网络创业型平台领导的重要资源。这里的技术资源包括平台所处的行业技术,也包括互联网技术。如果现有企业缺乏行业的专业核心技术,就不能很好地嵌入互联网科技,那么网络创业型平台领导的转型之路就会变得非常困难。

②用户资源。现有企业转型网络创业型平台领导所面临的另一个问题就是,平台用户资源的重新组建。网络创业型平台领导有着鲜明的网络经济、用户多属性等特征,所以其用户群体与现有企业的用户群体存有较大差异,企业需重新锁定新用户群体,或者将原有用户迁移至平台新用户群体。这就需要现有企业进行科学、细致的用户资源评估。

③人力资源。"人"作为经济活动的重要元素,在网络创业型平台领导的构建中起着举足轻重的作用。现有企业组织要转型为网络创业型平台领导,需要从两个维度来评估自身人力资源。第一个维度就是网络创业型平台领导的创建者团队是否能支撑整个转型。平台领导的创建团队成员及领导者是否有着网络经济思维、是否有着适宜的团队文化、是否有着互补的团队技能等都将直接决定了平台领导是否能成功构建。所以,现有企业组织要从团队成员及领导者的素质、团队文化、团队技能等角度评估自身人力资源。第二个维度就是网络创业型平台领导一旦组建,是否能招募到适宜的人员来完善现有团队。为此,平台领导就要评估所处行业的人力资源总况、平台所能利用的人力资源情况、平台可以在人力资源领域投入的资金现状等方面进行科学评估。

(2)融会贯通的多阶段发展路径机制

技术资源、用户资源及人力资源三大类资源的评估,解决了现有企业能不能、要不要转型发展网络创业型平台领导的问题,这是一种战略决策。而接下来就是战略执行的问题,即如何才能推进网络创业型平台领导及平台生态群落的构建。图3-17的网络创业型平台领导层级逻辑示意图表明,网络创业型平台领导的构建及发展有其自身发展路径及规律,所以平台创建者须遵循其发展轨道开展平台创建行为。网络创业型平台领导及其生态群落的发展路径为"现有企业组织(新组建的创建团队)—成为创建主体—构建网络创业型平台核心组件(网络创业型平台领导的雏形)—构建网络创业型平台领导内部结构体系—构建网络创业型平台领导网络体系—构建网络创业型平台领导生态群落"。这五个阶段的发展路径环环相扣、层层递进、相互影响:现有企业组织或新成立创建团队的战略思维决定了网络创业型平台领导的发展方向,创建主体的构成及团队建设情况又影响着整个平台发展的驱动力和进程,平台核心组件(网络创业型平台领导的雏形)决定了平台领导的内核,网络创业型平台领导的内部结构体系决定了平台领导网络体系是否能顺利构建,而网络创业型平台领导网络体系则又决定了整个平台生态群落是否能成功布局并正常运转。正因如此,平台领导的创建或共建主体要科学地把握各个环节的内在运行机制,处理好各个环节的内在关联,有序地推进多生态网络平台群落的构建。

2. 网络组织的协同创新机制

网络创业型平台领导作为一种新型网络组织,其运行及发展必然受到网络组织内在运行规律的影响。网络组织是以"网络"为核心要素和互动载体的现代组织形态,虚拟组织、企业联盟、网络平台等都是网络组织的具体形态,其核心竞争力在于网络组织体系下的协同创新,而要提高网络组织的协同创新,关键在于构建并管理好组织内外的"网络"。网络最先由 Gulati(1998)提出,指的是用于组织伙伴关系的正式契约结构(Formal Contractual Structures),并以外生资源依赖(Exogenous Resource Dependencies)和内生嵌入驱动(Endogenous Embeddedness Dynamic)为基础分析了联盟网络的动态演进过程。网络将主要通过网络结构及治理机制影响协同创新,进而影响整个网络组织的可持续运转。其影响关系见图 3-18:

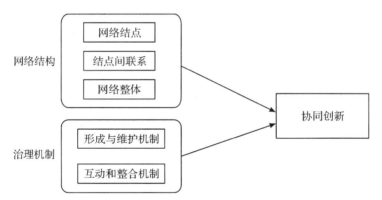

图 3-18　网络组织的网络结构、治理机制与协同创新关系(林润辉等,2013)

(1)网络组织的网络结构与协同创新

网络创业型平台领导的网络结构如同其他网络组织一样,包含三个要素,即网络结点、结点间联系和网络整体(Gulati,1998;Watts,1999;林润辉,李维安,2000)。

①网络结点的科学设置。网络结点是网络组织结构中广泛存在的各要素的汇集点,吸收、集聚、传递着网络组织发展所需的各个要素,是网络组织的最基本单位,其结点的活性、开放性及网络位置将影响协同创新。活性是结点的敏捷性、运动性、能动性、协调性等属性的总和(林润辉,李维安,2000;Dhanaraj,2006),因此平台领导在设计网络组织结点时要以"活性"的要求去筛选、培育网络结点。开放性是结点信息对外共享、内外资源互通等属性的总和。当信息公开披露时,整个网络就会更加密集,进而提升网络的协同创新绩效(Powell et al.,2002)。因此平台

领导要多路径推进结点间的互动交流,通过开放并共享数据、信息、资源,使整个网络更加密集。结点的网络位置是结点在平台网络体系中所处的地位,如中心性地位、边缘性地位等。这些网络位置的差异会影响着协同创新的结果(Balkundi, Harrison,2006)。为此,网络创业型平台领导要从全局出发,科学合理地布局各网络结点。例如平台的核心组件要置于中心性地位,重要的子平台不能置于边缘性地位。

②结点间联系的科学设计。结点间联系指的是各结点间的互动关系情况,包括联系路径、联系数目、联系强度、联系内容等各具体因素(林润辉,张红娟,范建红,2013)。结点间的联系路径是各结点间的互动方式,如结点间联系的直接性、间接性或者是垂直性、水平性等。这些不同的联系路径都会对整个网络组织的协同创新绩效产生不同程度的积极影响(Ahuja,2000)。其中,结点的直接联系、间接联系及冗余度会与协同创新绩效呈现倒"U"型关系(Vanhaverbeke, Beerkens B, Duysters,2004)。结点间的联系数目、强度与网络组织协同创新绩效呈正相关关系。为此,网络创业型平台领导要科学设计结点联系,增加直接联系,降低冗余度,增加结点联系数目,增强结点联系的强度,从而提高网络创业型平台领导的协同创新创业绩效。

③网络整体的科学布局。网络结点以及结点间密集的联系构成了形态各异的网络整体。这些网络整体因为结点的不同、结点间关联的差异以及各结点的不同组合,而呈现不同的创新创业绩效。现有的研究表明,网络整体结构属性中的多样性、网络密集、集聚系数、平均路径长度(Average Path Length)、连通性、闭合性(开放性)、小世界特性等都将影响着整个网络组织的创新创业绩效(Abrahamson, Rosenkopf,1997)。网络整体结构中的多样性,即异质性能有效促进整个网络组织的创新,提高创业绩效。网络密集度越高、集聚系数越强、平均路径长度越短,就越能更好地加快网络组织内的信息、资源扩散。网络结构适宜的闭合性将有助于创新,比较高的开放性则将有助于创新裂变。网络整体的小世界特性将提高网络的反应速度,提高网络组织的创新创业绩效。据此,网络组织在结点设置、结点联系的设计上要注重异质性,提高网络密集度和集聚系数,减少平均路径长度,提高各结点的连通性,设置适宜的闭合性,强化小世界特性,以此提高网络创业型平台领导的协同创新创业绩效。

(2)网络组织的治理机制与协同创新

网络组织内各结点及其相互间的关联并非是一成不变的,它可以通过网络治理来实现更好的设计与调配。网络治理的目的在于可持续地协调各结点间的相互关系,维护各结点间的良性互动。根据网络组织对创新创业绩效的影响路径,可以将这种网络治理结构划分为网络形成和维护机制、网络互动及整合机制两类(林润辉,张红娟,范建红,2013)。

①网络形成和维护机制。网络形成和维护机制主要涉及网络平台组织的结构

嵌入,主要包括平台进入、组织文化、声誉等(彭正银,2002)。平台进入是指外围主体成为网络平台成员的过程。一般情况下,网络创业型平台领导的进入应当是开放的,即网络成员越多越好。此时,网络创业型平台领导所要做的就是规范平台进入程序。但对于一些特殊平台,需要建立限制性平台进入机制,以减少网络平台成员间的协调成本,提高网络成员间的互动频率,提高资源整合效率。网络组织文化主要是指网络成员间的一种潜在的、默会的契约(林润辉,张红娟,范建红,2013)。它是一种对平台规则的有效补充,能够起到约束平台成员行为的作用,有助于网络的形成和维护。声誉是网络成员对网络组织的一种认可和心理定位。当声誉发展到一定的程度,就会演变为一种"品牌"。网络创业型平台领导可以运用这种品牌的力量,吸引新成员加入,维护已有成员与平台的良好关系。上述这些都是有效的网络治理机制,能够有效地推进网络形成,维护成员关系。

②网络互动及整合机制。网络互动及整合机制包括信任、沟通、学习、资源配置和知识共享(彭正银,2002)。成员信任是成员彼此间正向、积极的心理契约,是成员间的一种心理依赖。信任在网络组织中能以更少的成本起到比谈判、管制更好、更快的作用(党兴华,刘兰剑,2006),能扩大成员间的合作领域,提高成员合作效果。网络创业型平台领导作为一种网络组织,有着较强的网络虚拟性,网络成员间的沟通也常借助现代化科技手段进行。网络成员间的有效沟通能提高成员对网络组织的认同感,化解成员或团队冲突,减少成员互动成本。在网络经济背景下,可持续化的学习成为一种新的竞争力。网络组织学习更是常态,通过成员间的线上、线下、个体或集体学习,能有效提高网络组织创新,推进平台创业。特别是在双边市场创业中,用户的自我雇佣式创新或创业往往借助于网络组织的内外部学习。因此,学习是网络互动及整合机制的重要模式。除了学习,网络组织内部的资源配置及知识共享也能起到优化网络组织结构的作用,实现更有效的互动和整合。

3. 网络创业型平台领导与用户的协同机制

网络组织的协同创新机制表明,网络组织的网络结构与协同创新有着紧密的关联,网络组织的治理机制与协同创新也有着密切的关系,而协同创新机制又将极大地影响网络平台创新创业绩效,因此,协同创新是网络创业型平台领导的重要运行机制。基于这样的协同创新范式,用户作为与网络创业型平台领导关系最为密切的主体,两者间协同机制的构建就显得尤为重要。这里的用户不单单是双边市场用户,也可以是拥有平台用户身份的其他所有主体。在平台运营实践中,建立网络创业型平台领导与用户协同机制的关键在于推进平台四项管理的科学化,即平台互动规则设计、平台发展规划、平台决策、平台监督的科学化。平台用户是与平台领导互动最为频繁的群体,因此平台互动规则的设计对于双方互动有着重要的意义。平台互动规则包括用户平台进入规则(双边市场用户进入、开发平台用户进入)、用户平台产品或服务发布规则、用户平台产品或服务交易规则、用户平台开发规则、用户平台开发产品的交易及利润分享规则等。这些与平台用户关系密切的规则设计既要符合整个商业环境,又要符合平台定位及所处的行业规则,同时也要对平台用户产生吸引力。平台发展规划涉及平台愿景设计、平台中长期发展规划,代表着平台的未来张力。网络创业型平台领导在设计平台发展规划过程中,要注重行业市场、平台发展的前瞻性和现实性,既能让用户感觉到切实可行,又要让用户感受到未来的美好前景,从而产生更高的平台忠诚度。为此,网络创业型平台领导在设计规划过程中,要充分考虑用户的发展需求,选择有代表性的用户参与平台规划,提高参与感,获得主动权。

在构建、发展网络创业型平台领导的过程中,肯定会面临很多问题和抉择,需要平台进行科学的平台决策。为此,平台领导在进行平台决策时,可以建立以下三方面平台决策机制。一是分等级的平台决策机制。根据决策问题的重要性,可以将平台决策分为一类、二类、三类。一类平台决策往往涉及平台构建或发展的重要战略性决策,其决策主体必须以平台领导为主。二类或三类平台决策则可根据具体情况进行决策权力的分解与授权,让更多用户参与平台决策,提高平台决策的可接受度和合法性。二是快速响应的决策机制。敏捷性是网络创业型平台领导的一般属性,因此网络平台组织的决策也应当彰显其快速响应特征。为此,一方面,网络创业型平台领导要建立多触点的信息收集及问题反馈网络,及时发现问题;另一方面,网络创业型平台领导要建立一整套应急决策机制,以最快的速度、最有效的方案做出科学决策。三是科学的集体决策机制。平台决策中的很多问题都会涉及网络平台领域的各个主体及其利益,因此科学的集体决策机制至关重要。在集体决策过程中,要谨慎、科学地选择参与决策的成员。与此同时,也要建立科学的决策表决机制。网络创业型平台领导作为整个网络体系的领导者,需要进行平台监督以规范平台用户行为。在平台监督过程中,平台监督既要全面深入,又要有适宜的弹性:平台监督要涉及平台的各个领域,做到全方位监督,平台监督也要综合运用数据监督、行为监督、机制监督等多元化方法,做到深入监督;同时,平台监督又要给予平台用户以适度的弹性空间,给予相对应的自由裁决权,从而更好地协调网络创业型平台领导与平台用户的关系。

4. 网络创业型平台领导与平台开发主体的竞合机制

图 3-17 表明,在网络创业型平台领导网络体系中,平台协同开发主体会嵌入平台核心组件、平台四个内部结构层级中实施共同开发行为。在这个过程中,网络创业型平台领导往往要将自身的一部分权力、机会、资源让渡出来,合理分配给平台开发主体。此时,网络创业型平台领导必然面临着一个两难选择:为了集中优势和精力做好网络创业型平台领导的核心组件,网络创业型平台领导必须让渡部分权力、资源、机会,由外围开发主体获取相应开发权利或资源,形成两者间的合作关系;但同时,网络创业型平台领导又得小心谨慎地授予这些权力或开放相关资源,因为权力或机会的授予也意味着将创业机会、创业收益分享给了其他平台开发主体,此时网络创业型平台领导与其他平台开发主体间也就存在了竞争关系。这就

是令网络创业型平台领导备受"煎熬"的竞合机制。如果网络创业型平台领导不能很好地处理两者的竞合关系,那么势必会影响与平台开发主体间的关系,从而影响平台领导乃至整个平台的可持续运行。

而要构建网络创业型平台领导与其他平台开发主体间的有序竞合关系,网络创业型平台领导必须要处理好以下四个层面的关系。一是网络创业型平台领导需科学、谨慎地处理平台业务的归属问题,即哪些业务应当由网络创业型平台领导自己完成,哪些业务可以授权给平台其他主体执行。要处理好这个问题,就得认真、细致地分析平台业务性质,进行科学的业务细分。二是合理、有选择地开放平台技术标准与接口。平台技术标准及接口是平台开发主体参与平台建设的入口和必备条件,网络创业型平台领导也往往会通过调整技术标准和接口来实现对平台开发主体的有效管治。平台技术标准的设置与调整要做到及时有效,API 的开放要做到适宜并及时调试。三是要辩证、科学地看待网络创业型平台领导与外部补足品供应商的关系,既要能维持现有合作关系,又要为未来可能的直接竞争做好充分准备。四是科学、弹性地构建网络创业型平台领导内部的工作组机制,既要在内部建立能维持网络创业型平台领导核心业务的工作组,又要能弹性地构建开拓新业务的工作组,并且要使两类工作组能互相包容,协同发展。

5. 网络创业型平台领导与子平台的协同机制

随着网络创业型平台领导网络体系的发展,经过平台内外向裂变、内外部嫁接、跨层裂变、多次聚合,在整个平台网络中会形成多个平台生态群落,网络创业型平台领导也就演化为"母平台",与各平台群落间构成了"母子"平台关系。这种母子平台关系是否良好将决定着整个网络生态体系的"健康"程度,为此需建立网络创业型平台领导与子平台的协同机制。一是建立科学的平台群落发展规划。基于网络创业型平台领导的各子平台的产生与发展,不是随意设计,而是要基于科学的发展规划:一方面,子平台的裂变、衍生需要基于平台功能发展的切身需要,进行科学论证,不可盲目发展;另一方面,要科学设计平台领导与现有各子平台、未来要创建的子平台间的关系,让平台群落呈现科学的内部结构性。二是建立网络平台群落间科学的权力链。网络创业型平台领导作为"领导型"平台,对各子平台有着一定的领导权力。与此同时,各子平台间也不是完全平等的关系,也有着权力被再次授予的权力链关系。因此,作为平台核心的网络创业型平台领导需要科学梳理其与各子平台、平台生态群落间的"控制链""信息链",协调好多平台的共生关系。

3.2　网络平台用户创业概述

在网络经济背景下,用户创业研究作为一个新兴研究内容,其研究领域正在逐渐被拓展(Haefliger et al.,2010),已经从最初的汽车产品、婴幼儿用品、运动器材研究延伸至经济、社会生活的各个领域。而在用户创业实践领域,各种形态的用户创业活动正在以比我们预期的更快的发展速度在国内外推广(Shah,Tripsas,2012)。在整个用户创业的快速发展过程中,网络平台用户创业、用户国际创业、用户社会创业、用户农村创业等用户创业新形态逐渐兴起并得到飞速发展。其中,网络平台用户创业因为其鲜明的网络经济特性、创业成本低等特征,成为众多"草根阶层"创业的首选,也成为很多传统企业组织二次创业、内创业的最佳选择。相对于繁荣的网络平台用户创业实践,关于网络平台用户创业的理论研究比较匮乏:网络平台用户创业的概念、类型及一般模式的研究尚不完善。正是基于这样的理论研究和现实背景,本章节将进行网络平台用户创业的概念、类型及一般模式的探讨,从而为后续的定量和案例研究提供理论基础。

3.2.1 网络平台用户创业概念及特征

从理论上讲,创业有狭义和广义之分。狭义的创业特指创建新企业的过程,广义的创业则包含各种形态、各种主体的价值创造过程。与之相对应,网络平台用户创业也有狭义和广义之分。狭义的网络平台用户创业主要指的是双边市场卖方创业行为,他们通过网络平台销售商品获得商业利润。广义的网络平台用户创业不仅包含双边市场卖方创业行为,也包括买方创新创业行为、平台开发的创业行为。除此之外,借助网络平台而实施的平台服务、产品生产供应等价值创造行为都是网络平台用户创业。本书将采用广义的网络平台用户创业概念,即基于网络平台用户身份而开展的具有价值创造的各种商业行为。相较于其他主体创业,网络平台用户创业具有如下特征。

1. 网络性

"网络"正在重塑全球业务架构,从单个企业主导的组织范式到联盟、虚拟组织和组织间网络,组织模式正在向网络化演进(林润辉,张红娟,范建红,2013)。它不单单指互联网技术,还指一种因互联网而聚集起来的无形网络及互联网思维。因此,网络平台用户创业的显著特征之一在于三方面的网络特性。一是创业过程中互联网技术的广泛应用。网络平台用户在创业过程中深度嵌入互联网科技,包括其创业前端的资源整合、创业中端的价值创造、创业后端的价值实现,都全方位地融入了互联网技术。因此,缺乏互联网技术应用的用户创业不能称之为网络平台用户创业。二是无形商业网络的构建。互联网科技是一种有形的技术手段,是一种高效的创业工具。网络平台用户会基于该技术手段,构建起能输送各种创业资源、搭建多结点互动的商业价值网络。在这个无形商业网络中,用户会创建或嵌入多个网络结点,并通过网络结点间的高频率互动,保持商业网络的"生命力"。借助该网络体系,网络平台用户会进行创业机会的识别与锚定,创业资源的获取与积累,并实施网络平台创业行为。三是互联网思维。无论是互联网科技手段的运用,还是无形商业网络体系的构建,都需要创业者有很强的互联网思维。因此,网络平台创业用户的互联网基因很强大,他们在创业决策、创业准备、创业执行等行为过程中都会彰显互联网思维。

2. 平台性

无论平台的形态如何演变，其本质仍然是一种中介交易市场的具化。用户正是基于这样的平台来实施创业行为，因此平台性也是该类型用户创业的特征之一。当然，这里所指的平台并不单单就指网络平台。平台创业既可以是简短的平台闭环内创业，也可以是平台开放长链式的创业。例如，双边市场卖方的供应商也同时注册为平台用户，其创业行为并不直接与平台发生关系，而是通过双边市场卖方实现与平台的间接商业互动。所以，只要是拥有了平台用户身份的创业者，无论其创业行为是否与平台发生直接关联或间接关联，都是网络平台用户创业的具体体现。

3. 创业主体多重性

网络创业型平台领导的一个基本属性就是用户身份的多属性，这就决定了网络平台创业主体的多重性。网络平台创业的用户既可以是双边市场中的卖方用户，也可以是双边市场中的买方用户，因为买方用户可以很快地转化为平台卖方用户实施创业行为。除了双边市场用户创业，在平台开发市场中（如平台工具交易市场），各类平台开发用户（如平台专业技术开发个体、组织等）会以平台开发产品或服务为交易对象进行创业。因此，网络平台用户创业主体不仅具有多重身份，而且其创业主体也可能重叠交叉。

4. 创业低门槛性

相较于传统线下创业，网络平台用户创业的创业门槛较低。其原因主要有以下三方面：一是创业启动资金投入较少。互联网科技的广泛应用，使得虚拟团队创业成为可能。这种虚拟团队创业不需要创业者自己拥有厂房、工人等固定资产，而是可以通过互联网科技进行内外部资源整合，形成一个虚拟的创业团队，通过灵活多样的创业组合、利润分享机制实施多元主体混合创业，所以其创业启动资金投入较少。二是创业转型变革成本较低。由于网络平台创业主体的多重性，平台的网络经济及敏捷性效应，用户平台创业的沉淀成本较少，用户可以根据市场需求及时调整自身的创业模式，转型变革成本较低。三是创业学习及经验积累更为迅速。在网络经济时代，用户可以借助互联网科技，通过社群等方式实现知识、技能、经验共享和网络化的群体学习。

3.2.2　网络平台用户创业类型

图 2-8 的用户创业研究体系及进程表明用户创业可以有创新型用户创业、交易型用户创业和混合型用户创业。对于网络平台用户创业，它也可以据此被划分为创新型网络平台用户创业、交易型网络平台用户创业和混合型网络平台用户创业。

1. 创新型网络平台用户创业

创新型网络平台用户创业指的是基于产品或服务创新来获取收益的创业类

型。其创业行为主要体现了熊彼特的创新观点。具体地说,基于创新视角下的用户创业是作为用户的个体或团队将自己使用的产品或服务商业化的过程(Shah et al.,2007),其创业主体以领先用户(Lead Users)为主。相比于经典创业模式,用户创业的显著特征在于创业者源自非金钱给付的满足感。这种满足感来自于自我雇佣(个体创业)的满足感、对管理及战略决策的自主权和控制权、对工作的享受等方面(Klepper,2007;Shah et al.,2007)。根据创业用户在产业链中的位置,可以进一步地将创新型网络平台用户创业划分为职业(专业)型网络平台用户创业、终端型网络平台用户创业及中端型网络平台用户创业三种类型。职业(专业)型网络平台用户创业的产品与他所从事的原有职业有关,它往往不是在家里创建,且有着更少的自我资金依赖,更多的收入(Shah et al.,2011),创业者也往往具有更高的技能。终端型网络平台用户更凸显平台用户的自我使用,其可组合的资源及雇佣的工人更少,创业收入相对较低,往往是在家里创建并自我筹资。在平台运营实践中,中端型网络平台用户创业主要是由处于产业链中间的个体或组织所实施网络平台创业行为。例如,中间商或服务商基于网络平台中介产品或服务的创业就属于典型的中端型网络平台用户创业。当然,在网络平台运营实践中,还会出现因为用户身份多属性所产生的兼具职业型、终端型及中端型的网络平台用户混合创业类型。

2. 交易型网络平台用户创业

创新型用户创业因为其创新性特征而受到专家学者的关注,但在用户创业实践中,还有一种非创新型或创新性比较低的用户创业,即交易型网络平台用户创业。2010年,Chandra和Coviello基于用户国际创业研究,构建了创新型及交易型用户创业模型。在该研究中,研究者将用户创业明确划分为基于熊彼特(Schmpeter)创新理论的创新型用户创业和基于柯兹纳(Kirzner)创业套利理论的交易型用户创业。基于柯兹纳(Kirzner)的创业套利理论,交易型网络平台用户创业是依托平台而获取创业套利的用户创业。其最主要的创业方式就是通过销售买卖产品或服务来赚取差价,获取创业套利。由于交易型网络平台用户创业没有大量的创新性行为,其交易过程相对比较简单,所以网络平台上的大多数用户会选择这种创业模式。例如,平台双边市场中的大多数卖方用户所开展的创业行为基本都属于交易型网络平台用户创业,他们通过从供应商处购得产品或服务,并以更高的价格销售给消费者或使用者,从中获利。

3. 混合型网络平台用户创业

在网络平台用户的创业实践中,除了创新型和交易型用户创业之外,往往还存在着既包含产品或服务创新,又进行创业套利的创业行为。这种创业行为的创业主体身份复杂,创业行为过程呈多线性,从而难以进行单线性描述。从总体上分析,混合型网络平台用户创业融合了创新和交易:产品或服务创新可以发生于交易之前,也可以发生于交易过程中,甚至可以发生于交易结束后;交易,既可以是创新产品或服务的交易,也可以是基于交易模式创新基础上的非创新产品或服务的交易。随着"大众创业,万众创新"战略的持续推进,混合型网络平台用户创业越来越多,成为网络平台用户创业的新常态。

3.2.3　网络平台用户创业一般模式

如同其他用户创业,网络平台用户创业也有其一般模式。模式是一种规范化、系统化的体现,是一种可以借鉴、推广的范式。网络平台用户从产品或服务创新、技术创新到创业机会识别,再到交易行为实施,直至创业绩效的产生,需要经过一系列的过程。在这些过程中,网络平台用户可以有选择地进行创新型网络平台用户创业、交易型网络平台用户创业及混合型网络平台用户创业。其创业一般模式见图 3-19:

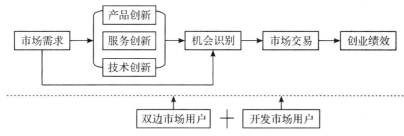

图 3-19　网络平台用户创业的一般模式

在整个网络平台用户创业过程中,市场需求是根本点,即任何形态的创业都是为了满足市场的不同需要。基于市场需求,用户会结合自身特长、行业发展现状,进行产品创新、服务创新和技术创新。在这个产品、服务或技术创新过程中,用户一开始往往是因为某种兴趣而兼职投入创新研发,并可能会通过用户社群等群体进行新产品、新服务或新技术的试用,以此完善产品、服务或技术。当创新后的产品、服务或技术面临新的市场机会时,用户就会执行创业机会锚定、用户创业准备行为,直至完成市场交易,获取创业绩效。这是一种以创新型为主的混合型网络平台用户创业。平台技术开发市场用户创业、自我研发型双边市场交易都会应用该创业模式。图 3-19 表明,该创业模式的创业历程较长、创业偶然性明显、创新特性显著。除了这一创业模式,网络平台用户会基于市场需求,通过双边市场进行创业机会识别,实施市场交易,获取创业绩效。这是典型的交易型网络平台用户创业,也是网络平台创业领域最为常见的创业模式。由于网络平台差异性很大,用户身份多属性等因素,网络平台用户创业非常复杂,难以用统一概化的模式进行全要素提炼。正因如此,下文将会基于网络平台用户创业一般模式的探讨,对淘宝网用户创业进行深入的案例分析。

3.3　本章小结

网络创业型平台领导及网络平台用户创业作为本书的主要研究对象,对其概念、属性、演化、层级逻辑、运行模式等基础内容的科学分析,将为后续的关系研究提供基础。网络创业型平台领导作为一种特殊的平台组织,一方面它有着一般平台所拥有的网络外部性、用户多属性、多层结构性、多主体性等特征,另一方面它又有着自身的特定属性。具体包括网络经济属性、创业属性、多平台共生属性、互补性、领导权力属性、开放创新属性等六个方面。网络创业型平台领导的产生也并非一蹴而就,而是经历单平台阶段、平台寄生阶段、平台共生阶段、平台衍生阶段、平台生态群落五个阶段的发展才得以形成。在这网络创业型平台领导的演化过程中,平台不一定严格按照单线模式演化,而有可能是跨越式演化,演化过程比较复杂且具动态性。从网络创业型平台领导运营模式分析,有纯中介模式、交易型网络创业平台领导、开发型网络创业平台领导、综合型网络创业平台领导四种类型,其内在层级逻辑体现为创建层、领导层、群落层间的层层递进,相辅相成。正是网络创业型平台领导演化过程的复杂性、运营模式的多样性、层级逻辑的互嵌性,使得其运行机制也比较复杂。从构建机制分析,网络创业型平台领导要在满足"一主体、四要素"的基础上,建立技术资源、用户资源、人力资源的三大类资源评估机制,并构建融会贯通的多阶段发展路径机制,实现平台领导的科学、有效构建。从协同创新机制角度分析,网络创业型平台领导要处理好以下五种协同创新关系:一是网络结构的协同创新机制,包括网络结点协同创新机制、结点间联系的协同创新机制和网络整体的协同创新机制;二是网络组织治理机制与协同创新关系,包括网络形成与维护机制、网络互动及整合机制等两方面;三是平台领导与用户的协同机制;四是平台领导与平台开发主体的竞合机制;五是平台领导与子平台的协同创新机制。

在整个网络创业型平台领导的生态体系中,网络平台用户创业是其非常重要的组成部分。广泛存在的用户基于网络创业型平台领导实施多元化的创业行为,这些创业行为具有网络性、平台性、创业主体多重性及创业低门槛性等特征。其创业类型既有能凸显熊彼特创新观点的创新型网络平台用户创业,也有能呈现柯兹纳套利观点的交易型网络平台用户创业,当然也存在融合创新和交易的混合型网络平台用户创业。而正是其创业类型的多样性,使得网络平台用户创业的一般模式也呈现出了不同的创业进程:交易型网络平台用户创业的一般模式相对较为简单,从潜在市场需求的挖掘,到创业机会的识别,再到创业行为的实施(市场交易),至此就产生了创业绩效;而创新型网络平台用户创业除了上述的创业进程,还会有用户基于兴趣或自我雇佣需求的产品研发、创新阶段,并且在这个过程中,用户往往会借助平台社群等渠道实现更广泛的信息搜集及产品创新。

第4章 基于扎根理论的网络创业型 平台领导特征模型构建

由于"网络创业型平台领导"概念并没有相关文献予以清晰地界定,更没有相关研究通过科学范式研究来构建其特征模型,所以本研究尝试运用定性研究中较为科学的扎根理论(Hammersley,1989),研究其概念与特征,并在模型建构基础上对其维度进行划分,以用于后续的定量研究。

4.1 研究方法与设计

4.1.1 研究方法

扎根理论(Grounded Theory)是由美国社会学家 Glaser 和 Strauss 于 1967 年提出的一种质性研究方法。它是为了"填补理论研究和经验研究之间尴尬的鸿沟"而产生的(Glaser,Strauss,1968)。其核心理念在于强调研究问题的提出及理论的形成都是一个自然涌现的过程(Glaser,1992),是一种典型的经由质化方法来建立理论(Strauss,Corbin,1997)的有效手段。扎根理论独特的研究方法以及科学的扎根精神,逐渐得到应用和推广。美国 AMJ 认为采用扎根方法的文章是最有趣的研究(Bartunek et al.,2006),并且其引用率也很高(Eisenhardt,2007)。而这在理论与文献匮乏的领域是进行理论构筑的有效手段,尤其适合在中国背景下建立新的理论(许德音,周长辉,2004)。由于"网络创业型平台领导"的概念研究比较匮乏,所以适宜运用扎根理论进行新理论建构。

在扎根理论发展过程中,逐渐形成了 Glaser 和 Strauss(1967)的经典扎根理论,Strauss 和 Corbin(1990)的程序化扎根理论,Charmaz(2006)的建构型扎根理论三个流派(贾旭东,谭新辉,2010)。基于上述三个理论流派,本研究将在数据收集方面采用半结构式访谈(卡麦兹,2013),在访谈过程中遵循经典扎根理论以尽可能避免研究者的主观影响;在整个研究设计上遵循程序化扎根理论以提高研究的可操作性;在理论归纳及演绎过程中遵循建构型扎根理论以提高理论建构的饱和度,并进行模型阐释。基于上述讨论,本研究的基本过程可划分为四个阶段(见图 4-1)。

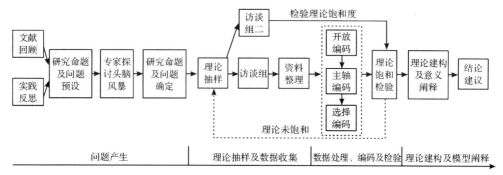

图 4-1　基于扎根理论的研究流程

图 4-1 表明本研究可划分为四个阶段:阶段一,通过专家头脑风暴法对预设的访谈问题进行筛选,确定半结构化访谈提纲;阶段二,进行样本选择,并将所选样本随机划分为访谈组一和访谈组二,第一组访谈数据用于实质性编码,第二组访谈数据则用于理论饱和度检验;阶段三,对采集的数据进行开放编码、主轴编码及选择性编码,并进行理论饱和度检验;阶段四,理论建构并对特征模型进行解释。

4.1.2　理论抽样

平台一般包括平台领导创建主体、平台领导、双边市场用户、平台开发用户四个主体(金杨华,潘建林,2014),除了平台领导是非人格主体,其余三个主体都可以充当访谈对象,除此之外,平台领域研究者也是不可或缺的访谈对象。而从访谈样本的数量上看,扎根理论的成熟经验认为样本数量在 20~30 个为宜(Fassinger,2005)。基于上述讨论,本研究确定了平台领导创建者、平台双边市场用户、平台开发用户、平台研究者四类群体作为样本收集来源。与此同时,考虑到将有 50% 左右的样本用于理论饱和度检验,所以本研究共抽取了 50 个样本进行访谈,其中 35 个样本访谈采用面对面沟通方式进行,15 个样本采用网络沟通方式进行,历时半年多。访谈对象主要来自于网络平台创业蓬勃发展的浙江和广东两省,还包括上海、北京、江苏等区域。其中 1 位平台创建者因中途不愿意继续参与调查,故其访谈结果不作为有效访谈资料,本研究的有效原始数据数量为 49 份。

其样本构成及编号如下:平台领导创建者或参与者 11 人,涉及“义乌购”“万客商城”“真爱网仓”“汇奇思百货贸易”等中型、微小网络批发平台以及“淘宝网”等大型网络商圈的创建者或参与者,样本编号为 1—11;平台的双边市场用户 15 人,其中有较高网店信誉及较丰富平台操作经验的店主 10 人,平台资深买家 5 人,样本编号为 12—26;平台开发用户 10 人,例如为“义乌购”“淘宝网”等平台提供工具应用开发或管理的用户,样本编号为 27—36;平台相关研究人员 13 人,包括淘宝大学讲师、有着“全球最佳网商摇篮”荣誉的义乌工商职业技术学院网络平台创业指导专家、电子商务专业教授等,样本编号为 37—49。在资料采集之后,笔者从 11 位平台领导创建者或参与者中抽取了 5 位(编号分别为 2、4、6、8、10),从平台双边市场用户样本中抽取了 8 位(编号分别为 12、14、16、18、20、22、24、26),从平台开发用户样本中抽取了 5 位(编号分别为 28、30、32、34、36),从平台研究人员样本中抽取了 6 位(编号分别为 38、40、42、44、46、48),共 24 个样本构成了访谈组二,其数据资料将作为理论饱和度检验使用。另外的 25 个样本构成了访谈组一,其数据资料将作为模型建构使用。

4.1.3　问题设计

本研究命题是网络创业型平台领导特征及其结构性关系。基于该研究命题,笔者拟定了以下 8 个初始访谈提纲:①你觉得平台是什么? ②你觉得平台应该具备哪些特征才能正常运转? ③相比于普通平台,你觉得网络创业型平台有何特殊性? ④你觉得网络创业型平台领导是什么? ⑤你觉得网络创业型平台领导应该具备哪些特征? ⑥你有没有特别推荐的优秀网络创业型平台领导? 为什么? ⑦你觉得未来网络创业型平台领导应该朝着什么方向发展? 为什么? ⑧如果由你来设计平台领导,你会将哪些特性融入进去?

在拟定好初始访谈提纲之后,笔者邀请了有一定平台研究兴趣及经历的学者共 5 人,对访谈提纲进行头脑风暴式讨论。为了提高访谈效果,笔者将平台领导的相关文献提前 1 个月发给这 5 个访谈对象,从而使他们对平台领导有一个更深入的了解。一个月后,笔者召集访谈者进行了长达 2 个多小时的头脑风暴式探讨。结合专家学者意见,对访谈提纲进行了重新调整,最终确定了 5 个访谈问题(见表 4-1)。

表 4-1　网络创业型平台领导特征的访谈提纲

序号	访谈提纲
问题 1	平台有哪些一般特征?
问题 2	相较于平台,平台领导有哪些特性?
问题 3	网络创业型平台领导有哪些特征?
问题 4	有没有特别推荐的网络创业型平台领导,它们具有哪些特征?
问题 5	你觉得网络创业型平台领导最核心特质是什么?

其中,问题 1 意在分析平台一般特征;问题 2 意在分析平台领导特征;问题 3 意在分析网络创业型平台领导特征;问题 4、5 意在分析网络创业型平台领导的核心特质,以构建多维度特征结构模型。这 5 个问题之间存在递进式逻辑关系,以便后续的主范畴关系分析。其中,问题 4、5 之间还存在并列比较关系,以便进行访谈资料的对比性检验。

4.2　基于扎根理论的网络创业型平台领导特征模型构建

4.2.1　开放性编码

开放性编码(Open Coding)是一个从最初始凌乱的访谈语音等原始资料中,进行重复性筛选、相似性整合、语义不断精炼的过程,并形成原始语句—概念—范畴的编码递进。在整个过程中,本研究遵循 Strass 和 Corbin(1990)所提出的开放性编码操作三步骤,即将原始语句分解成若干事件以进行现象摘录,依据事件内容、指向理论类属等原则发展概念,在概念基础上形成更具指向性的概念群即范畴。

1. 摘选有效分析单元(事件)

原始的采访录音资料虽然是按照 5 个问题的先后顺序存储的,但信息比较零散。为此,笔者者运用编码分析软件 NVIVO8.0 对访谈组一所获得的原始数据资料进行了整理,第一次共获得了 401 个自由节点。而后又进行再次筛选,共获得 291 个初步有效分析单元。为了便于后续编码,笔者用"问题代码+样本代码+a+分析单元序号"的编码方法对分析单元进行代码转换。例如编码"4-13-a1"表示针对第 4 个问题,第 13 位被访谈者所做的第 1 个有效回答的原始语句。如下是第 13 位被调查者回答第 4 个问题时的部分材料,其中画线部分为本研究确定的原始分析单元:

"我是在淘宝上开网店的,已经开了 3 年了。对于我来说,淘宝网就是一个不错的平台选择。因为注册用户很多,淘宝网目前大概有 5 亿多的注册用户,存在巨大市场机会(4-13-a1)。与此同时,在淘宝网上做生意特别方便,有很多统计软件直接使用,便于我店铺的管理,也便于我了解竞争对手的情况(4-13-a2)。淘宝网品牌效应也很好(4-13-a3),我身边很多朋友天天逛淘宝,它也是中国网络零售市场的老大(4-13-a4),我当然就选择它。"

2. 提炼概念

在获取了 291 个初始有效分析单元之后,笔者对其进行概念提炼,期间删除了 24 个有效性较低的分析单元,最终获得 267 个分析单元及概念(未考虑不同样本所提炼概念的重复性与相似性)。由于 24 个无效分析单元被删除,所以对剩下的 267 个有效分析单元进行重新编码。具体编码过程举例见表 4-2。

表 4-2　开放性编码的概念提炼举例

代码	原始分析单元	现象摘要	概念
4-13-a1	注册用户很多,淘宝网目前大概有 5 亿多的注册用户,存在巨大市场机会。	平台拥有很多用户	平台用户资源
4-13-a2	在淘宝网上做生意特别方便,有很多统计软件直接使用,便于我店铺的管理,也便于我了解竞争对手的情况。	平台有很多实用的技术工具共享	平台技术支持资源
4-13-a3	淘宝网品牌效应也很好。	平台拥有良好品牌	平台品牌
4-13-a4	它也是中国网络零售市场的老大。	平台的行业地位	行业地位

3. 形成范畴

基于 267 个初始化概念,笔者根据不同样本所提炼概念内容的重复性、相似性及相关性,将其进一步归纳为 34 个范畴,并用"问题代码+aa+序号"的形式进行代码转换(见表 4-3)。

表 4-3　开放编码所形成的范畴

问题 1:平台有哪些一般特征?			问题 2:相较于平台,平台领导有哪些特性?		
代码及范畴	范畴性质	包含概念	代码及范畴	范畴性质	包含概念
1-aa1 多主体性	由多个主体构成	1-1-a1, 1-3-a2, 1-5-a1, 1-9-a1, 1-13-a1, 1-17-a2, 1-19-a3, 1-27-a5, 1-33-a1, 1-39-a3, 1-41-a2, 1-47-a3	2-aa1 平台一般属性	具有平台一般特征	2-1-a1, 2-5-a1, 2-7-a1, 2-11-a1, 2-15-a1, 2-19-a1, 2-25-a1, 2-31-a1, 2-35-a2, 2-37-a1, 2-43-a1, 2-49-a2
1-aa2 交易空间	平台是各种交易集聚的空间	1-1-a3, 1-7-a1, 1-9-a2, 1-11-a1, 1-15-a1, 1-19-a1, 1-25-a1, 1-29-a1, 1-35-a2, 1-37-a3, 1-43-a1, 1-49-a1	2-aa2 平台协同开发主体	拥有平台互补产品开发者	2-3-a2, 2-9-a1, 2-17-a1, 2-27-a1, 2-29-a1, 2-31-a2, 2-39-a2, 2-45-a1
1-aa3 信息交流空间	平台是信息集聚空间	1-5-a3, 1-13-a3, 1-15-a2, 1-23-a1, 1-27-a1, 1-31-a2, 1-39-a1, 1-43-a1	2-aa3 平台集群	拥有多个次属平台	2-3-a1, 2-9-a1, 2-13-a1, 2-21-a1, 2-25-a1, 2-33-a1, 2-39-a1, 2-47-a1
1-aa4 价格信息对称	平台价格透明、易比较	1-3-a1, 1-9-a3, 1-13-a2, 1-21-a1, 1-23-a2, 1-31-a1, 1-37-a1, 1-41-a1, 1-45-a2	2-aa4 技术接口开放	拥有对外技术开放接口	2-1-a3, 2-5-a2, 2-27-a3, 2-31-a3, 2-35-a1, 2-41-a1
1-aa5 双边市场特性	平台连接双边市场	1-1-a1, 1-7-a2, 1-11-a2, 1-15-a3, 1-17-a1, 1-21-a3, 1-27-a2, 1-29-a2, 1-47-a1	2-aa5 数据开放性	数据计算、共享功能	2-11-a2, 2-13-a2, 2-19-a3, 2-23-a1, 2-17-a1, 2-29-a2, 2-37-a2, 2-43-a3, 2-47-a2
1-aa6 用户数量规模效应	用户数量越多,效用越大	1-5-a2, 1-13-a4, 1-21-a4, 1-27-a3, 1-31-a3, 1-33-a2, 1-43-a2, 1-49-a2	2-aa6 平台规则设计	拥有规则设计、配置资源权力及能力	2-1-a2, 2-3-a3, 2-11-a3, 2-17-a2, 2-21-a1, 2-33-a2, 2-49-a1
1-aa7 产品或服务规模效应	平台产品或服务越多,效用越大	1-11-a3, 1-15-a4, 1-19-a2, 1-21-a2, 1-37-a2, 1-39-a4, 1-47-a1	2-aa7 平台监督	拥有平台运行监督权力	2-3-a4, 2-7-a2, 2-9-a3, 2-15-a2, 2-23-a2, 2-37-a4, 2-41-a2, 2-43-a2, 2-47-a3
1-aa8 低边际成本	产品搜寻、交易边际成本低	1-3-a3, 1-25-a2, 1-29-a3, 1-35-a1, 1-37-a4, 1-45-a1, 1-49-a4	2-aa8 动态创新驱动	拥有驱动平台动态创新机制与能力	2-5-a3, 2-13-a3, 2-19-a2, 2-21-a3, 2-25-a2, 2-27-a2, 2-37-a3, 2-45-a2
1-aa9 用户身份多重	平台用户兼具多种身份	1-7-a3, 1-17-a3, 1-23-a3, 1-27-a4, 1-33-a3, 1-39-a2, 1-47-a2, 1-49-a3	问题 4:所推荐的网络创业型平台领导有哪些特性?		
问题 3:网络创业型平台领导有哪些特征?			代码及范畴	范畴性质	包含概念
代码及范畴	范畴性质	包含概念	4-aa1 用户资源庞大	拥有庞大用户资源	4-7-a1, 4-11-a1, 4-13-a1, 4-25-a1, 4-29-a1, 4-35-a1, 4-41-a1, 4-47-a2

续表

3-aa1 平台领导一般特性	具有平台领导一般特征	3-5-a1, 3-7-a1, 3-11-a1,3-19-a1,3-25-a1,3-29-a1, 3-31-a2, 3-35-a1,3-45-a1	4-aa2 技术资源丰富	拥有强大技术、数据支持服务	4-1-a1, 4-13-a2, 4-7-a2,4-21-a1,4-31-a1,4-33-a1,4-39-a2
3-aa2 互联网应用	互联网广泛应用	3-1-a1,3-2-a2,3-9-a1,3-13-a1,3-17-a1,3-25-a2,3-27-a1,3-43-a1,3-49-a1	4-aa3 品牌效应	拥有良好品牌形象	4-11-a2, 4-9-a1, 4-13-a3,4-15-a1,4-23-a2,4-27-a1
3-aa3 虚拟性	线上交易、互动明显	3-3-a2, 3-9-a2, 3-15-a3,3-19-a2,3-23-a1,3-27-a2,3-33-a1,3-37-a1	4-aa4 行业地位	拥有领先行业地位	4-5-a1, 4-13-a4, 4-11-a2,4-17-a1,4-25-a1,4-45-a1
3-aa4 创业动机	创业动机突出	3-1-a3, 3-11-a2, 3-15-a2,3-21-a2,3-33-a2,3-41-a1,3-45-a2	4-aa5 开放创新	开放、兼容、创新	4-12-a2,4-31-a1,4-41-a2,4-47-a1,4-49-a2
3-aa4 开放创新	开放创新运行机制	3-1-a2, 3-17-a2, 3-27-a3,3-35-a2,3-37-a2	问题5:网络创业型平台领导的核心特质是什么?		
			代码及范畴	范畴性质	包含概念
3-aa5 多结点互动	利益相关者多、互动活跃	3-5-a3, 3-29-a2, 3-35-a1,3-39-a2,3-43-a2,3-47-a2,3-49-a3	5-aa1 有竞争力平台资源	有竞争优势平台资源	5-3-a1, 5-9-a1, 5-13-a1,5-23-a1,5-27-a1,5-31-a1,5-37-a1,5-41-a1
3-aa6 跨水平、跨组织联结关系	各主体关系复杂、非线性关系	3-7-a2, 3-23-a1, 3-31-a3,3-39-a3,3-39-a1,3-45-a2	5-aa2 持续创新商业规则、模式	创业模式、商业规则不断创新	5-5-a1, 5-11-a1, 5-23-a2,5-27-a2,5-29-a1,5-39-a1
3-aa7 网络外部性	网络外部性极为显著	3-33-a3, 3-41-a2, 3-45-a3,3-47-a13-49-a2	5-aa3 开放平台体系	庞大、富生态开放体系	5-9-a2, 5-29-a2, 5-37-a2,5-47-a1,5-49-a1
3-aa8 创业行为	创业行为频繁	3-3-a1, 3-5-a2, 3-15-a1,3-21-a1,3-25-a3,3-33-a4,3-45-a4	5-aa4 平台战略决策	拥有前瞻性战略决策	5-9-a3, 5-19-a1, 5-23-a3,5-33-a1,5-41-a2,5-47-a2

4.2.2　主轴性编码

主轴性编码(Axial Coding)主要是发现和建立范畴之间的关联(Strauss,Corbin,1998),并通过因果关系、情景关系、结构关系,将主题词族进行细分,提炼族首词,深入挖掘每一个族首词,即主范畴(王海花等,2012)。由于本研究将主要分析特征结构模型,因此主要从初始范畴之间的结构性关系进行主轴编码。"2-aa1"和"3-aa1"所标识的范畴虽无实质内涵,但说明了范畴之间存在递进关系,即平台领导包含平台一般特征,而网络创业型平台领导又包含平台领导相关特征。除此之外,每一个问题下的范畴间也存在并列或结构性包含关系。基于范畴之间水平及垂直型的关系脉络,笔者结合表 4-3 中的范畴性质,通过类聚分析,将删除了无实质内涵的"2-aa1"和"3-aa1"后的 32 个范畴进一步概括为 11 个主范畴。为了提高研究效度和信度,笔者邀请另外一位研究者分别对这 32 个范畴的隶属性进行检验,并通过计算 Cohen's Kappa 系数来检验其一致性程度。经计算后,将"价格信息对称"范畴的 K 值在 0.4 以下的,予以剔除。其余 31 个范畴的 K 值均在 0.75 以上,予以保留。经过上述分析,本研究最终形成了 11 个主范畴及 31 个对应的初始范畴,并用"A+序号"进行代码转换(见表 4-4)。

表 4-4　主轴编码所形成的主范畴及对应范畴

主范畴	内涵	对应范畴
A1 用户多属性	它由多个主体构成,用户可以基于多个身份参与平台互动、交易。	1-aa1 多主体性 1-aa9 用户身份多重
A2 空间集聚性	它是市场的一种具化,是交易、信息互动活动集聚的特定空间。	1-aa2 交易空间 1-aa3 信息交流空间
A3 多平台共生的生态群落性	它与双边市场平台、平台开发平台等子平台共生,构建协同发展的平台生态群落。	1-aa5 双边市场特性 2-aa2 平台协同开发主体 2-aa3 平台集群
A4 网络外部性	用户数量规模效应实现平台成员的网络外部性,产品及服务规模效应实现平台用途的网络外部性,从而降低主体交易、互动的边际成本。	1-aa6 用户数量规模效应 1-aa7 产品或服务规模效应 1-aa8 低边际成本 3-aa7 网络外部性显著
A5 互联网效应	互联网技术嵌入,实现平台虚拟化。	3-aa2 互联网应用 3-aa3 虚拟性
A6 创业导向性	平台领导自身、平台用户创业动机强烈,驱动着多线性创业行为。	3-aa4 创业动机 3-aa8 创业行为
A7 嵌入式协同开放创新	通过平台技术接口开放、数据开放与共享,实现外生资源依赖和内生性嵌入,以驱动平台内外主体的协同开放创新。	2-aa4 技术接口开放 2-aa5 数据开放性 2-aa8 动态创新驱动 4-aa5 开放创新 5-aa3 开放的平台体系
A8 可持续发展模式及动力	平台创业主体多结点、跨水平、跨组织的多线性创业模式,推进平台商业模式的持续创新、变革,获取新的竞争优势。	3-aa5 多结点互动 3-aa6 跨水平、跨组织联结关系 5-aa2 持续创新商业规则、模式
A9 平台领导权力	拥有平台规则界定、监督、战略决策等平台权力。	2-aa6 平台规则设计 2-aa7 平台监督 5-aa4 平台战略决策
A10 平台资源	拥有用户资源、信息资源及技术资源。	4-aa1 用户、信息资源庞大 4-aa2 技术资源丰富
A11 平台品牌资产	拥有品牌形象、市场地位等品牌资产。	4-aa3 品牌效应 4-aa4 行业地位

4.2.3 选择性编码

选择性编码(Selective Coding)是围绕核心范畴,系统地和其他范畴进行联系,验证它们之间的关系,并把概念化尚未发展完备的范畴补充完整的过程(李文博,2013)。本研究的核心范畴是"网络创业型平台领导特征"。该核心范畴思想贯穿于整个研究过程:在访谈提纲准备过程中,笔者层层递进,从平台特征逐渐延伸至网络创业型平台领导的核心特征;在初级范畴、主范畴提炼过程中,范畴"2-aa1"和"3-aa1"表明平台、平台领导、网络创业型平台领导之间存在逻辑结构关系。正是基于上述研究路径,本研究围绕该核心范畴,遵循外在特征向内在核心特质延伸的逻辑结构关系,建立了网络创业型平台领导的双层次三类特征模型(见图4-2)。

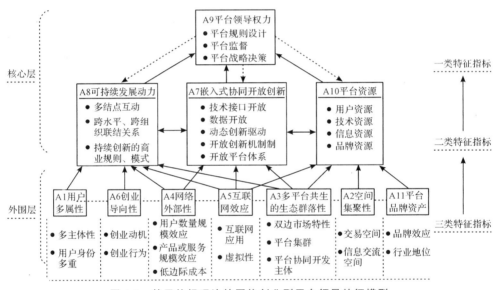

图 4-2 基于扎根理论的网络创业型平台领导特征模型

图4-2表明,网络创业型平台领导特征存在双层三类的逻辑关系,包含 11 个构件、31 个三级指标。模型可划分为核心层和外围层两个层次:核心层是网络创业型平台领导的核心特质,包括权力特征、资源特征、开放创新特征、可持续发展动力特征;外围层是网络创业型平台领导的一般特质,包括用户多属性、创业导向性等 7 个特征。除此之外,笔者根据核心层 4 个特征的逻辑结构关系,将其进一步划分为一类特征指标和二类特征指标,从而形成了特征模型的三类结构。其中,一类特征为权力特征,二类特征为资源特征、开放创新特征、可持续发展动力特征,三类特征指标为外围特征。这三种特征指标间除具有结构关系外,还存在逻辑互动关系:权力特征是整个特征模型的内核,一方面其权力的形成来源于资源特征的保障、开放创新特征的设置、可持续发展动力特征的运营;另一方面领导权力的产生又能进一步强化资源扩展、开放创新、可持续发展动力。而处于外围层的三类特征

指标则分别支撑 3 个二类特征指标:用户多主体性、多属性催生了平台领导网络组织中的多结点性,网络外部性、多平台共生的生态群落性则实现了其跨水平、跨组织的多线性联结关系,而用户创业动机及行为、互联网效应则影响平台领导网络创业导向;互联网效应为平台技术、数据开放与共享提供了条件,网络外部性及多平台共生的生态群落性特征则推进了平台多主体嵌入及开放创新;互联网效应同时也为用户及技术资源的产生提供机会,空间集聚性及多平台生态群落性则进一步扩大了资源规模效应及资源裂变,品牌资产则提高了资源品质。

4.2.4　网络创业型平台领导特征的维度设计

根据图 4-2 的特征模型,笔者对网络创业型平台领导特征维度进行如表 4-5 所示的设计。

表 4-5　网络创业型平台领导特征的维度设计

维　　度	具体特征	来源(特征模型)
权力特征	平台商业规则制定	A9 平台领导权力
	平台商业规则执行	
	平台监督及运行	
	平台战略决策	
资源特征	用户资源	A1 用户多属性 A3 多平台共生性 A10 平台资源
	技术(工具)资源	
	信息资源	A2 空间集聚性 A3 多平台共生性
	行业地位(品牌、声誉等)	A11 品牌资产
开放创新特征	开放性	A3 多平台共生性 A4 网络外部性 A7 嵌入式开放创新
	易用性	A3 多平台共生性 A4 网络外部性 A7 嵌入式开放创新
	数据等资源创新	A3 多平台共生性 A7 嵌入式开放创新
	数据等资源共享	A3 多平台共生性 A5 互联网效应 A7 嵌入式开放创新
可持续发展动力	互动性	A1 用户多属性 A3 多平台共生性 A8 网络组织化创业模式
	发展前景、商业价值	A6 创业导向性
	可持续的创新机制或能力	A7 嵌入式开放创新 A8 网络组织化创业模式

4.2.5 理论饱和度及信度效度检验

在质性研究中,理论饱和度检验作为是否停止继续采样的标准,是指当收集新的数据之后,不再产生新的概念、范畴时,研究就达到了理论饱和。本研究在方法设计及理论抽样的过程中,选取 24 个样本作为理论饱和度检验的数据来源。按照扎根理论的程序化流程,本研究对这 24 个样本进行了开放编码、主轴编码及选择编码,共提炼了 235 个概念、32 个初始范畴、9 个主范畴。研究过程中并没有产生新的概念、范畴及关系。笔者在此采用如下 5 个原始分析单元、概念作为案例举证。

举证 1:平台是一个有很多主体共同参与(1-4-a1)的交易空间(1-4-a2)。原始分析单元"1-4-a1"所体现的概念及初始化范畴为"多主体性",主范畴为"用户多属性"。原始分析单元"1-4-a2",其概念及初始化范畴为"交易空间",体现的主范畴为"空间集聚性"。

举证 2:平台领导应该拥有控制所有成员的能力(2-32-a4)。该分析单元提炼后的概念为"平台监管能力",初始化范畴为"平台监督",体现的主范畴为"平台领导权力"。

举证 3:网络创业型平台的首要特点肯定就是互联网的应用(3-20-a1)。该分析单元经提炼后的概念及初始化范畴为"互联网应用",体现的主范畴为"互联网效应"。

举证 4:我觉得一个优秀的网络创业型平台领导,最大特点应该就是存在庞大的用户数量(4-46-a2)。该分析单元所体现的概念、初始化范畴为"用户数量庞大",体现的主范畴为"平台资源"。

除了理论饱和度检验,质性研究的效度与信度检验也是至关重要的。为提高研究效度,本研究在访谈提纲设计过程中,通过专家组对预设的问题进行头脑风暴式探讨,形成正式访谈提纲;在样本构成上,本研究遵循典型性和代表性原则,选择 4 种不同身份的个体参与访谈;在样本数量上,遵循质性研究 20~30 人的经验法则;在数据收集过程中,尽可能遵循证据三角形(Patton,2002)准则,从现场访谈笔录、录音、案例二手资料等角度进行资料收集。此外,笔者在模型建构中部分使用了 NVIVO8.0 软件进行分析单元的摘选,而在理论饱和度检验中,笔者并未使用软件,以此比较不同方法所得出结果的差异性。为了提高研究信度,笔者邀请了另外一位研究者独立进行编码隶属性检验,并运用软件进行了一致性分析;在理论建构之后,采用新样本进行理论饱和度检验;为了尽可能降低随机误差,在访谈结束的 2 个月后,再一次对访谈对象进行简要访谈。除此之外,也通过了预调查统计方法对基于该特征模型的问卷进行了检验及信效度分析。

4.3 本章小结

本章节综合运用经典扎根理论、程序化扎根理论以及建构型扎根理论的探索性研究方法,基于国外平台领导的前沿研究以及国内平台创业经济的现实背景,提出了网络创业型平台领导特征模型的研究命题,并通过开放编码、主轴编码、选择编码的规范研究过程,建构了网络创业型平台领导的双层次三类特征概念模型。一类特征是平台领导的权力特征,二类特征包括平台领导的资源特征、开放创新特征及可持续发展动力特征,三类特征则包括多主体性、品牌效应、行业地位、互联网应用等 16 个特征。其中,一类和二类特征属于核心层特征,三类特征属于外围层特征。综合而言,本研究在研究方法的使用、研究对象及内容的选择上具有一定创新性,并且能在一定程度上为网络创业平台领导的创建及发展提供理论借鉴,但作为质性研究不可避免地缺乏定量研究所具有的科学、严谨的特点,所以本研究依然陷入了扎根理论的困境,即"高度重视和强调客观却又难以完全避免主观的影响"(贾旭东,谭新辉,2010)。基于上述研究不足,笔者在后续研究中将本研究概念模型指标化,形成可操作的量化指标体系,并结合定量研究方法进行变量构成检验,从而佐证或修正本研究的理论概念模型。与此同时,本研究所提出的各主范畴之间复杂的互动关系尚未得到深入分析,值得后续研究。除此之外,在平台创业经济背景下,平台领导与平台成员之间的权力博弈、网络组织新型创业模式的要素及过程、嵌入式协同开放创新基础上的用户协同创业、网络创业平台集群及生态体系构建等都是值得进一步深入研究的有价值的命题。

第 5 章 量表开发、预试、理论模型及假设提出

5.1 量表开发及预试

5.1.1 网络平台用户创业能力量表开发及预试

1. 网络平台用户创业能力量表开发

网络平台用户创业能力属于创业能力研究体系,是创业者在网络平台创业中所需要或体现的创业能力。目前,关于网络平台创业能力的研究比较少,且多集中于大学生网络创业能力培养。近 8 年来,通过中国知网搜索"网络创业能力",共有 70 多篇相关文献。其中,只有 8 篇是以"网络创业能力"为主题的,且全部都是关于大学生(高职学生)网络创业能力培养的相关研究。基于这样的研究现状,本研究将遵循创业能力的理论范式,在梳理创业能力概念、内涵及维度结构的相关文献基础上,结合实证调研访谈,构建网络平台创业能力维度。

创业能力的研究始于西方 20 世纪 80、90 年代。21 世纪以来,创业能力的相关研究在国内外得到快速发展,但学术界对于创业能力尚无完善的统一定义(张佳瑜,2012)。综合当前研究,国内外学者主要从以下五个角度来界定创业能力内涵:一是从机会识别、探索或开发等机会观来分析创业者的创业能力(Chandler,Hanks,1993;Shane,Venkataraman,2000;Muzychenko,2008;Rasmussen et al.,2011;尹苗苗、蔡莉,2012);二是从资源获取、整合、资源价值创造的资源基础观角度分析创业者的创业能力(Jarillo,Martinez,1990;冯华,杜红,2005;王志军,2014);三是从个体或个体与组织关系构建角度阐述创业能力(Rasmussen,Nielsen,2004;唐靖、姜彦福,2008);四是从创业者个体特质,如知识、技能等角度分析创业能力(Man et al.,2002;Muzychenko,2008);五是从个体或个体与组织跨层角度分析机会与资源整合来阐述创业能力(郁义鸿、李能志,2000;Arthur,Busenitz,2006;朱蕾蕾,2014)。正是由于创业能力内涵的复杂性和多维性,创业能力维度也是多重的。综合国内外学者的观点,创业能力可以概括为 11 个维度(见表 5-1)。

表 5-1 创业能力维度归纳

能力维度	维度内涵	文献来源																						
		(1)	(2)	(3)	(4)	(5)	(6)	(7)	(8)	(9)	(10)	(11)	(12)	(13)	(14)	(15)	(16)	(17)	(18)	(19)	(20)	(21)	(22)	(23)
机会识别能力	采用各种手段识别市场机会	*	*	*				*		*	*			*	*		*	*	*	*	*	*	*	*
机会开发能力	将识别出的机会进行开发、利用的能力	*	*	*				*		*	*			*	*		*	*	*	*	*	*	*	*
机会评估能力	评估所识别或开发的机会																*		*	*	*	*	*	*
关系能力	个体间,或者个体与群体、组织之间的沟通、合作等关系互动能力	*	*	*		*			*	*	*			*	*		*				*	*		*
概念能力	信息分析、决策、风险承担等综合能力	*	*	*		*	*	*	*	*	*			*	*		*							*
组织能力	内外部人力、财务、技术资源整合及团队建设等组织管理能力	*	*	*		*			*	*	*			*	*		*							*
战略能力	创业项目战略设定、评估及执行能力	*	*	*		*			*	*	*			*	*		*							*
承诺能力	维持创业的持续性,对创业项目及成员的承诺能力	*	*	*					*			*		*	*		*			*		*		*
创业学习	创业过程中的持续学习能力													*	*	*								
创新能力	寻求新创意、开发新产品或服务的能力	*														*							*	
知识技能	拥有创业相关的知识或技能																		*		*	*		

文献来源:(1)McClelland(1987);(2)Mitton(1989);(3)Chandler,Jansen,1992;(4)Adam,Chell,1993;(5)Durkan et al.,1993;(6)Snell,Lau,1994;(7)Baum(1995);(8)Bird(1995);(9)Bartlett 和 Ghoshal,1997;(10)Gass,d'Amboise(1997);(11)Hunt(1998);(12)Lau et al(1999);(13)Man(2002);(14)张炜,王重鸣,2004;(15)张慧杰,2006;(16)唐靖等,2008;(17)Thomas,2008;(18)陈钦约(2010);(19)Vijay 和 Ajay,2011;(20)Rasmussen et al.,2011;(21)尹苗苗,蔡莉,2012;(22)王志军,2014;(23)朱蕾蕾,2014.

为了使研究更有系统性及理论价值,从 20 世纪 80 年代开始,学者们就对不同的创业能力维度进行合并,形成维度的二阶结构。比较常见的研究体系是从创业、管理及技能三大角色来构建创业者的创业能力多维结构,进而对创业者绩效进行区分(Mintzberg,Waters,1982;Chandler,Jansen,1992)。其中,创业机会能力是区分创业者创业角色与管理角色的核心能力(Shane,Venkataraman,2000),而创业机会能力又可划分为创业机会识别、创业机会开发及创业机会评估(Lindsay,Craig,2002;Ardichvili,Cardozo,Ray,2003),所以本研究拟将第一个维度命名为创业机会能力,并从机会识别、开发及评估能力 3 个方面设定指标。管理角色指的是创业者在锚定创业机会之后开展项目开发、预算、评估等战略设计及执行的能力,包含概念能力、关系能力、战略能力、组织能力(Chandler,Jansen,1992)。基于上述理论研究,本研究拟将网络平台用户创业能力的第二个维度命名为创业管理能力。技术角色是创业者在创业执行中所体现的专业知识、技能。因此本研究将网络平台创业能力第三个维度设定为创业技术能力,包含知识与技能两个方面。除此之外,创业承诺、创新及创业学习是实现创业者可持续创业的支撑能力。一些学者把类似于此的能力归纳为创业支撑(可持续)能力(Man,2001;Vijay,Ajay,2011)。基于上述理论文献,本研究将网络平台创业能力的第四个维度设定为创业可持续能力,包含创业承诺、创新及创业学习能力3个方面。综上所述,本研究拟定的网络平台用户创业能力共有4个维度,即创业机会能力、创业管理能力、创业技术能力、创业可持续能力,13个具体指标(见表5-2)。根据该维度划分,笔者拟定了网络平台用户创业能力的初始量表(见表5-3)。

表5-2 网络平台用户创业能力维度划分

维度	具体能力	能力内涵	主要文献或参考来源
创业机会能力	机会识别能力	察觉未满足或未完全满足的市场需求,并在这个过程中识别商业机会的能力	Chandler,Jansen(1992);Chen et al.,(1998);Man(2001);马鸿佳等(2010)
	机会开发能力	将识别的商业机会转化为产品或服务的能力	Mitchelmore,Rowley(2010);马鸿佳等(2010);张佳瑜(2012);马鸿佳等(2010)
	机会评估能力	评估所识别的商业机会能力	Man(2001)
创业管理能力	战略分析能力	对市场(双边市场、平台)发展趋势的判断能力,对创业项目的战略分析、决策及调整能力	Man(2001);Wu(2009);创业者访谈;电商专家访谈
	概念能力	信息分析、决策、风险承担等综合能力	Bird(1995);Rasmussen et al.,(2011);唐靖等(2008)
	组织能力	从平台内外获取创业资源,并能组织资源进行网络平台创业的能力,如创业团队构建等	创业者访谈;电商专家访谈;Man(2001);张佳瑜(2012)
	关系能力	与客户、供应商的沟通能力,与合作伙伴进行数据和信息分享的能力,与政府、媒体保持社会关系的能力	创业者访谈;电商专家访谈;Wu(2009);Thomas,Man;Man(2001);Chandler,Jansen(1992);贺小刚等(2005)
创业技术能力	专业知识	网络平台及创业的相关知识,如平台规则、政策等	Chandler,Jansen(1992);创业者访谈;电商专家访谈
	创业或从业经验	网络平台创业或从业经验	创业者访谈;电商专家访谈
	专业技术	网络平台运营、营销、商品或服务管理能力,或者网络平台技术开发能力(如网站或工具开发)	创业者访谈;电商专家访谈
创业可持续能力(Man,2001 Vijay,Ajay,2011)	创新能力	创意收集、开发能力,模仿创新及新工具开发或利用能力	Chen et al.,(1998);创业者访谈;电商专家访谈
	创业学习能力	知识或技能的平台应用能力,模仿创业能力,持续学习能力	电商专家访谈;创业者访谈 Thomas,Man(2008);Minnit,Bygrave(2001)
	创业承诺能力	对创业及创业项目积极乐观、不怕失败的态度,创业过程中的持续努力	创业者访谈;电商专家访谈 Man(2001);Thomas,Man(2008);Chandler,Jansen(1992)

表 5-3　网络平台用户创业能力初始量表

变量	代码	测度题项	代码
创业机会能力	A1	能察觉到未满足或未完全满足的市场需求	A11
		能将未满足或未完全满足的市场需求转化为有价值的商业机会	A12
		能比较全面评估所察觉或开发的商业机会	A13
创业管理能力	A2	拥有对创业项目的战略分析、决策及调整能力	A21
		拥有信息分析、决策及发展趋势预判等综合能力	A22
		能组织平台内外资源进行网络平台创业	A23
		拥有与创业相关主体(如客户、供应商、合作伙伴、政府等)沟通、谈判的关系协调能力	A24
创业技术能力	A3	拥有网络平台及创业相关知识,如平台规则、政策等。	A31
		拥有网络平台创业或从业经验	A32
		拥有网络平台创业的专业技能,如运营、营销或者平台技术开发能力	A33
创业可持续能力	A4	拥有产品或服务的创意或创新能力,如模仿创新等	A41
		拥有对知识、技能或管理的持续学习能力	A42
		对创业项目保持乐观、不怕失败,且为创业持续努力	A43

2.网络平台用户创业能力量表预试

结合各变量的维度划分,笔者对各变量进行了问卷设计。为提高问卷信度与效度,也对问卷进行了预试。按照吴明隆(2009)所提出的预试问卷分析流程及操作,笔者将通过极端值比较法、参与量与总分相关检验、同质性检验三种方法对初定量表题项进行分析,删除信度或效度较差的题项,形成二次修订量表。在此基础上,对修订量表进行因素分析以检验其建构效度并删除效度较差题项。最后,将对因素分析后的量表进行信度检验并删除信度较差题项,最终形成正式量表。本次预调查对象为淘宝网平台创业者。在 2015 年 4 月至 6 月,笔者共调查了 185 名被试者,其中义乌工商职业技术学院创业园、创意园在校电子商务(淘宝网平台)创业者 90 名,义乌工商学院毕业生从事电子商务(淘宝网平台)创业者 35 名,青岩刘电子商务(淘宝网平台)创业者 60 名,获取有效问卷 152 份。

对于网络平台用户创业能力初始量表,笔者进行了预试,即对其进行了极端值的独立样本 t 检验,统计分析结果见表 5-4。

表 5-4　网络平台用户创业能力量表的极端值独立样本检验结果

题项		方差方程 Levene 检验		均值方程的 t 检验			
		F	Sig.	t	df	Sig.（双侧）	均值差值
A11	假设方差相等	0.364	0.548	19.412	92	0.000	1.827
	假设方差不相等			19.018	79.014	0.000	1.827
A12	假设方差相等	10.805	0.001	14.679	92	0.000	1.569
	假设方差不相等			14.596	87.053	0.000	1.569
A13	假设方差相等	7.701	0.007	13.498	92	0.000	1.474
	假设方差不相等			13.382	85.662	0.000	1.474
A21	假设方差相等	20.235	0.000	2.702	92	0.008	0.271
	假设方差不相等			2.767	90.953	0.007	0.271
A22	假设方差相等	6.611	0.012	13.490	92	0.000	1.533
	假设方差不相等			13.298	82.661	0.000	1.533
A23	假设方差相等	14.232	0.000	14.140	92	0.000	1.487
	假设方差不相等			14.125	88.951	0.000	1.487
A24	假设方差相等	7.012	0.010	16.575	92	0.000	1.690
	假设方差不相等			16.474	86.866	0.000	1.690
A31	假设方差相等	4.656	0.034	13.103	92	0.000	1.255
	假设方差不相等			12.988	85.566	0.000	1.255
A32	假设方差相等	1.339	0.250	11.598	92	0.000	1.228
	假设方差不相等			11.361	78.944	0.000	1.228
A33	假设方差相等	0.266	0.607	10.404	92	0.000	1.130
	假设方差不相等			10.240	81.797	0.000	1.130
A41	假设方差相等	7.797	0.006	7.576	92	0.000	0.943
	假设方差不相等			7.365	74.173	0.000	0.943
A42	假设方差相等	5.520	0.021	7.207	92	0.000	0.896
	假设方差不相等			7.008	74.228	0.000	0.896
A43	假设方差相等	13.920	0.000	8.721	92	0.000	1.143
	假设方差不相等			8.415	69.312	0.000	1.143

　　表 5-4 中的 A21 题项的差异显著性 $p<0.05$，但其 $t=2.702<3.000$。为保证题项产生更好的统计效果，考虑将其删除，但为了提高研究的科学性，同时又进行了量表题项与总分的相关性检验，分析结果见表 5-5。

表5-5　网络平台用户创业能力量表的题项与总分相关性检验结果

题项	指标名称	与总分相关性	题项	指标名称	与总分相关性
A11	Pearson 相关性	0.876**	A12	Pearson 相关性	0.812**
	显著性（双侧）	0.000		显著性（双侧）	0.000
A13	Pearson 相关性	0.816**	A21	Pearson 相关性	0.296**
	显著性（双侧）	0.000		显著性（双侧）	0.000
A22	Pearson 相关性	0.812**	A23	Pearson 相关性	0.810**
	显著性（双侧）	0.000		显著性（双侧）	0.000
A24	Pearson 相关性	0.823**	A31	Pearson 相关性	0.825**
	显著性（双侧）	0.000		显著性（双侧）	0.000
A32	Pearson 相关性	0.784**	A33	Pearson 相关性	0.691**
	显著性（双侧）	0.000		显著性（双侧）	0.000
A41	Pearson 相关性	0.658**	A42	Pearson 相关性	0.614**
	显著性（双侧）	0.000		显著性（双侧）	0.000
A43	Pearson 相关性	0.691**	创业能力总分	Pearson 相关性	1
	显著性（双侧）	0.000		显著性（双侧）	

注：** 表示在0.01水平（双侧）上显著相关。

从表 5-5 可以看出，A21 的 Pearson 相关性系数为 0.296，小于 0.4，相关性不高，可以考虑删除。与此同时，还进行了信度检验来删除信度不高的题项。其项目整体统计量汇总见表 5-6。

表 5-6　网络平台用户创业能力特征量表的信度检验结果

题项	项已删除的刻度均值	项已删除的刻度方差	校正的项总计相关性	项已删除的Cronbach's α 值
A11	69.11	38.603	0.842	0.921
A12	69.20	39.908	0.767	0.924
A13	69.28	40.241	0.774	0.924
A21	71.04	46.555	0.230	0.938
A22	69.30	40.146	0.769	0.924
A23	69.31	40.480	0.768	0.924
A24	69.22	39.429	0.778	0.923
A31	69.43	41.200	0.790	0.924
A32	69.40	41.394	0.741	0.925
A33	69.55	42.051	0.632	0.929
A41	69.18	42.827	0.600	0.929
A42	69.16	43.379	0.553	0.931
A43	69.12	41.999	0.631	0.929

注：总量表的内部一致性 α 系数为 0.932。

从总体上看，该量表内部一致性系数大于 0.800，量表比较理想。其中，A21 校正的项总计相关性系数为 0.230,小于 0.400,且其项已删除的 Cronbach's α 值为 0.938,大于量表整体一致性系数 0.932,考虑予以删除。

综上所述,题项 A21 将被删除,题项 A21 具体内容为"拥有对创业项目的战略分析、决策及调整能力",通过对调查对象的第二次抽样回访,笔者发现该题项内容过多,不太容易理解,且与 A22 的题项内容存有交叉,题项 A21 被删除后,网络平台用户创业能力的量表就由剩下的 12 个测度指标构成。对这由 12 个测度指标构成的量表,运用主成分分析法进行了探索性因子分析,其分析结果见表 5-7。

表 5-7 网络平台用户创业能力因子分析摘要

题项	成分			
	创业技术能力	创业管理能力	创业可持续能力	创业机会能力
A33	0.883	0.251	0.141	0.117
A32	0.856	0.257	0.174	0.297
A31	0.836	0.287	0.240	0.305
A23	0.257	0.857	0.165	0.301
A22	0.263	0.836	0.197	0.301
A24	0.334	0.804	0.164	0.304
A42	0.134	0.084	0.898	0.177
A41	0.156	0.217	0.869	0.140
A43	0.183	0.150	0.833	0.265
A13	0.232	0.287	0.255	0.836
A12	0.219	0.316	0.241	0.831
A11	0.326	0.397	0.247	0.756
特征值	2.741	2.707	2.639	2.550
解释变异量(%)	22.842	22.559	21.993	21.246
累计解释变异量(%)	22.842	45.401	67.394	88.640

注:量表的 KMO 值为 0.881,显著性值 $p=0.000<0.05$。

表 5-7 表明,本量表的取样适当性大于 0.800,呈现的性质为"良好的"标准;p 值显著,说明量表总体有共同因素存在。从因子分析的结果上看,共有 4 个共同因素,其累计解释变异量为 88.640%,大于 60%,表明 4 个萃取的共同因素建构效度良好。综上所述,本研究最终确定了平台用户创业能力的正式题项(见表 5-8)。

表 5-8 网络平台用户创业能力的正式问卷题项汇总

变量	代码	测度题项	代码
创业机会能力	A1	能察觉到未满足或未完全满足的市场需求	A11
		能将未满足或未完全满足的市场需求转化为有价值的商业机会	A12
		能比较全面评估所察觉或开发的商业机会	A13
创业管理能力	A2	拥有信息分析、决策及发展趋势预判等综合能力	A21
		能组织平台内外资源进行网络平台创业,如人员、物资等	A22
		拥有与创业相关主体(如客户、供应商、合作伙伴、政府等)沟通、谈判的关系协调能力	A23

创业技术 能力	A3	拥有网络平台及创业相关知识,如平台规则、政策等	A31
		拥有网络平台创业或从业经验	A32
		拥有网络平台创业的专业技能,如运营、营销或者平台技术开发能力	A33
创业可持 续能力	A4	拥有产品或服务创意或创新能力,如模仿创新等	A41
		拥有对知识、技能或管理的持续学习能力	A42
		对创业项目保持乐观、不怕失败,且为创业持续努力	A43

5.1.2　网络平台用户创业行为量表开发及预试

1. 网络平台用户创业行为量表开发

从 20 世纪 80 年代开始,国内外学者开始分析创业行为的构成维度,并形成了一系列的研究成果。综合现有研究,可将创业行为维度汇总如表 5-9。

表 5-9　创业行为维度划分

学者	时间	行为维度
Gartner	1985	(1)锚定商业机会;(2)积累创业资源;(3)产品或服务创造;(4)产品或服务商业化;(5)创业团队或组织构建;(6)政府或社会响应行为。
Katz,Gartner	1988	创业意图、创业资源积累、创业行为边界和交换。
Vesper	1990	(1)掌握技术诀窍;(2)产生创意;(3)个人契约;(4)获取物质资源;(5)获得顾客订单。
Gatewood 等	1995	(1)收集市场信息;(2)评估潜在利润;(3)完成基础工作;(4)建立企业结构;(5)开始日常运营。
Gartner,Starr	1999	(1)发现机会(2)获取资源和帮助;(3)运营;(4)确定客户和销售渠道;(5)"生意之外"的事宜。
Delmar,Shane	2002	(1)计划准备行为;(2)运营执行行为。
Diochon 等	2005	(1)承诺;(2)联系;(3)控制。
Reynolds	2007	(1)业务准备;(2)生产实施;(3)组织与财务结构;(4)个人计划;(5)个人准备;(6)产品与任务的发展。
Tornikoski, Newbert	2007	(1)貌似合法化行为或称即兴而作的行为;(2)资源整合;(3)网络行为。
Liao,Welsh	2008	(1)计划准备;(2)资源整合;(3)市场营销;(4)合法化。
Brush 等	2008	(1)组织资源获取;(2)物质资源获取;(3)财务资源获取。
Ucbasaran 等; McKendrick 等	2009	(1)改进产品/服务;(2)优化核心 R&D 流程;(3)架构组织柔性;(4)向上游企业股权投资;(5)在国外市场建立新的营销分支。
唐鹏程,朱方明	2009	(1)创业决策;(2)创业计划;(3)创业融资。
Edelman, Yli-Renko	2010	(1)制定商业计划;(2)组建团队;(3)制定财务报表;(4)雇佣员工。
张秀娥 等	2014	(1)创业机会分析;(2)创业计划制订;(3)创业决策行为;(4)创业企业融资;(5)创业合作行为。
闫华飞,胡蓓	2014	(1)创业机会识别;(2)资源获取;(3)团队组建。

在上述文献研究中,学者们逐渐对创业行为间的逻辑关系及顺序产生了研究兴趣(闫丽平,2012)。持该观点的学者比较关注创业行为间的前后关联,并根据这种前后向序列性划分创业行为类型。虽然各学者对于创业行为维度的划分有差异,但基本都是按照创业准备(计划)行为及创业执行(运营)行为两大维度来细化具体行为(Delmar,Shane,2002;Liao,Welsch,2008)。基于上述分析,本研究将借鉴 Delmar 和 Shane(2002)的二维划分法,同时将其他学者观点融入该二维创业行为结构中。与此同时,笔者又参考了闫华飞和胡蓓(2014)所提出的创业行为测量量表,并结合网络平台创业的特点,拟定了网络平台用户创业行为初始量表(见表5-10)。

表 5-10　网络平台用户创业行为初始量表

变量	代码	测度题项	代码
用户创业准备(计划)行为	B1	积极搜寻商业机会的行为	B11
		利用商业信息努力创造商业机会的行为	B12
		锁定商业机会并积极推进创业的行为	B13
		积极寻找创业资源的行为	B14
		积极创造创业所需资源的行为	B15
		积极整合现有资源用于创业的行为	B16
用户创业执行(运营)行为	B2	组建创业合作团队	B21
		招募并管理员工行为	B22
		构建团队制度体系行为	B23
		塑造创业团队文化行为	B24
		提供市场所需的产品或服务并获取收益的行为	B25
		创造新的产品或服务并获取收益的行为	B26
		积极响应创业内外部环境变化并作出调适的行为	B27

2.网络平台用户创业行为量表预试

对拟定的初始量表进行了极端值的独立样本 t 检验、量表题项与总分的相关性检验、信度检验,其统计结果分别见表 5-11、表 5-12 和表 5-13。

表 5-11　网络平台用户创业能力量表的极端值独立样本检验结果

题项		方差方程的 Levene 检验		均值方程的 t 检验			
		F	Sig.	t	df	Sig.(双侧)	均值差值
B11	假设方差相等	14.907	0.000	12.161	82	0.000	1.300
	假设方差不相等			12.211	80.731	0.000	1.300
B12	假设方差相等	17.704	0.000	1.394	82	0.167	1.152
	假设方差不相等			1.374	58.990	0.175	1.152
B13	假设方差相等	2.208	0.141	11.645	82	0.000	1.137
	假设方差不相等			11.649	81.897	0.000	1.137

续表

题项		方差方程的 Levene 检验		均值方程的 t 检验			
		F	Sig.	t	df	Sig.（双侧）	均值差值
B14	假设方差相等	20.438	0.000	12.720	82	0.000	1.444
	假设方差不相等			12.802	78.269	0.000	1.444
B15	假设方差相等	13.220	0.000	12.868	82	0.000	1.423
	假设方差不相等			12.947	78.611	0.000	1.423
B16	假设方差相等	12.270	0.001	11.338	82	0.000	1.235
	假设方差不相等			11.448	72.730	0.000	1.235
B21	假设方差相等	9.627	0.003	11.670	82	0.000	1.161
	假设方差不相等			11.751	77.613	0.000	1.161
B22	假设方差相等	4.909	0.029	13.298	82	0.000	1.093
	假设方差不相等			13.391	77.409	0.000	1.093
B23	假设方差相等	0.131	0.718	1.220	82	0.226	1.200
	假设方差不相等			1.217	80.547	0.227	1.200
B24	假设方差相等	2.391	0.126	14.529	82	0.000	1.115
	假设方差不相等			14.527	81.760	0.000	1.115
B25	假设方差相等	19.946	0.000	14.965	82	0.000	1.233
	假设方差不相等			15.071	77.308	0.000	1.233
B26	假设方差相等	15.590	0.000	15.047	82	0.000	1.209
	假设方差不相等			15.141	78.504	0.000	1.209
B27	假设方差相等	30.800	0.000	15.291	82	0.000	1.231
	假设方差不相等			15.457	70.494	0.000	1.231

表5-12 网络平台用户创业行为量表的题项与总分相关性检验结果

题项	指标名称	创业行为总分	题项	指标名称	创业行为总分
B11	Pearson 相关性	0.774**	B12	Pearson 相关性	0.131
	显著性（双侧）	0.000		显著性（双侧）	0.109
B13	Pearson 相关性	0.734**	B14	Pearson 相关性	0.786**
	显著性（双侧）	0.000		显著性（双侧）	0.000
B15	Pearson 相关性	0.759**	B16	Pearson 相关性	0.757**
	显著性（双侧）	0.000		显著性（双侧）	0.000
B21	Pearson 相关性	0.752**	B22	Pearson 相关性	0.785**
	显著性（双侧）	0.000		显著性（双侧）	0.000
B23	Pearson 相关性	0.116	B24	Pearson 相关性	0.790**
	显著性（双侧）	0.154		显著性（双侧）	0.000
B25	Pearson 相关性	0.763**	B26	Pearson 相关性	0.773**
	显著性（双侧）	0.000		显著性（双侧）	0.000
B27	Pearson 相关性	0.754**	创业行为总分	Pearson 相关性	1
	显著性（双侧）	0.000		显著性（双侧）	

注：** 表示在0.01水平（双侧）上显著相关。

表 5-13 网络平台用户创业行为量表的信度检验结果

题项	项已删除的刻度均值	项已删除的刻度方差	校正的项总计相关性	项已删除的Cronbach's α 值
B11	64.61	27.207	0.716	0.878
B12	65.68	32.498	0.031	0.906
B13	64.68	27.968	0.674	0.880
B14	64.70	26.634	0.725	0.877
B15	64.71	26.988	0.694	0.879
B16	64.74	27.520	0.698	0.879
B21	64.73	27.774	0.696	0.879
B22	64.80	27.991	0.740	0.878
B23	66.41	32.601	0.022	0.917
B24	64.81	27.957	0.746	0.878
B25	64.57	27.903	0.711	0.879
B26	64.57	27.996	0.724	0.878
B27	64.57	28.128	0.702	0.879

注:总量表的内部一致性 α 系数为 0.892。

根据表 5-11、5-12、5-13 的统计结果,B12 题项("利用商业信息努力创造商业机会的行为")的极端值 t 值为 1.374,小于 3.000,双侧显著性为 0.175,大于 0.05;Pearson 相关性系数为 0.131,小于 0.400;校正的项总计相关性系数为 0.031,小于 0.400,其项已删除的 Cronbach's α 值为 0.906,大于总量表的内部一致性 α 系数值 0.892。B23("构建团队制度体系行为")的极端值 t 值为 1.220,小于 3.000,双侧显著性为 0.226,大于 0.05;Pearson 相关性系数为 0.116,小于 0.400;校正的项总计相关性系数为 0.022,小于 0.400,其项已删除的 Cronbach's α 值为 0.917,大于总量表的内部一致性 α 系数值 0.892。因此,考虑删除 B12 和 B23。除此之外,又对被调查者进行了二次抽样访谈,大多数的被调查者认为在当前商业竞争格局下,想要"利用商业信息努力创造商业机会的行为"很难,而对于"构建团队制度体系行为",大多数被调查者感觉问题过于抽象,且很难实现,不适宜作为测度题项。综上分析,删除了题项 B12 和 B23。之后,对由剩下 11 个题项所构成的量表进行了探索性因子分析,其分析结果见表 5-14。

表 5-14 用户创业行为因子分析摘要

题项	成分	
	用户创业执行行为	用户创业准备行为
B27	0.864	0.207
B25	0.849	0.230
B22	0.846	0.271

续表

题项	成分	
	用户创业执行行为	用户创业准备行为
B26	0.845	0.244
B24	0.791	0.321
B21	0.785	0.279
B16	0.207	0.906
B15	0.244	0.875
B14	0.281	0.866
B11	0.293	0.828
B13	0.287	0.763
特征值	4.488	4.016
解释变异量(%)	40.798	36.506
累计解释变异量(%)	40.798	77.303

注：量表的 KMO 值为 0.865，显著性值 $p = 0.000 < 0.05$。

表 5-14 表明本量表的取样适当性大于 0.800，量表呈现"良好的"标准；p 值显著，说明量表总体有共同因素存在。从因子分析的结果上看，共有两个共同因素，其累计解释变异量为 77.303%，大于 60%，表明萃取的 2 个共同因素建构效度良好。综上所述，本研究最终确定了网络平台用户创业行为的正式题项(见表 5-15)。

表 5-15　网络平台用户创业行为的正式问卷题项汇总

变量	代码	测度题项	代码
用户创业准备行为	B1	积极搜寻商业机会的行为	B11
		锁定商业机会并积极推进创业的行为	B12
		积极寻找创业资源的行为	B13
		积极创造创业所需资源的行为	B14
		积极整合现有资源用于创业的行为	B15
用户创业执行行为	B2	组建创业合作团队	B21
		招募并管理员工行为	B22
		塑造创业团队文化行为	B23
		提供市场所需的产品或服务并获取收益的行为	B24
		创造新的产品或服务并获取收益的行为	B25
		积极响应创业内外部环境变化并作出调适的行为	B26

5.1.3　网络平台用户创业绩效量表开发及预试

1. 网络平台用户创业绩效量表开发

综合国内外相关研究，本研究归纳了创业绩效及网络创业绩效的测量维度(见表 5-16)。

表 5-16　创业绩效(网络创业绩效)的测量维度及指标

指标类目	代表作者	具体指标
一般创业项目财务指标	Robinson(1998);王瑞,薛红志(2010);黄胜,周劲波(2014);张鹏等(2015)	销售收入、销售增长率、资产收益率、投资回报率、净利润、股票收益率等
	Govindarajan(1988);Ensley(2002);马鸿佳等(2015)	销售额增长率、流动比率、速动比率等
	黄胜,周劲波(2014)	税前利润
	张鹏等(2015)	新业务占总销售收入的比重
	张鹏等(2015)	相对于竞争对手的成本节约
电子商务创业财务指标	龚志周(2005);王成斌(2013);翟敏(2014);李玉(2015)	网店的销售额或销售额增长率
	龚志周(2005);王侃(2011);王成斌(2013);翟敏(2014);李玉(2015)	网店的净利润或净利润增长率
	龚志周(2005);李玉(2015)	网店投资收益率或增长率
一般企业非财务指标(生存或成长性指标)	Delaney 和 Huselid(1996);Brouthers 和 Bakos(2004);王瑞,薛红志(2010);张鹏等(2015)	市场营销能力、市场份额、新服务或新产品开发能力、顾客忠诚度或满意度等
	Li(2001);Zahra 等(2002);杜慧敏(2009)	市场份额增长率、市场占有率
	Brouthers 和 Bakos(2004)	市场准入度
	Kaplan 和 Norton(1996,2001);杜慧敏(2009);黄胜,周劲波(2014);马鸿佳等(2015)	产品或服务质量与数量、员工留职率、员工满意度和忠诚度、顾客满意度和忠诚度、员工生产率
	李乾文,张玉利(2004);王瑞,薛红志(2010)	员工人数或增长率
	刘帮成,王重鸣(2005)	创业团队成员离职率等
电子商务创业的非财务指标	杜慧敏(2009);王成斌(2013);翟敏(2014)	网店产品或服务数量和内容增长,更新速度
	杜慧敏(2009);王侃(2011);翟敏(2014)	对网店经营状态(营业额)的满意度
	龚志周(2005);李玉(2015)	市场份额或增长率
	杜慧敏(2009);翟敏(2014)	对网店未来前景预期(信心程度)
	翟敏(2014)	拥有竞争优势
	李玉(2015)	客户满意度、员工满意度、忠诚度
	杜慧敏(2009)	员工工作能力提高
	王成斌(2013)	顾客访问次数增长率
	龚志周(2005)	员工的年增长率

　　根据表 5-16 的文献整理,本研究拟定了网络平台用户创业绩效的初始量表(见表 5-17)。

表 5-17　网络平台用户创业绩效初始量表

变量	代码	测度题项	代码
创业绩效	C1	产品或服务销售额能保持在较高水平	C11
		创业项目(网店或工具开发)净利润能保持在较高水平	C12
		产品或服务能保持比较高的市场占有率	C13
		网店信誉等级或动态评分比较高(所开发工具应用评价比较高)	C14
		您所提供的产品或服务数量增长较快	C15
		目前,创业项目(网店或工具开发)的经营状态比较稳定	C16
		本创业项目能实现可持续经营,前景不错	C17
		与其他同类产品或服务相比,所从事的创业项目具有竞争优势	C18

2. 平台用户创业绩效量表预试

对初始量表进行了极端值的独立样本 t 检验、量表题项与总分的相关性检验、信度检验,其统计结果分别见表 5-18、表 5-19 和表 5-20。

表 5-18　网络平台用户创业绩效量表的极端值独立样本检验结果

题项		方差方程的 Levene 检验		均值方程的 t 检验			
		F	Sig.	t	df	Sig.(双侧)	均值差值
C11	假设方差相等	2.118	0.149	17.222	86	0.000	1.922
	假设方差不相等			17.341	85.875	0.000	1.922
C12	假设方差相等	5.356	0.023	16.908	86	0.000	1.764
	假设方差不相等			16.983	85.536	0.000	1.764
C13	假设方差相等	0.026	0.871	0.708	86	0.481	0.097
	假设方差不相等			0.696	75.439	0.489	0.097
C14	假设方差相等	3.011	0.086	22.670	86	0.000	2.312
	假设方差不相等			22.567	82.568	0.000	2.312
C15	假设方差相等	0.257	0.613	2.886	86	0.005	0.289
	假设方差不相等			2.869	81.860	0.005	0.289
C16	假设方差相等	4.068	0.047	21.706	86	0.000	2.257
	假设方差不相等			21.795	85.464	0.000	2.257
C17	假设方差相等	17.946	0.000	21.274	86	0.000	2.227
	假设方差不相等			21.652	84.760	0.000	2.227
C18	假设方差相等	0.841	0.362	19.424	86	0.000	2.087
	假设方差不相等			19.407	84.089	0.000	2.087

表5-19　网络平台用户创业绩效量表的题项与总分相关性检验结果

题项	指标名称	创业绩效总分	题项	指标名称	创业绩效总分
C11	Pearson 相关性	0.911**	C12	Pearson 相关性	0.905**
	显著性（双侧）	0.000		显著性（双侧）	0.000
C13	Pearson 相关性	0.128	C14	Pearson 相关性	0.933**
	显著性（双侧）	0.116		显著性（双侧）	0.000
C15	Pearson 相关性	0.255**	C16	Pearson 相关性	0.914**
	显著性（双侧）	0.002		显著性（双侧）	0.000
C17	Pearson 相关性	0.927**	C18	Pearson 相关性	0.914**
	显著性（双侧）	0.000		显著性（双侧）	0.000

注：** 是在0.01水平（双侧）上显著相关。

表5-20　网络平台用户创业绩效量表的信度检验结果

题项	项已删除的刻度均值	项已删除的刻度方差	校正的项总计相关性	项已删除的Cronbach's α 值
C11	35.49	21.059	0.875	0.880
C12	35.49	21.616	0.870	0.881
C13	36.86	28.636	0.005	0.940
C14	35.45	19.812	0.901	0.876
C15	36.95	28.084	0.181	0.926
C16	35.47	20.290	0.874	0.879
C17	35.14	20.363	0.893	0.877
C18	35.31	20.718	0.877	0.879

注：总量表的内部一致性 α 系数为0.908。

根据表 5-18、5-19、5-20 的统计结果可知，C13 题项（"产品或服务能保持比较高的市场占有率"）、C15（"您所提供的产品或服务数量增长较快"）的极端值 t 值分别为 0.708、2.886，小于 3.000；Pearson 相关性系数分别为 0.128、0.255，小于 0.400；校正的项总计相关性系数为 0.005、0.181，小于 0.400，其项已删除的 Cronbach's α 值分别为 0.940、0.926，大于总量表的内部一致性 α 系数值0.908。为此，考虑予以删除。除此之外，也对被调查者进行了二次抽样访谈，大多数的被调查者认为 C13 项的"市场占有率"难以科学评估；对于 C15 项的"产品或服务数量增长较快"，大多数被调查者认为产品或服务数量还是比较稳定的，而且创业绩效与数量的增长直接相关性不大。综上分析，笔者最终删除题项 C13、C15。之后，对由剩下 6 个题项构成的量表进行了主成分分析法，萃取特征值大于 1 的方法进行了探索性因子分析。共提炼了 1 个公因子，其量表的 KMO 值为 0.918，显著性值 $p=0.000<0.05$，解释变异量为 85.697%。至此，本研究确定了创业绩效的正式调查量表（见表 5-21）。

表 5-21　网络平台用户创业绩效正式量表题项汇总

变量	代码	测度题项	代码
创业绩效	C1	产品或服务销售额能保持在较高水平	C11
		创业项目(网店或工具开发)净利润能保持在较高水平	C12
		网店信誉等级或动态评分比较高(所开发工具应用评价比较高)	C13
		目前,创业项目(网店或工具开发)的经营状态比较稳定	C14
		本创业项目能实现可持续经营,前景不错	C15
		与其他同类产品或服务相比,所从事的创业项目具有竞争优势	C16

5.1.4　网络创业型平台领导特征量表开发及预试

1. 网络创业型平台领导特征量表开发

(1)网络创业型平台领导特征维度分析

①特征一:人格化的领导权力。正如"企业是企业家的人格装置"(许爱玉,2010)一样,非人格主体的组织也具有与个体人格相类似的能被外界感知的个性特征,即组织人格(Organization Personality)(Slaughter et al.,2004)。其中,一个非常重要的组织人格维度就是权力(Otto et al.,2006)。这种组织人格化权力通过组织规则、机制、组织文化等方式得到展现。网络创业型平台领导作为一种组织,之所以不同于一般平台,其核心在于它拥有在平台集群中的人格化领导权力特征:一是网络创业型平台领导通过对平台业务边界、平台技术标准及开放程度、与利益相关者的竞合机制、平台创业租金分配、资源配置等规则的设定,获取了人格化领导权力地位;二是平台领导基于该领导地位,对子平台、平台主体进行监督、管理,外显化其人格化领导权力;三是作为整个网络生态体系核心的平台领导,承担着引领平台发展的使命和平台战略决策的责任。在这个过程中,网络创业型平台领导的人格化领导权力效应类似于领导力 Trickle-down(渗漏模式),是一种多层次主体间自上而下的互动(Schaubroeck et al.,2012),其作用具有多层次和嵌入性(薛会娟,杨静,2014)。正是人格化领导权力地位及效应的共同作用,网络创业型平台领导才得以在整个网络组织中位居核心。

②特征二:互依性资源依赖基础上的平台资源。资源稀缺性和重要性决定了组织对环境的依赖程度,进而使得权力成为显象(Emerson,1962)。依赖性是权力的对立面(斯格特,2002),但并不是所有资源都能产生依赖性权力,因为资源所产生的依赖性强弱要受制于资源重要性、获得或裁决资源使用的程度、替代资源程度的影响(Pfeffer,Salancik,1978)。网络创业型平台领导之所以能获取领导权力,关键在于它拥有其他主体所稀缺的用户资源、技术资源、信息资源等。其中,平台领导的品牌效应以及行业地位是提高平台资源稀缺性、重要性及不可替代性程度的

重要因素。与此同时,外围主体一旦嵌入网络创业型平台领导,他们将在资源获取及使用过程中产生黏性,平台领导权力地位将得到巩固。但是平台领导与外围主体间的资源依赖关系并不是单向和静态的,而是可以通过竞争性互依或共生性互依方式互动(Pfeffer,Salancik,1978)。网络创业型平台领导之所以要开放接口、共享资源,是因为它自身不具备可持续发展的所有资源,它对外围主体也有着类似的资源依赖性。这种互依性在互联网效应、空间集聚性、多平台共生性的作用下,显得更为强烈,因资源互依性而产生的互动行为也更为频繁。这就是隐藏在纷繁复杂的网络平台创业行为背后的内隐性动机。

③特征三:嵌入式协同的开放创新。平台领导真正的生命力不在于自身独立发展,而在于人格化领导权力下的整个平台网络的协同发展。要实现这一平台发展愿景,平台领导得具备两个条件:一是网络创业型平台领导作为网络组织形态,只有从以自我更新为主的封闭式创新转变为开放创新,才能构建组织内外双通道更新体系,从而为多主体平台参与、平台内外资源的整合及价值再创造提供条件,实现从单个平台向多平台网络体系的转变;二是平台领导与其他类型组织一样,深受内外部网络关系及结构的影响(Granovetter,1985),只有多主体嵌入才能产生知识获取及创新效应(黄中伟,王宇露,2007),才能搭建平台领导与多主体互动渠道,实现信息流、物流、技术流、资金流的畅通无阻。在实践中,只有这两个条件同时具备,才能塑造网络创业型平台领导。

④特征四:基于多主体互动、创新机制及多平台共生的可持续发展动力。创业的本质是创新、资源的重新组合,包括开始一种新的生产性经营和以一种新方式维持生产性经营(Schumpete,1934)。创业模式则是基于创业过程中逐渐形成和完善的经营模式(陈寒松,张文玺,2005),是一种特殊的商业模式,其运营得益于创业模式内在的可持续发展动力。其中,创业者所嵌入的网络是创业启动的重要资源(Johannisson,2000)。创业成为企业组织以低成本获取外部资源的主要途径(朱秀梅,李明芳,2011)。作为基于互联网效应的网络创业型平台领导,其多主体性、用户多属性、网络外部性使得平台的网络结构(Hoang,Antoneie,2003)呈现网络规模庞大、关系强度大以及关系多重性的特点。这种发散、多结点、多线性的网状联结特点驱动了平台领导上的各共生创业子平台的产生,如双边市场平台创业、平台开发子平台创业等(金杨华,潘建林,2014)。它们共同呈现了多主体嵌入的网络关系,多结点分布式创新机制以及跨水平、跨组织联结互动关系。正是这些动力因素,推动着网络创业型平台领导的可持续发展。

(2)基于特征模型理论的网络创业型平台领导特征量表开发

基于网络创业型平台领导的特征模型及表4-5的维度设计,笔者设置了网络创业型平台领导的初始量表(见表5-22)。

表 5-22　网络创业型平台领导特征初始量表

变量	代码	测度题项	代码
权力特征	D1	拥有清晰、科学合理的商业规则	D11
		会严格执行原先制定的商业规则	D12
		对发生在平台上的各种行为,会及时监管到位	D13
		整体战略决策比较科学	D14
资源特征	D2	拥有庞大的用户资源	D21
		拥有丰富的应用工具资源	D22
		拥有丰富的商业信息资源	D23
		在行业中具有较好的市场地位及品牌效应	D24
开放创新特征	D3	开放程度高,用户等主体进入容易	D31
		工具可用性强,应用成本比较低	D32
		资源创新性强	D33
		共享数据多,且共享及时	D34
可持续发展动力特征	D4	与用户等各主体互动及时且频繁	D41
		具有良好的发展前景,商业价值高	D42
		拥有较多的创新激励机制,且创新成果多,如创新型政策、交易方式等	D43

2. 网络创业型平台领导特征量表预试

对初始量表进行了极端值的独立样本 t 检验、量表题项与总分的相关性检验、信度检验,其统计结果分别见表 5-23、表 5-24 和表 5-25。

表 5-23　网络创业型平台领导特征量表的极端值独立样本检验结果

题项		方差方程的 Levene 检验		均值方程的 t 检验			
		F	Sig.	t	df	Sig.(双侧)	均值差值
D11	假设方差相等	16.091	0.000	9.212	90	0.000	0.799
	假设方差不相等			9.307	88.076	0.000	0.799
D12	假设方差相等	18.730	0.000	9.395	90	0.000	0.773
	假设方差不相等			9.497	87.727	0.000	0.773
D13	假设方差相等	1.649	0.202	6.045	90	0.000	0.617
	假设方差不相等			6.012	86.163	0.000	0.617
D14	假设方差相等	12.971	0.001	9.561	90	0.000	0.847
	假设方差不相等			9.659	88.128	0.000	0.847
D21	假设方差相等	59.894	0.000	8.649	90	0.000	0.748
	假设方差不相等			8.984	54.484	0.000	0.748
D22	假设方差相等	29.523	0.000	10.499	90	0.000	0.831
	假设方差不相等			10.893	56.009	0.000	0.831
D23	假设方差相等	1.020	0.315	8.641	90	0.000	0.780
	假设方差不相等			8.773	84.163	0.000	0.780

续表

题项		方差方程的 Levene 检验		均值方程的 t 检验			
		F	Sig.	t	df	Sig.（双侧）	均值差值
D24	假设方差相等	5.367	0.023	7.454	90	0.000	0.718
	假设方差不相等			7.594	80.533	0.000	0.718
D31	假设方差相等	21.742	0.000	7.391	90	0.000	0.661
	假设方差不相等			7.327	83.260	0.000	0.661
D32	假设方差相等	18.254	0.000	6.833	90	0.000	0.667
	假设方差不相等			6.785	84.747	0.000	0.667
D33	假设方差相等	4.317	0.041	1.095	90	0.277	0.106
	假设方差不相等			1.088	85.218	0.280	0.106
D34	假设方差相等	66.244	0.000	6.694	90	0.000	0.585
	假设方差不相等			6.570	71.580	0.000	0.585
D41	假设方差相等	63.875	0.000	5.927	90	0.000	0.517
	假设方差不相等			5.818	71.721	0.000	0.517
D42	假设方差相等	21.817	0.000	5.018	90	0.000	0.470
	假设方差不相等			4.975	83.367	0.000	0.470
D43	假设方差相等	13.308	0.000	4.240	90	0.000	0.403
	假设方差不相等			4.222	86.893	0.000	0.403

表5-24　网络创业型平台领导特征量表的题项与总分相关性检验结果

题项	指标名称	与总分相关性	题项	指标名称	与总分相关性
D11	Pearson 相关性	0.702**	D12	Pearson 相关性	0.671**
	显著性（双侧）	0.000		显著性（双侧）	0.000
D13	Pearson 相关性	0.508**	D14	Pearson 相关性	0.716**
	显著性（双侧）	0.000		显著性（双侧）	0.000
D21	Pearson 相关性	0.691**	D22	Pearson 相关性	0.781**
	显著性（双侧）	0.000		显著性（双侧）	0.000
D23	Pearson 相关性	0.664**	D24	Pearson 相关性	0.673**
	显著性（双侧）	0.000		显著性（双侧）	0.000
D31	Pearson 相关性	0.540**	D32	Pearson 相关性	0.500**
	显著性（双侧）	0.000		显著性（双侧）	0.000
D33	Pearson 相关性	0.092	D34	Pearson 相关性	0.521**
	显著性（双侧）	0.259		显著性（双侧）	0.000
D41	Pearson 相关性	0.539**	D42	Pearson 相关性	0.562**
	显著性（双侧）	0.000		显著性（双侧）	0.000
D43	Pearson 相关性	0.542**	平台领导总分	Pearson 相关性	1
	显著性（双侧）	0.000		显著性（双侧）	

注：** 是在0.01水平（双侧）上显著相关。

表 5-25　网络创业型平台领导特征量表的信度检验结果

题项	项已删除的刻度均值	项已删除的刻度方差	校正的项总计相关性	项已删除的Cronbach's α 值
D11	84.83	15.918	0.635	0.843
D12	84.88	16.084	0.599	0.845
D13	84.93	16.684	0.408	0.856
D14	84.77	15.821	0.650	0.842
D21	83.88	15.986	0.622	0.844
D22	83.88	15.589	0.729	0.838
D23	84.01	15.894	0.584	0.846
D24	83.95	15.899	0.596	0.845
D31	84.25	16.626	0.449	0.853
D32	84.50	16.781	0.403	0.856
D33	86.42	18.603	0.026	0.877
D34	84.39	16.915	0.439	0.853
D41	84.43	16.962	0.464	0.852
D42	84.42	16.735	0.483	0.851
D43	84.47	16.966	0.468	0.852

注:总量表的内部一致性 α 系数为 0.859。

表 5-23 表明 D33 题项:$t<3.000$,$p>0.05$,可以考虑删除;表 5-24 表明 D33 题项的相关系数小于 0.4,显著性(双尾)数值高于 0.05,不符合检验要求,考虑予以删除;表 5-25 表明该量表的 α 系数为 0.859,说明量表比较理想,其中 D33 题项的相关性系数小于 0.400,α 系数为 0.877,大于 0.859,考虑予以删除。与此同时,又对接受问卷调查的被调查者进行了再次抽样访谈。访谈结果显示大多数被访谈者认为题项"D33"(平台资源创新性强)比较模糊,不好界定,所以无法选择。综上分析,删除了 D33 题项,整个量表指标也从 15 个缩减为 14 个。之后,对这由 14 个题项构成的量表,运用主成分分析法进行了探索性因子分析(见表 5-26)。

表 5-26　网络创业型平台领导特征的因子分析摘要

题项	成分			
	资源特征	权力特征	可持续发展动力特征	开放创新特征
D22	0.873	0.263	0.131	0.164
D23	0.835	0.170	0.053	0.108
D21	0.833	0.177	0.070	0.199
D24	0.795	0.244	0.134	0.031
D12	0.196	0.852	0.125	0.133
D13	0.129	0.832	0.072	0.117
D11	0.261	0.829	0.155	0.087
D14	0.279	0.826	0.195	0.068

续表

题项	成分			
	资源特征	权力特征	可持续发展动力特征	开放创新特征
D43	0.110	0.110	0.867	0.141
D42	0.153	0.119	0.865	0.136
D41	0.044	0.204	0.820	0.134
D32	0.041	0.045	0.167	0.892
D34	0.108	0.076	0.101	0.883
D31	0.282	0.016	0.147	0.777
特征值	3.117	3.054	2.357	2.357
解释变异量(%)	22.264	21.811	16.838	16.837
累计解释变异量(%)	22.264	44.075	60.913	77.750

注:量表的 KMO 值为 0.846,显著性值 $p=0.000<0.05$。

表 5-26 表明,本量表的取样适当性大于 0.800,呈现的性质为"良好"标准;p 值显著,说明量表总体有共同因素存在。从因子分析的结果上看,共有 4 个共同因素,其累计解释变异量为 77.750%,大于 60%,表明 4 个萃取的共同因素建构效度良好。据此,本研究确定了网络创业型平台领导特征的正式量表(见表 5-27)。

表 5-27　网络创业型平台领导特征的正式问卷题项汇总

变量	代码	测度题项	代码
权力特征	D1	平台拥有清晰、科学合理的商业规则	D11
		平台会严格执行原先制定的商业规则	D12
		对发生在平台上的各种行为,平台会及时监管到位	D13
		平台的整体战略决策比较科学	D14
资源特征	D2	平台拥有庞大的用户资源	D21
		平台拥有丰富的应用工具资源	D22
		平台拥有丰富的商业信息资源	D23
		平台在行业中具有较好的市场地位及品牌效应	D24
开放创新特征	D3	平台开放程度高,平台进入容易	D31
		平台工具可用性强,应用成本比较低	D32
		平台共享数据多,且共享及时	D33
可持续发展动力特征	D4	平台与用户互动性强且频繁	D41
		平台具有良好的发展前景,商业价值高	D42
		平台拥有较多的创新激励机制,且创新成果多,如创新型政策、交易方式等	D43

5.2　理论模型提出

基于上文的 CCBP 研究框架,本研究提出了理论模型(见图 5-1)。

图 5-1 表明,基于繁荣的网络经济平台创业的时代背景,本研究分析了网络创

业型平台领导特征影响下的网络平台用户创业能力、行为、绩效间的影响关系。本
研究的影响因素(解释变量)为网络平台用户创业能力,中介因素(中介变量)为网
络平台用户创业行为,影响结果(被解释变量)为创业绩效,调节因素(调节变量)为
网络创业型平台领导特征。基于该理论模型,本研究选择了当前方兴未艾的电子
商务平台为实证研究对象,选取淘宝网、天猫网、京东商城电子商务平台上的用户
为主要调查对象。

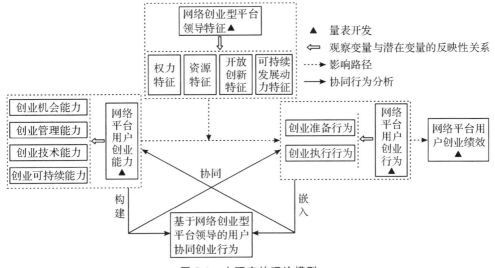

图 5-1　本研究的理论模型

　　通过对理论模型的进一步解构,作为影响因素的用户创业能力可划分为创业
机会能力、创业管理能力、创业技术能力、创业可持续能力 4 个变量,作为中介因素
的用户创业行为可划分为创业准备行为与创业执行行为 2 个中介变量,结果因素
为网络平台用户创业绩效,作为调节变量的网络创业型平台领导特征可划分为权
力特征、资源特征、开放创新特征、可持续发展动力 4 个调节变量。

5.3　假设提出

5.3.1　网络平台用户创业能力与创业绩效关系假设

　　创业能力与创业绩效的关系研究由来已久,早在 1994 年,Chandler 和 Hanks
就通过实证研究,发现企业家的机会感知能力与新创企业绩效之间存在正相关关
系。随后,相关研究层出不穷。周菁华和谢洲(2012)基于重庆市 366 个创业农民
的调查数据,分析了农民创新能力、发展能力以及综合能力对农民创业绩效的影
响。研究结果表明,农民创业能力与绩效间存在部分正相关关系。根据赵文红和
李德铭(2014)在西安高新技术产业开发区的 165 家创业企业的调查数据,分析了

创业能力中的技术相关知识及市场相关知识对创业绩效的影响。研究结果表明创业者的先前技术相关知识对创业绩效具有负向影响,而先前市场相关知识对创业绩效具有正向作用。郭润萍(2015)在其博士论文中,详细分析了创业能力(包含机会感知、机会塑造、机会选择、机会实现)对创业绩效的影响。研究结果证实了部分创业能力与创业绩效间存在正向影响关系。谢雅萍和黄美娇(2016)从社会网络研究视角,分析了创业能力与创业绩效的关系,研究结果也证实了部分正向影响关系的存在。结合上述研究,本研究提出如下假设:

假设 1(H1):网络平台用户创业能力对创业绩效有正向影响作用。

假设 1a(H1a):网络平台用户创业机会能力对创业绩效产生正向影响作用,即机会能力越强,越有利于提升创业绩效。

假设 1b(H1b):网络平台用户创业管理能力对创业绩效产生正向影响作用,即管理能力越强,越有利于提升创业绩效。

假设 1c(H1c):网络平台用户创业技术能力对创业绩效产生正向影响作用,即技术能力越强,越有利于提升创业绩效。

假设 1d(H1d):网络平台用户创业可持续能力对创业绩效产生正向影响作用,即可持续能力越强,越有利于提升创业绩效。

5.3.2 网络平台用户创业能力、创业行为及创业绩效关系假设

杨俊(2005)在文献综述的基础上,提出了基于创业行为的企业家能力研究框架(见图 5-2)。杨俊将创业行为划分为狭义创业行为和广义创业行为。狭义创业行为包括感知机会、整合资源及创建新企业;广义的创业行为则在狭义创业行为基础上,增加了新企业成长。通过理论研究,杨俊建立了"创业能力—创业行为—创业绩效"的分析框架。白戈(2010)分析了营销能力(技术能力、商业化能力)—创新技术行为—创新市场绩效间的影响关系。正是基于类似相关研究,本研究提出了这 3 个变量间的关系假设。

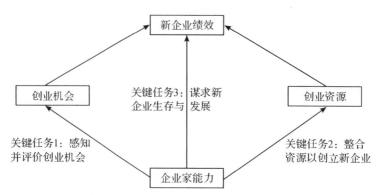

图 5-2　基于创业行为的企业家能力研究框架(杨俊,2005)

1. 网络平台用户创业能力、用户创业行为关系假设

自从 1973 年 Timmons 提出并发表了一篇关于创业行为(EB:Entrepreneurial Behavior)的报告开始,学者们开始研究创业行为及与之相关的前后置因素。葛宝山等(2013)在梳理 Timmons 主要创业文献研究脉络的基础上,提出了基于能力判别基础上的机会、资源一体化创业行为开发体系。在这个体系中,研究者充分认可了能力与行为间的影响关系,并认识到机会与资源行为间的紧密关系。之后,叶峥和郑健壮(2014)通过对 132 份浙江产业集群企业问卷的统计分析,证实了集群企业的创业资源整合能力、机会获取能力以及认知能力与创业行为间均有正向影响关系。类似研究还有很多,有些研究通过调查证实了能力与行为间的显著正向影响关系,但有些学者则予以部分否定。基于这些文献研究,本书提出如下假设:

假设 2(H2):网络平台用户创业能力对用户创业行为有正向影响作用。

假设 2a1(H2a1):网络平台用户创业机会能力对用户创业准备行为有正向影响作用,即机会能力越强,越有助于用户实施创业准备行为。

假设 2a2(H2a2):网络平台用户创业机会能力对用户创业执行行为有正向影响作用,即机会能力越强,越有助于用户执行创业行为。

假设 2b1(H2b1):网络平台用户创业管理能力对用户创业准备行为有正向影响作用,即管理能力越强,越有助于用户实施创业准备行为。

假设 2b2(H2b2):网络平台用户创业管理能力对用户创业执行行为有正向影响作用,即管理能力越强,越有助于用户执行创业行为。

假设 2c1(H2c1):网络平台用户创业技术能力对用户创业准备行为有正向影响作用,即技术能力越强,越有助于用户实施创业准备行为。

假设 2c2(H2c2):网络平台用户创业技术能力对用户创业执行行为有正向影响作用,即技术能力越强,越有助于用户执行创业行为。

假设 2d1(H2d1):网络平台用户创业可持续能力对用户创业准备行为有正向影响作用,即可持续能力越强,越有助于用户实施创业准备行为。

假设 2d2(H2d2):网络平台用户创业可持续能力对用户创业执行行为有正向影响作用,即可持续能力越强,越有助于用户执行创业行为。

2. 用户创业行为与创业绩效之间关系假设

已有的相关研究开始关注创业行为与创业绩效的关系研究,周劲波(2009)关注创业团队行为对创业绩效的影响,运用多层次团队理论,分析了创业团队成员交换行为(TMX)、领导成员交换行为(LMX)、变革领导行为(TLB)和魅力领导行为(CLB)四种互动行为对创业绩效的影响。研究结果表明,除了领导成员交换行为与创业绩效关系不显著之外,其余的创业团队互动行为对创业绩效都有正向积极作用。张秀娥和孙中博(2013)则突破传统的管理者"因果逻辑",依据未来不可预测的"效果逻辑",提出了效果逻辑导向下的创业行为,并分析该创业行为对创业绩效的影响。闫华飞(2015)关注产业集群内的创业行为及绩效的关系研究。其基本

的理论框架是创业行为除了直接对创业绩效产生影响之外,还会通过创业知识溢出的中介作用影响创业绩效。通过对 310 份有效问卷的科学分析,研究者发现创业行为会通过创业知识溢出变量的作用对创业绩效产生影响。综合上述研究,创业行为作为创业过程中的重要环节,会直接或间接影响创业绩效,两者的关系影响存在进一步研究的价值。结合本研究的相关变量,笔者提出用户创业行为与创业绩效关系假设:

假设 3(H3):用户创业行为对创业绩效有正向影响作用。

假设 3a(H3a):用户创业准备行为对创业绩效有正向影响作用。

假设 3b(H3b):用户创业执行行为对创业绩效有正向影响作用。

除此之外,本研究还提出**假设 4(H4):**网络平台用户创业准备行为对用户创业执行行为有正向影响作用。

3. 用户创业行为中介作用的相应假设

当前,创业相关研究会将用户创业行为作为自变量(解释变量),也会把创业行为作为结果变量。近几年来,也有越来越多的学者将创业行为作为一种中介变量来分析它对于前置和后置变量的影响。张根明(2009)在他的博士论文中详细地分析了技术创新行为在企业家敏锐度、私人关系网络、不确定容忍度及风险偏好与创新绩效间的中介作用。刘牧(2014)关注团队互动行为外在领导风格环境与团队效能(绩效)的关系研究,团队行为作为中介变量。研究发现团队行为不仅与创业者领导风格、团队效能之间存在影响关系,而且发挥着显著且有价值的中介作用。龙海军(2016)则将创业行为嵌入创业导向与创业绩效的关系研究中,通过对 345 家企业调查,证实了创业行为在创业导向及创业绩效之间会产生部分中介效应。张萌萌(2016)分析了企业集聚这一特殊创业行为在公司创业三大维度特征与绩效之间的中介效应。研究结果表明知识驱动、机会驱动、资源驱动等集聚行为都会对公司创业特征与创业绩效产生影响,并有显著的中介作用。除此之外,也有其他领域研究表明主体行为在自变量和因变量之间能产生中介作用。基于上述研究,本研究提出如下假设:

假设 5(H5):用户创业准备行为在网络平台用户创业能力间接影响创业执行行为中起中介作用。

假设 5a1(H5a1):用户创业准备行为在网络平台用户创业机会能力间接影响创业执行行为中起中介作用。

假设 5a2(H5a2):用户创业准备行为在网络平台用户创业管理能力间接影响创业执行行为中起中介作用。

假设 5a3(H5a3):用户创业准备行为在网络平台用户创业技术能力间接影响创业执行行为中起中介作用。

假设 5a4(H5a4):用户创业准备行为在网络平台用户创业可持续能力间接影响创业执行行为中起中介作用。

假设 6(H6):用户创业行为在网络平台用户创业能力间接影响创业绩效中起中介作用。

假设 6a1(H6a1):用户创业准备行为在网络平台用户创业机会能力间接影响创业绩效中起中介作用。

假设 6a2(H6a2):用户创业准备行为在网络平台用户创业管理能力间接影响创业绩效中起中介作用。

假设 6a3(H6a3):用户创业准备行为在网络平台用户创业技术能力间接影响创业绩效中起中介作用。

假设 6a4(H6a4):用户创业准备行为在网络平台用户创业可持续能力间接影响创业绩效中起中介作用。

假设 6b1(H6b1):用户创业执行行为在网络平台用户创业机会能力间接影响创业绩效中起中介作用。

假设 6b2(H6b2):用户创业执行行为在网络平台用户创业管理能力间接影响创业绩效中起中介作用。

假设 6b3(H6b3):用户创业执行行为在网络平台用户创业技术能力间接影响创业绩效中起中介作用。

假设 6b4(H6b4):用户创业执行行为在网络平台用户创业可持续能力间接影响创业绩效中起中介作用。

5.3.3　网络创业型平台领导特征调节作用关系假设

Lewen(1956)基于实验研究提出了人类行为模型法则,即 B=f(P,E)。P 代表行动者个体,E 代表行动者所处的环境。这说明人类的行为将受到个体及外部环境因素的影响。作为人类行为中的创业行为是创业者从创业机会识别到企业创建、促进企业成长过程中所体现出的行为,其实质是创业者主观能动性的外在行动体现,是将其创业行为通过结构嵌入、文化嵌入、制度嵌入、商业嵌入等方式与所处环境进行资源互换,因而它必将受到外在环境及资源的影响。Honig 和 Karlsson(2005)提出了创业者所处的制度环境将影响创业行为,Eckhardt 等(2006)则提出了资金等资源也将影响创业行为。蔡敦浩等(2007)提出创业者所处的组织规制、创业环境等跨层次因素对创业行为有驱动作用,朱根红等(2014)通过详尽的理论及实证分析,证明了创业政策的支持力度与农民工返乡创业行为呈正相关。邢文杰和刘彤(2015)通过对中国 30 个城市的实证调查,证实了创业者所处的营商环境对于创业行为有显著影响。吴建祖和李英博(2015)通过对 280 名在职中层干部的实证调查,发现创业环境对于中层管理者的内创业行为有着积极作用。上述这些研究表明创业环境对创业行为有影响。

不仅如此,创业环境往往还作为一种调节因素在发挥作用。焦豪和周江华(2007)分析了环境动态性在创业导向与组织绩效间的关系。研究结果证实了环境

动荡性调节效应的存在。赵文红和李德铭(2014)、邢蕊和王国红(2015)、吴建祖和
龚雪芹(2015)也通过研究分析了环境动态性对创业各变量间影响关系的调节作
用。戚湧和饶卓(2017)也将创业环境中的制度环境作为调节变量,分析其对个人
特质与创业间关系的调节效应。对于基于平台领导的用户创业而言,网络创业型
平台领导的特征就是与之极为相关的环境要素。例如平台领导的资源储备、权力
大小等都可能会影响用户创业行为。上述的相关研究表明,作为环境要素而存在
的变量对于用户创业行为会产生影响,而且往往在创业各变量间发挥着调节效应。
基于这样的分析,本研究提出了网络创业型平台领导特征对于用户创业能力与行
为间影响关系的调节作用假设:

假设7(H7):网络创业型平台领导的权力特征在用户创业能力与用户创业行
为之间关系中起到调节作用。

假设7a1(H7a1):平台领导的权力特征在用户创业机会能力与用户创业准备
行为之间关系中起到调节作用。

假设7a2(H7a2):平台领导的权力特征在用户创业机会能力与用户创业执行
行为之间关系中起到调节作用。

假设7a3(H7a3):平台领导的权力特征在用户创业管理能力与用户创业准备
行为之间关系中起到调节作用。

假设7a4(H7a4):平台领导的权力特征在用户创业管理能力与用户创业执行
行为之间关系中起到调节作用。

假设7a5(H7a5):平台领导的权力特征在用户创业技术能力与用户创业准备
行为之间关系中起到调节作用。

假设7a6(H7a6):平台领导的权力特征在用户创业技术能力与用户创业执行
行为之间关系中起到调节作用。

假设7a7(H7a7):平台领导的权力特征在用户创业可持续能力与用户创业准
备行为之间关系中起到调节作用。

假设7a8(H7a8):平台领导的权力特征在用户创业可持续能力与用户创业执
行行为之间关系中起到调节作用。

假设8(H8):网络创业型平台领导的资源特征在用户创业能力与用户创业行
为之间关系中起到调节作用。

假设8a1(H8a1):平台领导的资源特征在用户创业机会能力与用户创业准备
行为之间关系中起到调节作用。

假设8a2(H8a2):平台领导的资源特征在用户创业机会能力与用户创业执行
行为之间关系中起到调节作用。

假设8a3(H8a3):平台领导的资源特征在用户创业管理能力与用户创业准备
行为之间关系中起到调节作用。

假设8a4(H8a4):平台领导的资源特征在用户创业管理能力与用户创业执行

行为之间关系中起到调节作用。

假设 8a5（H8a5）：平台领导的资源特征在用户创业技术能力与用户创业准备行为之间关系中起到调节作用。

假设 8a6（H8a6）：平台领导的资源特征在用户创业技术能力与用户创业执行行为之间关系中起到调节作用。

假设 8a7（H8a7）：平台领导的资源特征在用户创业可持续能力与用户创业准备行为之间关系中起到调节作用。

假设 8a8（H8a8）：平台领导的资源特征在用户创业可持续能力与用户创业执行行为之间关系中起到调节作用。

假设 9（H9）：网络创业型平台领导的开放创新特征在用户创业能力与用户创业行为之间关系中起到调节作用。

假设 9a1（H9a1）：平台领导的开放创新特征在用户创业机会能力与用户创业准备行为之间关系中起到调节作用。

假设 9a2（H9a2）：平台领导的开放创新特征在用户创业机会能力与用户创业执行行为之间关系中起到调节作用。

假设 9a3（H9a3）：平台领导的开放创新特征在用户创业管理能力与用户创业准备行为之间关系中起到调节作用。

假设 9a4（H9a4）：平台领导的开放创新特征在用户创业管理能力与用户创业执行行为之间关系中起到调节作用。

假设 9a5（H9a5）：平台领导的开放创新特征在用户创业技术能力与用户创业准备行为之间关系中起到调节作用。

假设 9a6（H9a6）：平台领导的开放创新特征在用户创业技术能力与用户创业执行行为之间关系中起到调节作用。

假设 9a7（H9a7）：平台领导的开放创新特征在用户创业可持续能力与用户创业准备行为之间关系中起到调节作用。

假设 9a8（H9a8）：平台领导的开放创新特征在用户创业可持续能力与用户创业执行行为之间关系中起到调节作用。

假设 10（H10）：网络创业型平台领导的可持续发展动力特征在用户创业能力与用户创业行为之间关系中起到调节作用。

假设 10a1（H10a1）：平台领导的可持续发展动力特征在用户创业机会能力与用户创业准备行为之间关系中起到调节作用。

假设 10a2（H10a2）：平台领导的可持续发展动力特征在用户创业机会能力与用户创业执行行为之间关系中起到调节作用。

假设 10a3（H10a3）：平台领导的可持续发展动力特征在用户创业管理能力与用户创业准备行为之间关系中起到调节作用。

假设 10a4（H10a4）：平台领导的可持续发展动力特征在用户创业管理能力与

用户创业执行行为之间关系中起到调节作用。

假设 10a5(H10a5):平台领导的可持续发展动力特征在用户创业技术能力与用户创业准备行为之间关系中起到调节作用。

假设 10a6(H10a6):平台领导的可持续发展动力特征在用户创业技术能力与用户创业执行行为之间关系中起到调节作用。

假设 10a7(H10a7):平台领导的可持续发展动力特征在用户创业可持续能力与用户创业准备行为之间关系中起到调节作用。

假设 10a8(H10a8):平台领导的可持续发展动力特征在用户创业可持续能力与用户创业执行行为之间关系中起到调节作用。

5.3.4 假设总结

根据上文的理论模型及关系假设,本研究明确了研究变量及其关系。本研究模型共包括 11 个潜变量,分别为用户创业机会能力、创业技术能力、创业管理能力、创业可持续能力四个外因变量,用户创业准备行为及创业执行行为两个中介变量,创业绩效内因变量,网络创业型平台领导的权力特征、资源特征、开放创新特征、可持续发展动力特征四个调节变量。根据上文所提出的研究假设,所有变量关系及假设汇总如图 5-3 和表 5-28 所示。

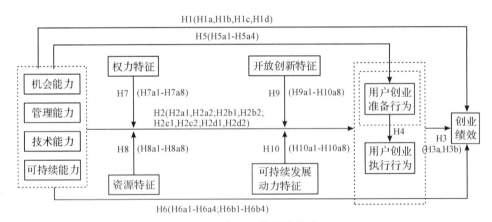

图 5-3 本研究的变量关系

表 5-28 变量关系假设汇总

假设编号		假设描述
H1		网络平台用户创业能力对创业绩效有正向影响作用
	H1a	网络平台用户创业机会能力对创业绩效产生正向影响作用
	H1b	网络平台用户创业管理能力对创业绩效产生正向影响作用
	H1c	网络平台用户创业技术能力对创业绩效产生正向影响作用
	H1d	网络平台用户创业可持续能力对创业绩效产生正向影响作用

假设编号		假设描述
H2		网络平台用户创业能力对用户创业行为有正向影响作用
	H2a1	网络平台用户创业机会能力对用户创业准备行为有正向影响作用
	H2a2	网络平台用户创业机会能力对用户创业执行行为有正向影响作用
	H2b1	网络平台用户创业管理能力对用户创业准备行为有正向影响作用
	H2b2	网络平台用户创业管理能力对用户创业执行行为有正向影响作用
	H2c1	网络平台用户创业技术能力对用户创业准备行为有正向影响作用
	H2c2	网络平台用户创业技术能力对用户创业执行行为有正向影响作用
	H2d1	网络平台用户创业可持续能力对用户创业准备行为有正向影响作用
	H2d2	网络平台用户创业可持续能力对用户创业执行行为有正向影响作用
H3		用户创业行为对创业绩效有影响作用
	H3a	用户创业准备行为对创业绩效有正向影响作用
	H3b	用户创业执行行为对创业绩效有正向影响作用
H4		用户创业准备行为对用户创业执行行为有正向影响作用
H5		用户创业准备行为在网络平台用户创业能力间接影响创业执行行为中起中介作用
	H5a1	用户创业准备行为在网络平台用户创业机会能力间接影响创业执行行为中起中介作用
	H5a2	用户创业准备行为在网络平台用户创业管理能力间接影响创业执行行为中起中介作用
	H5a3	用户创业准备行为在网络平台用户创业技术能力间接影响创业执行行为中起中介作用
	H5a4	用户创业准备行为在网络平台用户创业可持续能力间接影响创业执行行为中起中介作用
H6		用户创业行为在网络平台用户创业能力间接影响创业绩效中起中介作用
	H6a1	用户创业准备行为在网络平台用户创业机会能力间接影响创业绩效中起中介作用
	H6a2	用户创业准备行为在网络平台用户创业管理能力间接影响创业绩效中起中介作用
	H6a3	用户创业准备行为在网络平台用户创业技术能力间接影响创业绩效中起中介作用
	H6a4	用户创业准备行为在网络平台用户创业可持续能力间接影响创业绩效中起中介作用
	H6b1	用户创业执行行为在网络平台用户创业机会能力间接影响创业绩效中起中介作用
	H6b2	用户创业执行行为在网络平台用户创业管理能力间接影响创业绩效中起中介作用
	H6b3	用户创业执行行为在网络平台用户创业技术能力间接影响创业绩效中起中介作用
	H6b4	用户创业执行行为在网络平台用户创业可持续能力间接影响创业绩效中起中介作用

续表

假设编号		假设描述
H7		网络创业型平台领导的权力特征在用户创业能力与用户创业行为之间关系中起调节作用
	H7a1	平台领导的权力特征在用户创业机会能力与用户创业准备行为之间关系中起到调节作用
	H7a2	平台领导的权力特征在用户创业机会能力与用户创业执行行为之间关系中起到调节作用
	H7a3	平台领导的权力特征在用户创业管理能力与用户创业准备行为之间关系中起到调节作用
	H7a4	平台领导的权力特征在用户创业管理能力与用户创业执行行为之间关系中起到调节作用
	H7a5	平台领导的权力特征在用户创业技术能力与用户创业准备行为之间关系中起到调节作用
	H7a6	平台领导的权力特征在用户创业技术能力与用户创业执行行为之间关系中起到调节作用
	H7a7	平台领导的权力特征在用户创业可持续能力与用户创业准备行为之间关系中起到调节作用
	H7a8	平台领导的权力特征在用户创业可持续能力与用户创业执行行为之间关系中起到调节作用
H8		网络创业型平台领导的资源特征在用户创业能力与用户创业行为之间关系中起调节作用
	H8a1	平台领导的资源特征在用户创业机会能力与用户创业准备行为之间关系中起到调节作用
	H8a2	平台领导的资源特征在用户创业机会能力与用户创业执行行为之间关系中起到调节作用
	H8a3	平台领导的资源特征在用户创业管理能力与用户创业准备行为之间关系中起到调节作用
	H8a4	平台领导的资源特征在用户创业管理能力与用户创业执行行为之间关系中起到调节作用
	H8a5	平台领导的资源特征在用户创业技术能力与用户创业准备行为之间关系中起到调节作用
	H8a6	平台领导的资源特征在用户创业技术能力与用户创业执行行为之间关系中起到调节作用
	H8a7	平台领导的资源特征在用户创业可持续能力与用户创业准备行为之间关系中起到调节作用
	H8a8	平台领导的资源特征在用户创业可持续能力与用户创业执行行为之间关系中起到调节作用

假设编号		假设描述
H9		网络创业型平台领导的开放创新特征在用户创业能力与用户创业行为之间关系中起调节作用
	H9a1	平台领导的开放创新特征在用户创业机会能力与用户创业准备行为之间关系中起到调节作用
	H9a2	平台领导的开放创新特征在用户创业机会能力与用户创业执行行为之间关系中起到调节作用
	H9a3	平台领导的开放创新特征在用户创业管理能力与用户创业准备行为之间关系中起到调节作用
	H9a4	平台领导的开放创新特征在用户创业管理能力与用户创业执行行为之间关系中起到调节作用
	H9a5	平台领导的开放创新特征在用户创业技术能力与用户创业准备行为之间关系中起到调节作用
	H9a6	平台领导的开放创新特征在用户创业技术能力与用户创业执行行为之间关系中起到调节作用
	H9a7	平台领导的开放创新特征在用户创业可持续能力与用户创业准备行为之间关系中起到调节作用
	H9a8	平台领导的开放创新特征在用户创业可持续能力与用户创业执行行为之间关系中起到调节作用
H10		网络创业型平台领导的可持续发展动力特征在用户创业能力与用户创业行为之间关系中起调节作用
	H10a1	平台领导的可持续发展动力特征在用户创业机会能力与用户创业准备行为之间关系中起到调节作用
	H10a2	平台领导的可持续发展动力特征在用户创业机会能力与用户创业执行行为之间关系中起到调节作用
	H10a3	平台领导的可持续发展动力特征在用户创业管理能力与用户创业准备行为之间关系中起到调节作用
	H10a4	平台领导的可持续发展动力特征在用户创业管理能力与用户创业执行行为之间关系中起到调节作用
	H10a5	平台领导的可持续发展动力特征在用户创业技术能力与用户创业准备行为之间关系中起到调节作用
	H10a6	平台领导的可持续发展动力特征在用户创业技术能力与用户创业执行行为之间关系中起到调节作用
	H10a7	平台领导的可持续发展动力特征在用户创业可持续能力与用户创业准备行为之间关系中起到调节作用
	H10a8	平台领导的可持续发展动力特征在用户创业可持续能力与用户创业执行行为之间关系中起到调节作用

5.4 本章小结

量表开发及预试是问卷调查中非常重要的环节,它的正确性、科学性直接决定了正式调查的有效性。为了提高正式问卷调查的效果,笔者进行了科学、规范、严谨的量表开发及预试。从样本的构成角度分析,共调查了义乌从事电子商务创业(主要是淘宝和天猫店主)152 名。义乌作为中国电子商务的百强县市,电子商务创业氛围非常浓厚,电子商务创业者众多。他们的创业历程、模式彰显了当前电子商务创业特质,选择他们作为调查对象,具有典型性和代表性。从样本的数量上分析,有效调查问卷为 152 份,而每一个变量的题项最多不超过 15 项,达到了题项与调查问卷数量比例为 1∶5 的要求。从调查问卷的过程角度分析,为了提高调查效果,笔者进行了动员,并现场指导调查者完成填写,能比较真实地反映创业者的真实想法。从统计分析角度看,严格执行预试问卷题项的统计分析流程,并运用了多种检验方法同时进行检测:通过高低分组的方法建立极端值独立样本 T 检验,从而分拣出差异不显著题项;通过分析参与量表题项与总分的相关系数及显著程度,来分拣出与总体相关性不高的题项;通过信度分析,计算修正的项目总相关及项目删除时的 α 系数值,从而判别修正总相关系数低于 0.400 且项目删除时 α 值高于总量表 α 值的题项。基于上述分析结果,删除了信度和效度较低的题项,并进行了因子分析,最终形成了正式测度量表。

经过上述研究分析,笔者共设置了 12 个网络平台用户创业能力指标,纳入创业机会能力、创业管理能力、创业技术能力、创业可持续能力 4 个构面;共设置了 11 个网络用户创业行为指标,属于用户创业准备行为、用户创业执行行为 2 个构面;设置了 6 个网络用户创业绩效指标;共设置了 14 个网络创业型平台领导特征指标,属于权力特征、资源特征、开放创新特征、可持续发展动力特征 4 个构面。综上所述,本研究正式量表共有 4 个变量,包括 11 个子变量、43 个具体测度指标。

基于量表开发与预试,笔者在相关文献回顾的基础上提出了理论模型。网络平台用户创业能力作为影响因素,将通过用户创业行为对创业绩效产生影响。在这个过程中,网络创业型平台领导特征将起到调节作用。基于该理论模型,笔者提出了 59 个假设:根据网络平台用户创业能力与用户创业绩效关系,提出了 4 个假设;根据网络平台用户创业能力与用户创业行为关系,提出了 8 个假设;根据创业行为与创业绩效关系,提出了 2 个假设;就创业准备行为对创业执行行为的影响关系,提出了 1 个假设;根据创业准备行为在创业能力与创业执行行为关系中的中介作用,提出了 4 个假设;根据用户创业行为对网络平台用户创业能力与创业绩效中的中介作用,提出了 8 个假设;根据网络创业型平台领导特征在用户创业机会能力与用户创业行为关系中的调节作用,提出了 8 个假设;根据网络创业型平台领导特征在用户创业管理能力与用户创业行为关系中的调节作用,提出了 8 个假设;根据网络创业型平台领导特征在用户创业技术能力与用户创业行为关系中的调节作用,提出了 8 个假设;根据网络创业型平台领导特征在用户创业可持续能力与用户创业行为关系中的调节作用,提出了 8 个假设。

第6章 网络平台用户创业能力、创业行为及绩效关系实证研究

6.1 数据收集及样本描述

6.1.1 数据收集

数据收集方法主要有实验法、准实验设计、问卷调查、二手数据及质性研究(陈晓萍等,2012)。实验法、准实验设计因为自变量需要研究者控制,会影响实验组成人员的心理及行为,且整个实验设计要求比较高,研究对象数量受限,不适宜本研究的大数据调查需要。二手数据往往是不能以直接方式获取数据时所采用的方法,其来源间接性也不适合本研究要求。而质性研究则需要研究者与研究对象的深入接触,其研究样本量比较小。据此,笔者选择问卷调查作为正式实证研究的主要研究方法。问卷调查法因为样本量可大可小,收集信息快速、直接、成本低,且易得到被调查对象的支持,所以是实证研究的主要研究方法。本研究将采取问卷发放、回收作为数据收集的主要方法。

本次调研对象以淘宝网、天猫、速卖通平台卖家为主,主要包括义乌工商职业技术学院创业学生、义乌青岩刘淘宝第一村网店创业者、义乌国际商贸城网店创业者(市场经营户)、义乌幸福里电子园区入驻的网店创业者、杭州四季青服装城的网店创业者、广州美博园园区网店创业者、广州狮岭镇花都皮革市场网店创业者、广东佛山顺德家具城网店创业者、广州虎门服装城网店创业者、山东临沂商城网店创业者、山东菏泽曹县网店创业者(以经营演出服为主)、山东博兴县网店创业者(以草柳编产品为主)、河北清河网店创业者(以经营羊绒制品为主)、江苏睢宁沙集镇网店创业者(以经营简易木制家具为主)、江苏沭阳网店创业者(以经营花卉产品为主)。

最初,设计的问卷发放和回收方法包括实地一对一伴随式调查、实地随机调查、实地集体调查、电子邮件、QQ、微信、电话、阿里旺旺、TradeManager(速卖通的即时聊天工具)调查等多种具体方式。而在后续的实际调查中,为了提高调查结果可信度,最终摒弃了微信调查、电话调查,选择以实地一对一伴随式调查、实地随机发放问卷调查为主,电子邮件、阿里旺旺、TradeManager及QQ调查为辅的方法。

一对一伴随式调查由于可以直接观察被试者的现场反应,也可以在第一时间进行现场互动,问卷填写的效果比较好。但是在实际调查中,尽管有提前预约和熟人介绍,仍然有高达 30%的拒绝率或不配合率。实地随机调查主要适用于义乌国际商贸城、网店村等市场集聚型的网店创业者,虽然其问卷的准确性和有效性会降低,但问卷填写速度较快,调查样本量较大。实地集中调查主要应用于义乌工商职业技术学院创业学院、幸福里电子商务园区等集聚区的网店创业者。当然,这需要事先跟该区域的管理方进行有效沟通。这种方法可以较快地提高问卷发放速度,也可以进行及时的现场沟通,问卷填写效果相对较好。QQ、电子邮件、阿里旺旺及 TradeManager 调查法主要应用于不适宜采用现场调查的对象。

本次问卷调查除了浙江区域外,还涉及广东 4 个区域,山东 3 个区域、河北 1 个区域,江苏 2 个区域。其中广东的 4 个区域是笔者曾在 2011 年为完成义乌市政府委托的"市场转型升级研究"横向课题而多次走访的区域,已经与之建立了一定常态化联系。而山东、河北以及江苏的 6 个区域,笔者运用"半汤商学院"等有品牌知名度的电子商务培训服务机构资源,选择了部分实地走访,其余的选择电子邮件、QQ 方式、阿里旺旺及 TradeManager 调查法进行调查。整个调查历时 5 个月左右,而为了提高调查有序性,笔者进行了阶段性、有重点的安排,具体见表 6-1。

表 6-1　正式调查的阶段性安排

时间	调查重点及方法
2016 年 3 月—4 月上旬	主要调查义乌工商职业技术学院创业学生、义乌青岩刘淘宝第一村网店创业者,数据收集方法以伴随式问卷调查为主,实地集中调查为辅。
2016 年 4 月中旬—5 月上旬	主要调查义乌国际商贸城网店创业者(市场经营户)、义乌幸福里电子园区入驻的网店创业者、杭州四季青服装城的网店创业者,且以实地随机式调查为主要数据收集方法。
2016 年 5 月中旬—6 月中旬	主要调查广州美博园园区网店创业者、广州狮岭镇花都皮革市场网店创业者、广东佛山顺德家具城网店创业者、广州虎门服装城网店创业者,且以实地随机式调查、QQ、电子邮件、阿里旺旺及 TradeManager 调查法为主要数据收集方法。
2016 年 6 月下旬—7 月下旬	山东临沂商城网店创业者、山东菏泽曹县网店创业者(以经营演出服为主)、山东博兴县网店创业者(以草柳编产品为主)、河北清河网店创业者(以经营羊绒制品为主),以 QQ、电子邮件、阿里旺旺及 TradeManager 调查法为主要数据收集方法。
2016 年 8 月上旬—中旬	江苏睢宁沙集镇网店创业者(以经营简易木制家具为主)、江苏沭阳网店创业者(以经营花卉产品为主),数据收集方法以 QQ、电子邮件、阿里旺旺及 TradeManager 为主,实地随机式调研为辅。
2016 年 8 月下旬	对问卷查漏补缺,并通过阿里旺旺、TradeManager 进行补充性调查。

注:2016 年 11 月,笔者在数据统计分析过程中,针对部分信效度低的数据又进行了一次小范围样本的补充调查,涉及样本数为 40 个。

6.1.2　样本描述

从 2016 年 3 月开始正式调查,历时 5 个月左右。期间通过伴随式问卷调查、随机调查、QQ、电子邮件、阿里旺旺及 TradeManager 等方式共发放问卷 650 份,实际回收 515 份(通过发电子邮件收集数据的不回答率比较高),回收率为 79.23%。在回收的 515 份问卷中,通过缺失值及问卷填写规范性分析,共删除了 95 份问卷,最终留下了 420 份有效问卷,有效回收率仅为 64.6%。问卷样本的具体构成如表 6-2 所示。

表 6-2　问卷样本构成的统计性分析

要项	样本量	占比	要项	样本量	占比
1. 性别			2. 年龄		
男	315	75%	25 岁以下	101	24.05%
女	105	25%	25~34 岁	222	52.85%
3. 网络平台创业年限			35~44 岁	95	22.62%
1 年及以下	98	23.33%	45 岁以上	2	0.48%
2~3 年	150	35.72%	4. 创业类型		
4~5 年	145	34.52%	淘宝网卖家	198	47.14%
6 年及以上	27	6.43%	天猫卖家	131	31.19%
5. 开店时长			速卖通卖家	80	19.05%
1 年及以下	99	23.57%	其他平台卖家	9	2.14%
2~3 年	150	35.71%	平台技术开发商	2	0.48%
4~5 年	144	34.29%	6. 所属行业		
6 年及以上	27	6.43%	女装男装	55	13.10%
7. 团队人数			箱包鞋类	45	10.71%
1 人	85	20.24%	母婴用品	22	5.24%
2~5 人	235	55.94%	护肤彩妆	23	5.48%
6~10 人	89	21.20%	汇吃美食	21	5%
10 人以上	11	2.62%	珠宝配饰	20	4.76%
8. 店铺信用评价(淘宝网卖家,总数 198)			家装建材	19	4.52%
1 钻或以下	30	15.15%	家居家纺	22	5.24%
2 钻到 5 钻	111	56.06%	百货市场	45	10.71%
1 皇冠到 5 皇冠	57	28.79%	汽车用品	31	7.38%
金冠或以上	0	0	手机数码	21	5%
9."描述相符"动态评分(天猫卖家,总数 131)			家电办公	18	4.29%
4.5 分以下	2	1.53%	运动户外	24	5.71%
4.5~4.6 分	18	13.74%	花鸟文娱	14	3.33%
4.7~4.8 分	101	77.10%	农资采购	11	2.62%
4.9 分及以上	10	7.63%	生活服务	7	1.67%
10."服务态度"动态评分(天猫卖家,总数 131)			技术开发	2	0.48%
4.5 分以下	1	0.76%	其他产品或服务	20	4.76%
4.5~4.6 分	17	12.98%			
4.7~4.8 分	105	80.15%	12. 店铺信用评价(速卖通卖家,总数 80)		
4.9 分及以上	8	6.11%			
11."物流服务"动态评分(天猫卖家,总数 131)			1 钻或以下	19	23.75%
4.5 分以下	4	3.05%	2 钻到 5 钻	51	63.75%
4.5~4.6 分	20	15.27%	1 皇冠到 3 皇冠	10	12.5%
4.7~4.8 分	95	72.52%	3 皇冠以上	0	0
4.9 分及以上	12	9.16%			

6.2　网络平台用户创业能力、创业行为及绩效间作用关系研究

6.2.1　研究方法

　　科学而有效的研究方法能保障研究的可靠性与准确性。结合本研究特点,笔者将主要采用描述性统计方法(Descriptive Statistics)、因子分析法(Factor Analysis)、结构方程建模法(Structural Equation Modeling)、检验中介效应的 Bootstrapping 法。

　　描述性统计分析是数据分析中的基础性方法,往往是统计分析的第一步。该方法主要通过采集与分析最小值、最大值,中位数、众数、全距、均值、标准差、方差、四分位数、十分位数、百分位数,频数分布、峰度、偏度等数值来整体分析测量样本的各种特征及其所代表的总体特征。这种方法的价值在于能使研究者对样本形成初步、全面的了解,为后续进一步数据采集及分析奠定基础。

　　因子分析法,又称因素分析法,其目的在于求得或验证量表的建构效度(Construct Validity)。因子分析法又可分为探索性因子分析(Exploratory Factor Analysis,EFA)和验证性因子分析(Confirmatory Factor Analysis,CFA)。探索性因子分析的目的在于构建量表因素结构。这里所指的因素结构是研究者通过对一组独立的测量指标进行分析,以设计具有计量合理性和理论适切性的结构,这种结构体现了所要测量的概念内容或特质,其分析结果是形成理论架构。而验证性因子分析则是基于特定的概念架构,通过分析来评估理论观点及架构的合理性、科学性,其目的是检验建构效度的适切性和真实性。比较严谨的科学研究往往会将调查总样本随机划分为数量相等(郭晓琳,2015)或不等(周军杰,左美云,2012)的两组,一组样本数据用于探索性因子分析,另一组样本数据用于验证性因子分析,分别进行科学数据计算,之后进行相互验证与比较,从而更好地检验概念的建构效度。

　　结构方程模型法(Structural Equation Modeling,SEM)整合了因子分析和路径分析两种方法,是一种理论先验性的统计方法(邱皓郑,2005),包括测量模型和结构模型两个基本模型。该方法具有以下特点:可同时考虑和分析多个因变量及其关系,允许自变量和因变量含有测量误差,允许潜变量由多个外显变量构成,并可同时估计指标变量的信度及效度,可采用弹性的测量模式并进行修正,评估整个模型的拟合程度。正因如此,结构方程模型法广泛应用于社会、经济等各领域的科学研究中。

　　中介效应是社会科学领域分析各事物间某种影响关系时非常关注的现象(许水平,尹继东,2014)。当某个自变量 X 通过变量 M 对因变量 Y 产生影响时,M 作为中介变量发挥着中介效应。中介效应的分析方法有因果分析法、系数相乘法、Bootstrapping 法等。因果分析法是 Baron 和 Kenny 于 1986 年所提出的,是最早得到广泛应用的中介效应检验方法。虽然该方法简单易行,但与其他检验方法相

比,其统计功效最小(Mackinnon,2002)。由于因果分析法的缺陷,研究者往往配合系数相乘法(Sobel 检验法)进行检验。然而,Sobel 检验法也存在缺陷,它需要假设间接效应的样本分布是正态分布(Stone,Sobel,1990)。而为了有效克服中介效应抽样分布的有偏导致的显著性检验失效问题,笔者选择了 Bootstrapping 法。Bootstrapping 法是将样本作为一个抽样的总体,可以放回样本以便于重复取样,从而可以反复抽取一定数量的样本。利用 Bootstrapping 方法产生的自举样本计算的统计量的数据集可以用来反映该统计量的抽样分布,即产生经验分布。如此,即使样本总体分布不明确,也可以大致估计出其统计量及置信区间,从而得到不同置信水平相应的分位数,以此进一步用于假设测验。因而,Bootstrapping 法能够较好解决由于中介效应非正态分布导致的显著性检验失效问题,具有更强的统计功效(许水平,尹继东,2014)。也正因如此,本研究将采用 Bootstrapping 法分析变量的中介效应。

6.2.2 描述性统计分析

1.平台用户创业能力问卷调查的描述性统计

表 6-3 网络平台用户创业能力各测度题项的描述性统计

创业能力	N	均值	标准差
A1 创业机会能力			
A11 您能察觉到未满足或未完全满足的市场需求	420	6.01	1.130
A12 您能将未满足或未完全满足的市场需求转化为有价值的商业机会	420	6.00	1.164
A13 您能比较全面评估所察觉或开发的商业机会	420	6.02	1.147
A2 创业管理能力			
A21 您拥有信息分析、决策及发展趋势预判综合能力	420	4.78	0.983
A22 您能组织平台内外资源进行网络平台创业,如人员、物资等	420	4.82	0.990
A23 您拥有与创业相关主体(如客户、供应商、合作伙伴、政府等)沟通、谈判的关系协调能力	420	4.77	0.998
A3 创业技术能力			
A31 您拥有网络平台及创业相关知识,如平台规则、政策等	420	5.27	0.808
A32 您拥有网络平台创业或从业经验	420	5.28	0.835
A33 您拥有网络平台创业的专业技能,如运营、营销或者平台技术开发能力	420	5.28	0.803
A4 创业可持续能力			
A41 您拥有产品或服务创意或创新能力,如模仿创新	420	5.79	0.871
A42 您拥有对知识、技能或管理的持续学习能力	420	5.76	0.861
A43 您对本创业项目保持乐观、不怕失败,且为创业持续努力	420	5.76	0.890

表 6-3 表明,创业机会能力中的"您能察觉到未满足或未完全满足的市场需求""您能将未满足或未完全满足的市场需求转化为有价值的商业机会""您能比较

全面评估所察觉或开发的商业机会"3 个测度题项的均值分别为 6.01、6.00、6.02，都超过了 6，且在创业能力所有维度中数值最高，说明用户对创业机会能力的自我评价整体最好；但 3 个测度题项的标准差分别为 1.130、1.164、1.147，说明平台用户创业机会能力评估值比较分散，个体差异比较大，不太稳定。创业管理能力中的"您拥有信息分析、决策及发展趋势预判综合能力""您能组织平台内外资源进行网络平台创业，如人员、物资等""您拥有与创业相关主体（如客户、供应商、合作伙伴、政府等）沟通、谈判的关系协调能力"3 个测度题项的均值分别为 4.78、4.82、4.77，说明创业管理能力自我评估处于中等水平；3 个测度题项的标准差分别为 0.983、0.990、0.998，说明创业机会能力离散程度低，个体差异较小，稳定性较高。

创业技术能力中的"您拥有网络平台及创业相关知识，如平台规则、政策等""您拥有网络平台创业或从业经验""您拥有网络平台创业的专业技能，如运营、营销或者平台技术开发能力"3 个测度题项的均值分别为 5.27、5.28、5.28，表明创业技术能力自我评估处于中等偏上水平，且其标准差分别为 0.808、0.835、0.803，是创业能力维度中数值最小的，说明其数值最为稳定，不同个体间的评价比较一致。创业可持续能力的 3 个测度题项"您拥有产品或服务创意或创新能力，如模仿创新""您拥有对知识、技能或管理的持续学习能力""您对本创业项目保持乐观、不怕失败，且为创业持续努力"的均值分别为 5.79、5.76、5.76，表明创业可持续能力整体较高，仅次于创业机会能力；标准差分别为 0.871、0.861、0.890，数据稳定性较高。

2. 网络平台用户创业行为问卷调查的描述性统计

表 6-4　网络平台用户创业行为各测度题项的描述性统计

创业行为	N	均值	标准差
B1 用户创业准备行为			
B11 您积极搜寻商业机会	420	5.21	1.171
B12 您锁定商业机会并积极推进创业	420	5.15	1.115
B13 您积极寻找创业资源	420	5.20	1.168
B14 您积极创造创业所需资源	420	5.02	1.208
B15 您积极整合现有资源用于创业	420	5.26	1.210
B2 用户创业执行行为			
B21 您组建好创业合作团队	420	5.20	1.108
B22 您招募并管理好员工	420	5.18	1.078
B23 您塑造良好的创业团队文化	420	5.22	1.098
B24 您提供市场所需的产品或服务并获取收益	420	5.22	1.071
B25 您创造新的产品或服务并获取收益	420	5.28	1.123
B26 您积极响应创业内外部环境变化并做出调适	420	5.23	1.110

表 6-4 表明，网络平台用户创业准备行为的 5 个测度指标，即"您积极搜寻商业机会""您锁定商业机会并积极推进创业""您积极寻找创业资源""您积极创造创业所需资源""您积极整合现有资源用于创业"的均值分别为 5.21、5.15、5.20、

5.02、5.26,表明用户的创业准备行为较为充分,用户能比较积极地开展平台创业相关准备工作。其标准差分别为 1.171、1.115、1.168、1.208、1.210,这说明不同用户之间的创业准备工作存在较大差异,离散程度较大。与之相关的用户创业执行行为也呈现出相似的特点,其 6 个测度指标,即"您组建好创业合作团队""您招募并管理好员工""您塑造良好的创业团队文化""您提供市场所需的产品或服务并获取收益""您创造新的产品或服务并获取收益""您积极响应创业内外部环境变化并做出调适"的均值分别为 5.20、5.18、5.22、5.22、5.28、5.23,表明用户创业执行行为整体较好,用户能较好地执行创业相关行为。其标准差分别为 1.108、1.078、1.098、1.071、1.123、1.110,说明创业者间的执行行为差异较大。

3. 网络平台用户创业绩效问卷调查的描述性统计

表 6-5　网络平台用户创业绩效各测度题项的描述性统计

C 创业绩效	N	均值	标准差
C11 您所经营的产品或服务销售额能保持在较高水平	420	5.26	1.354
C12 您的创业项目(网店或工具开发)净利润能保持较高水平	420	5.38	1.310
C13 您的网店信誉等级或动态评分比较高(所开发工具应用评价比较高)	420	5.33	1.308
C14 目前,您的创业项目(网店或工具开发)的经营状态比较稳定	420	5.26	1.314
C15 您的创业项目能实现可持续经营,前景不错	420	5.29	1.290
C16 与其他同类产品或服务相比,您所从事的创业项目具有竞争优势	420	5.27	1.260

表 6-5 表明,作为反映创业绩效的 6 个测度指标,即"您所经营的产品或服务销售额能保持在较高水平""您的创业项目(网店或工具开发)净利润能保持在较高水平""您的网店信誉等级或动态评分比较高(所开发工具应用评价比较高)""目前,您的创业项目(网店或工具开发)的经营状态比较稳定""您的创业项目能实现可持续经营,前景不错""与其他同类产品或服务相比,您所从事的创业项目具有竞争优势"的均值分别为 5.26、5.38、5.33、5.26、5.29、5.27,表明用户创业绩效整体较好。其标准差分别为 1.354、1.310、1.308、1.314、1.290、1.260,这表明不同用户间的创业绩效差异较大,其中"您所经营的产品或服务销售额能保持在较高水平"题项的标准差值最大,达到了 1.354,这说明平台用户在销售额绩效上差异最为明显。

6.2.3　组间因子差异性分析

为进一步分析不同创业绩效用户在创业能力及行为上的差异性,笔者以创业绩效为依据进行分组与重新编码:以创业绩效数值高低为标准进行排序,选取排序前 30％的样本重新编码为 A 组,选取排序中间 40％的样本重新编码为 B 组,选取排序最后 30％的样本重新编码为 C 组;之后,对这三组样本的其他因子进行单因子方差分析,以分析三组的组间及组内差异,从而进一步分析不同创业绩效用户在创业能力、创业行为上的差异。差异比较分析摘要见表 6-6。

表6-6　ABC 三组不同创业绩效用户的差异比较分析摘要

变量	方差齐性检验之显著性		平方和（SS）	自由度（df）	平均平方和（MS）	F 检验	显著性	事后比较Tamhane's T2检验法	事后比较Dunnett's T3检验法
A1创业机会能力	0.000	组间	1574.268	2	787.134	122.601	0.000***	A＞B＞C	A＞B＞C
		组内	2677.266	417	6.420				
		总数	4251.533	419					

将 A1 中所有变量按其差异显著性由大到小排序:A12,即"您能将未满足或未完全满足的市场需求转化为有价值的商业机会"题项的 F 值为102.004***,且 A＞B＞C;A11,即"您能察觉到未满足或未完全满足的市场需求"题项的 F 值为99.324***,且 A＞B＞C;A13,即"您能比较全面评估所察觉或开发的商业机会"题项的 F 值为89.844***,且 A＞B＞C。

A2创业管理能力	0.000	组间	944.603	2	472.301	92.251	0.000***	A＞B＞C	A＞B＞C
		组内	2134.931	417	5.120				
		总数	3079.533	419					

将 A2 中所有变量按其差异显著性由大到小排序:A21,即"您拥有信息分析、决策及发展趋势预判综合能力"题项的 F 值为82.604***,且 A＞B＞C;A22,即"您能组织平台内外资源进行网络平台创业,如人员、物资等"题项的 F 值为68.347***,且 A＞B＞C;A23,即"您拥有与创业相关主体沟通、谈判的关系协调能力"题项的 F 值为65.150***,且 A＞B＞C。

A3创业技术能力	0.000	组间	726.619	2	363.310	108.599	0.000***	A＞B＞C	A＞B＞C
		组内	1395.038	417	3.345				
		总数	2121.657	419					

将 A3 中所有变量按其差异显著性由大到小排序:A33,即"您拥有网络平台创业的专业技能,如运营、营销或者平台技术开发能力"题项的 F 值为88.538***,且 A＞B＞C;A31,即"您拥有网络平台及创业相关知识,如平台规则、政策等"题项的 F 值为85.897***,且 A＞B＞C;A32,即"您拥有网络平台创业或从业经验"题项的 F 值为81.918***,且 A＞B＞C。

A4创业可持续能力	0.003	组间	976.044	2	488.022	143.065	0.000***	A＞B＞C	A＞B＞C
		组内	1422.471	417	3.411				
		总数	2398.514	419					

将 A4 所有变量按其差异显著性由大到小排序:A42,即"您拥有对知识、技能或管理的持续学习能力"题项的 F 值为114.111***,且 A＞B＞C;A41,即"您拥有产品或服务创意或创新能力,如模仿创新"题项的 F 值为105.824***,且 A＞B＞C;A43,即"您对本创业项目保持乐观、不怕失败,且为创业持续努力"题项 F 值为101.899***,且 A＞B＞C。

续表

变量	方差齐性检验之显著性		平方和(SS)	自由度(df)	平均平方和(MS)	F检验	显著性	事后比较 Tamhane's T2检验法	事后比较 Dunnett's T3检验法
B1创业准备行为	0.014	组间	4526.255	2	2263.128	151.447	0.000***	A>B>C	A>B>C
		组内	6231.373	417	14.943				
		总数	10757.629	419					

将 B1 中所有变量按其差异显著性由大到小排序:B13,即"您积极寻找创业资源"题项的 F 值为103.508***,且 A>B>C;B11,即"您积极搜寻商业机会"题项 F 值为102.621***,且 A>B>C;B15,即"您积极整合现有资源用于创业"题项 F 值为99.271***,且 A>B>C;B12,即"您锁定商业机会并积极推进创业"题项 F 值为90.350***,且 A>B>C;B14,即"您积极创造创业所需资源"题项 F 值为82.250***[由于该题项同质性检验显著性 $p=0.799(>0.05)$,所以笔者采用同质性假定的 Scheffe 事后比较法进行分析],且 A>B>C。

B2创业执行行为	0.043	组间	5526.939	2	2763.469	161.742	0.000***	A>B>C	A>B>C
		组内	7124.726	417	17.086				
		总数	12651.664	419					

将 B2 中所有变量按其差异显著性由大到小排序:B22,即"您招募并管理好员工"题项的 F 值为99.568***,且 A>B>C;B24,即"您提供市场所需的产品或服务并获取收益"题项 F 值为97.391***,且 A>B>C;B25,即"您创造新的产品或服务并获取收益"题项 F 值为93.684***,且 A>B>C;B21,即"您组建好创业合作团队"题项 F 值为87.850***,且 A>B>C;B26,即"您积极响应创业内外部环境变化并做出调适"题项 F 值为85.742***,且 A>B>C;B23,即"您塑造良好的创业团队文化"题项 F 值为85.500***,且 A>B>C。

注:A 组为创业绩效排序前30%的平台用户创业者;B 组为创业绩效排序位居中间40%的平台用户创业者;C 组为创业绩效排序后30%的平台用户创业者。

注:*,表示 $p<0.05$;**,表示 $p<0.01$;***,表示 $p<0.001$。

表6-6 表明,10 个因子方差同质性检验的显著性 P 值都为 0.000,均未超过 0.05。这说明样本的方差差异均达到显著,违反方差同质性假定。正因如此,本研究所选取的事后比较法(Tamhane's T2 检验法、Dunnett's T3 检验法)都是在违反同质性假定的前提下开展的。

经统计分析,本研究得出方差分析结果:6 个因子的整体显著性检验都达到显著,即 P 值<0.05,说明 ABC 三组创业者在这 6 个维度上存在显著差异,且其差异显著性从大到小排序分别为创业执行行为、创业准备行为、创业可持续能力、创业机会能力、创业技术能力、创业管理能力。

在创业能力维度上,其具体因子的方差分析结果如下:(1)在创业机会能力维度,其 3 个题项都呈现出"A>B>C",即优秀创业绩效(前 30%)创业者的机会能力优于一般绩效(中间 40%)创业者,一般绩效(中间 40%)创业者的机会能力又优于绩效差(后 30%)的创业者,其中 A12,即"您能将未满足或未完全满足的市场需求转化为有价值的商业机会"的差异最大,且也呈现"A＞B＞C"的关系;(2)在创业管理能力维度,其 3 个题项都呈现出"A＞B＞C",即优秀创业绩效(前 30%)创业者的管理能力优于一般绩效(中间 40%)创业者,一般绩效(中间 40%)创业者的管理能力又优于绩效差(后 30%)的创业者,其中 A21,即"您拥有信息分析、决策及发展趋势预判综合能力"的差异最大,且也呈现"A＞B＞C"的关系;(3)在创业技术能力维度,其 3 个题项都呈现出"A＞B＞C",即优秀创业绩效(前 30%)创业者的技术能力优于一般绩效(中间 40%)创业者,一般绩效(中间 40%)创业者的技术能力又优于绩效差(后 30%)的创业者,其中 A33,即"您拥有网络平台创业的专业技能,如运营、营销或者平台技术开发能力"的差异最大,且也呈现"A＞B＞C"的关系;(4)在创业可持续能力维度,其 3 个题项都呈现出"A＞B＞C",即优秀创业绩效(前 30%)创业者的可持续能力优于一般绩效(中间 40%)创业者,一般绩效(中间 40%)创业者的可持续能力又优于绩效差(后 30%)的创业者,其中 A42,即"您拥有对知识、技能或管理的持续学习能力"的差异最大,且也呈现"A＞B＞C"的关系。

在创业行为维度,各具体因子的方差分析结果如下:(1)在创业准备行为维度,其 5 个题项都呈现出"A＞B＞C",即优秀创业绩效(前 30%)创业者的创业准备行为优于一般绩效(中间 40%)创业者,一般绩效(中间 40%)创业者的创业准备行为又优于绩效差(后 30%)的创业者,其中 B13,即"您积极寻找创业资源"的差异最大,且也呈现"A＞B＞C"的关系;(2)在创业执行行为维度,其 6 个题项都呈现出"A＞B＞C",即优秀创业绩效(前 30%)创业者的创业执行行为优于一般绩效(中间 40%)创业者,一般绩效(中间 40%)创业者的创业执行行为又优于绩效差(后 30%)的创业者,其中 B13,即"您积极寻找创业资源"的差异最大,且也呈现"A＞B＞C"的关系。

6.2.4　探索性因子分析(EFA)

为提高研究科学性,笔者对收集的 420 份问卷进行了随机等分分组,每一组 210 份样本数据。前一组样本数据(210 个)用于探索性因子分析及信度检验,以探索结构维度;后一组样本数据(210 个)用于验证性因子分析及效度分析,以检验测量量表。

1. 网络平台用户创业能力探索性因子分析(EFA)

探索性因子分析的主要目的在于检测与提高测度题项的信度(张义彤,2004;吴明隆,2009;马庆国,2010)。本研究运用 SPSS17.0 对 210 个样本数据进行统计分析,首先进行 KMO(Kaiser-Meyiser-Olkin)检验,以判定是否符合 KMO 大于 0.7 的标准(Kaiser,1974)。与此同时,本研究也进行了 Bartlett 球形检验(见表 6-7)。

表 6-7　网络平台用户创业能力量表的 KMO 和 Bartlett 检验结果

取样足够度的 KMO 度量		0.882
Bartlett 的球形度检验	近似卡方	1955.656
	df	66
	Sig.	0.000

表 6-7 表明,KMO 的值为 0.882,大于 0.80,已经达到了可以进行因子分析的"良好"标准(吴明隆,2009)。与此同时,Bartlett 的球形度检验的显著性 $p=0.000$ <0.05,应该排除净相关矩阵不是单元矩阵的假设,接受净相关矩阵是单元矩阵的假设。这说明总体的相关矩阵间有共同因素存在,可以进行因子分析。在探索性因子分析中,本研究采用主成分分析法提取了 4 个因子,其特征值都大于 1,累计解释方差达 84.906%(见表 6-8)。

表 6-8 网络平台用户创业能力正式调查的探索性因子分析结果($N=210$)

因子	测量题项	A3	A1	A4	A2
A3 创业技术能力	A31 您拥有网络平台及创业相关知识,如平台规则等	**0.895**	0.149	0.166	0.185
	A33 您拥有网络平台创业的专业技能,如运营、营销或者平台技术开发能力	**0.874**	0.180	0.250	0.153
	A32 您拥有网络平台创业或从业经验	**0.824**	0.201	0.277	0.209
A1 创业机会能力	A12 您能将未满足或未完全满足的市场需求转化为有价值的商业机会	0.201	**0.877**	0.180	0.158
	A13 您能比较全面评估所察觉或开发的商业机会	0.157	**0.868**	0.220	0.164
	A11 您能察觉到未满足或未完全满足的市场需求	0.154	**0.826**	0.216	0.249
A4 创业可持续能力	A43 您对本创业项目保持乐观、不怕失败,且为创业持续努力	0.167	0.255	**0.845**	0.243
	A42 您拥有对知识、技能或管理的持续学习能力	0.274	0.189	**0.833**	0.222
	A41 您拥有产品或服务创意或创新能力,如模仿创新	0.295	0.229	**0.821**	0.188
A2 创业管理能力	A23 您拥有与创业相关主体(如客户、供应商、合作伙伴、政府等)沟通、谈判的关系协调能力	0.169	0.186	0.164	**0.863**
	A22 您能组织平台内外资源进行网络平台创业,如人员、物资等	0.109	0.146	0.228	**0.856**
	A21 您拥有信息分析、决策及发展趋势预判综合能力	0.298	0.256	0.216	**0.788**
解释变异量		22.108	21.465	20.844	20.489
累计解释变异量		22.108	43.573	64.417	84.906

注:黑体数字为因子负荷量大于 0.5 的 12 个创业能力测试题项。

由表 6-8 可知,创业能力的 12 个测试题项的因子负荷量都大于 0.5,且每一个公因子的特征值都大于 1,这表明该测量量表具有较好的因子结构。从累计解释变异量大小上分析,创业技术能力最大,创业机会能力次之,创业可持续能力位列第三,创业管理能力最小。这说明创业技术能力及创业机会能力更能反映网络平台用户的创业能力,而创业管理能力的解释变异量相对较弱。从具体题项上分析,创业知识及专业技能是创业技术能力中最为显著的能力表征,将未满足需求转化为商业机会是创业机会能力中最为显著的能力表征,对创业项目保持乐观、不怕失败是创业可持续能力中最为显著的能力表征,谈判、沟通能力是创业管理能力中最为显著的能力表征。

2. 网络平台用户创业行为的探索性因子分析(EFA)

运用上述同样方法,对随机抽取的 210 份样本数据进行探索性因子分析,其KMO 和 Bartlett 的检验结果及因子分析结果分别见表 6-9 和表 6-10。

表 6-9　网络平台用户创业行为量表的 KMO 和 Bartlett 检验结果

取样足够度的 KMO 度量		0.923
Bartlett 的球形度检验	近似卡方	1580.712
	df	55
	Sig.	0.000

表 6-10　网络平台用户创业行为正式调查的探索性因子分析结果($N=210$)

因子	测量题项	B2	B1
B2 创业执 行行为	B23 您塑造良好的创业团队文化	**0.822**	0.204
	B25 您创造新的产品或服务并获取收益	**0.820**	0.270
	B21 您组建创业合作团队	**0.807**	0.243
	B24 您提供市场所需的产品或服务并获取收益	**0.783**	0.249
	B22 您招募并管理好员工	**0.768**	0.295
	B26 您积极响应创业内外部环境变化并做出调适	**0.762**	0.267
B1 创业准 备行为	B14 您积极创造创业所需资源	0.183	**0.865**
	B15 您积极整合现有资源用于创业	0.292	**0.839**
	B12 您锁定商业机会并积极推进创业	0.218	**0.829**
	B11 您积极搜寻商业机会	0.308	**0.812**
	B13 您积极寻找创业资源	0.363	**0.751**
解释变异量		37.953	34.159
累计解释变异量		37.953	72.112

注:黑体数字为因子负荷量大于 0.5 的 11 个创业行为测量题项。

表 6-10 表明,该量表的 KMO 为 0.923,$p=0.000$,已经很好地达到了因子分析的条件。11 个测量题项的因子负荷量都大于 0.5,具有较好的因子结构。两个公因子的累计解释变异量为 72.112%。其中,创业执行能力的解释变异量达到了37.953%。创业团队文化、新产品或服务创造、团队组建最能凸显创业执行行为,创造及整合创业资源最能凸显创业准备行为。

3. 网络平台用户创业绩效的探索性因子分析(EFA)

笔者用上述方法同样对网络平台用户创业绩效进行探索性因子分析,其结果见表 6-11。

表 6-11　网络平台用户创业绩效量表的 KMO 和 Bartlett 检验结果

取样足够度的 KMO 度量		0.914
Bartlett 的球形度检验	近似卡方	818.105
	df	15
	Sig.	0.000

除此之外,创业绩效的 6 个指标的因子符合量都超过 0.5,因子的解释方差为 70.551%,$p=0.000$,小于 0.05,具有较好的因子结构。

6.2.5　验证性因子分析(CFA)

1. 拟合指标选取及说明

因素分析包括探索性因子分析(EFA)和验证性因子分析(CFA)。EFA 主要是为了检验量表或问卷的建构效度,而 CFA 则主要检验此建构效度的适切性与真实性(吴明隆,2012)。本研究将主要采用 χ^2/df(卡方值与自由度比值)、GFI(良适性适配指标;Goodness-of-fit Index)、AGFI(调整后适配度指数;Adjusted Goodness-of-fit Index)、RMSEA(渐进残差均方和平方根;Root Mean Square Error of Approximation)、NFI(规准适配指数;Normed Fit Index)、IFI(增值适配指数;Incremental Fit Index)、CFI(比较适配指数;Comparative Fit Index)等指数作为拟合指数。除此之外,也会结合其他指数来进行综合评价模型。

(1)χ^2/df。χ^2(卡方值)是模型的绝对适配指数,反映的是整体模型与实际资料的适配度。理论上 χ^2 值为 0 时,表示假设模型与观察数据非常适配。但由于 χ^2 值比较容易受到样本量的影响,其适用的样本量为 100 至 200,所以在实践中往往会出现几乎所有的假设模型都因不符合该要求而被拒绝(侯杰泰等,2004)。正因如此,越来越多的学者不单纯采用 χ^2 值,而是采用 χ^2/df 来代替。在 AMOS 的结果报表中,χ^2/df 数据标题为"CMIN/DF",其中"CMIN"为卡方值。当 CMIN/DF<1 时,表明模型过度适配;当 CMIN/DF>3 时,表明模型适配度不佳;当 1<CMIN/DF<3 时,表明模型可以接受,但比较严格的适配标准是 1<CMIN/DF<2。

(2)GFI(良适性适配指标)和 AGFI(调整后适配度指数)。GFI 和 AGFI 都是绝对适配度指标。GFI 数值介于 0~1,越接近 1,则说明模型适配度越好。一般的采用标准是 GFI>0.9。AGFI 与 GFI 相关度很高,GFI 越大,AGFI 也将会越大,其判定标准与 GFI 相似,也是大于 0.9,表明模型与实际数据有较好的适配度(Hu,Bentler,1999)。

(3)RMSEA(渐进残差均方和平方根)。RMSEA 也是绝对适配度指标。在模型拟合判断过程中,由于它受样本的影响比较小,且对于拟合程度较差的模型又比较敏感,所以这个指标经常被应用(侯杰泰等,2004)。但学者们对于其适配的判断标准却有着不同观点。例如,McDonald 和 Ho(2002)提出 RMSEA<0.08 都可以接受,小于 0.05 则表示模型适配度良好。本研究将采用这一观点,即 RMSEA<0.05。

（4）NFI（规准适配指数）、IFI（增值适配指数）和 CFI（比较适配指数）。NFI、IFI 及 CFI 属于增值适配度指数。由于 NFI 比较容易受到样本量大小的影响，所以一些学者提出用 IFI 对 NFI 进行修正，同时运用这 2 个指数来降低对样本量的敏感度。CFI 是一种改良式的 NFI 指数，可以反映预设模型的变化。按照通常做法，NFI、IFI 和 CFI 的指数值都要大于 0.9，且其数值越接近 1 表示拟合程度越高（Bagozzi,Yi,1988）。

2. 网络平台用户创业能力的验证性分析（CFA）

基于上文探索性因子分析，笔者运用另外一组 210 份样本数据对各因子进行验证性分析。为了能更科学地检验模型适切性，非常有必要提出多个竞争性假设模型，以此选择拟合程度最好的模型（侯杰泰等，2004）。针对网络平台用户创业能力的维度构思，本研究提出了两个竞争性假设模型（分别为 M1、M2）以进行对比（见图 6-1）。

在 M1、M2 两个竞争性假设模型中，均有 12 个观察变量。其中，M1 模型是网络平台用户创业能力的单因子模型。M2 是网络平台用户创业能力的多因素斜交模型，包括创业机会能力、创业管理能力、创业技术能力、创业可持续能力 4 个因子，彼此相关。笔者分别对这两个模型进行了拟合检验，结果见表 6-12。

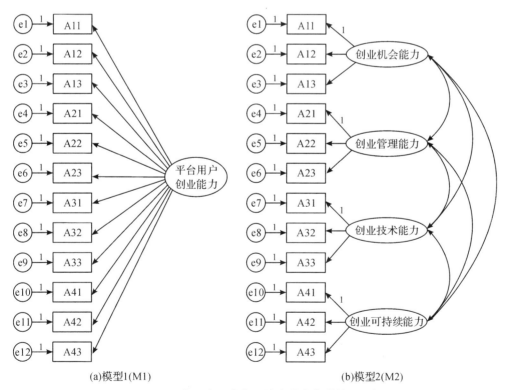

(a)模型1(M1)　　　　　　　　　　　　　　(b)模型2(M2)

图 6-1　网络平台用户创业能力的竞争性模型比较

表 6-12　网络平台用户创业能力验证性因子分析拟合指数（$N=210$）

模型	χ^2/df	GFI	AGFI	RMSEA	NFI	IFI	CFI
模型 1(M1)	15.232	0.573	0.384	0.261	0.584	0.600	0.598
模型 2(M2)	1.320	0.955	0.927	0.039	0.968	0.992	0.992
评价标准	<2	>0.9	>0.9	<0.05	>0.9	>0.9	>0.9

表 6-12 的数据表明，M2 的各指数指标都比 M1 要好，且都能符合评价标准，模型的拟合指数最优。这说明网络平台用户创业能力分为创业机会能力、创业管理能力、创业技术能力及创业可持续能力 4 个因素具有较高的拟合程度。图 6-2 表明，网络平台用户创业能力的 4 个潜在变量的标准因子载荷在 0.82～0.95 之间，表明各维度的观察变量（创业机会能力、创业管理能力、创业机会能力、创业可持续能力各 3 个观察变量）能较好反映潜在变量，效标效果较好。

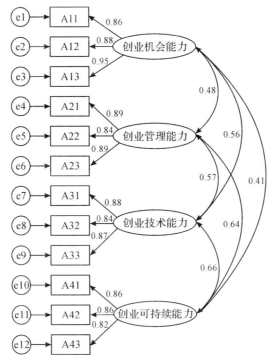

图 6-2　网络平台创业能力的多因素斜交模型（$N=210$）

3. 网络平台用户创业行为的验证性分析（CFA）

笔者运用同样的方法对网络平台用户创业行为进行了验证性因子分析，其模型的拟合指数统计结果见表 6-13，多因素斜交模型如图 6-3。

表 6-13　网络平台用户创业行为验证性因子分析拟合指数（$N=210$）

拟合指标	χ^2/df	GFI	AGFI	RMSEA	NFI	IFI	CFI
指标值	1.424	0.947	0.919	0.045	0.961	0.988	0.988
评价标准	<2	>0.9	>0.9	<0.05	>0.9	>0.9	>0.9

由表 6-13 可知,网络平台用户创业行为的各因子载荷都超过 0.7,χ^2/df 值为 1.424,小于 2;GFI 和 AGFI 的数值分别为 0.947、0.919,大于 0.9;RMSEA 的数值为0.045,小于 0.05;NFI、IFI 及 CFI 的数值分别为 0.961、0.988、0.988,大于 0.9。这些数据说明该模型拟合程度较好,可以接受。

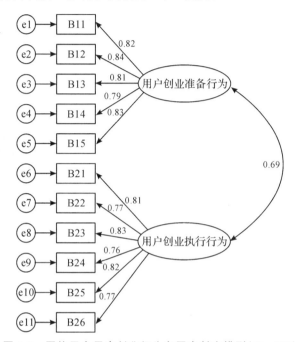

图 6-3 网络平台用户创业行为多因素斜交模型($N=210$)

4. 网络平台用户创业绩效的验证性分析(CFA)

对于创业绩效的测量模型,有学者将财物绩效与非财务绩效分开作为独立的潜在变量。为此,笔者也进行了竞争性模型比较。M1 是将创业绩效分成财务与非财务绩效的假设模型;M2 则是单一因素的假设模型。其模型检测结果如图 6-4 所示。

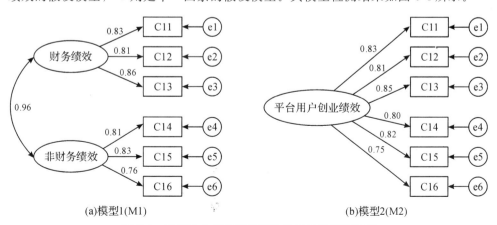

(a)模型1(M1)   (b)模型2(M2)

图 6-4 网络平台用户创业绩效的竞争性模型比较

M1 中虽然各标准载荷也超过了 0.7,但两个潜在变量间的相关系数达到了 0.96。这说明这两个潜在变量间存在一个共同的潜在变量,不应将其分开。为此,本研究选择了模型 2(M2)。M2 的拟合指标如表 6-14 所示。

表 6-14　网络平台用户创业绩效验证性因子分析拟合指数($N=210$)

拟合指标	χ^2/df	GFI	AGFI	RMSEA	NFI	IFI	CFI
指标值	1.499	0.979	0.951	0.049	0.984	0.995	0.995
评价标准	<2	>0.9	>0.9	<0.05	>0.9	>0.9	>0.9

由表 6-14 表明,χ^2/df 值为 1.499,<2;GFI 和 AGFI 的数值分别为 0.979、0.951,>0.9;RMSEA 值为 0.049,<0.05;NFI、IFI 及 CFI 的数值分别为 0.984、0.995、0.995,>0.9。这些数据说明该模型拟合程度较好,可以接受。

6.2.6　信效度分析

1. 信度分析

量表的信度是量表在重复测量中,量表的稳定及一致性程度,是量表可靠性的重要指标。理论上,量表的信度可分为外在信度(External Reliability)和内在信度(Internal Reliability)。外在信度是量表在不同时间点测量时的一致性程度,如再测信度;内在信度则在多选项量表中显得特别重要,它表明的是每一个量表是否测量单一概念,同时量表题项内在一致性程度如何(Bryman,Cramer,1997)。一般情况下,研究者往往采用 Cronbach'α 系数来检验信度。为了提高研究的科学性,本研究将运用 SPSS17.0 对前一组样本数据($N=210$)进行信度分析,其结果见表 6-15。

表 6-15　网络平台用户创业能力、创业行为及创业绩效信度分析

变量	网络平台用户创业能力	网络平台用户创业行为	网络平台用户创业绩效	总量表
测项数	12	11	6	29
Cronbach'α 系数	0.917	0.925	0.916	0.962

表 6-15 说明,本研究的各量表及总量表的 Cronbach'α 系数都达到了 0.90 以上,大于 0.7,表明量表具有较好的信度(吴明隆,2009)。

2. 效度分析

效度是量表能测到该测验所欲检测的概念的真实内涵程度。效度越高,则表明测量越能反映测量对象的真实程度。从理论上分析,效度检验可分为内容效度(Content Validity)、效标关联效度(Criterion-related Validity)和建构效度(Construct Validity)。本研究将主要分析内容效度和建构效度。

（1）内容效度

内容效度又称为表面效度或逻辑效度，用来测验量表内容或题目的适切性与代表性，即测验内容是否能反映所要检测对象的真实内涵，是否能达到测量的目的。在本研究中，网络平台用户创业能力量表、创业行为量表及创业绩效量表都是基于现有相关量表及理论基础开发而成。现有丰富的量表及理论资源能较好地保障量表的内容效度。除此之外，量表开发过程中笔者也进行访谈、多次修改与讨论。为了保障内容效度，笔者又进行了量表预试，删除了内容效度较低的题项，最终确定题项，从而尽可能保障量表的较高内容效度。

（2）建构效度

建构效度是量表所能测量出理论的特质或概念的程度。由于它是以有理论的逻辑分析为基础，同时又根据实际所得的资料来检验理论的正确性，所以它是一种相当严谨的效度检验方法（王保进，2002）。在研究实践中，研究者往往从聚合效度（会聚效度）（Convergent Validity）和区分效度（Discriminant Validity）来分析量表的建构效度。聚合效度是指同一个潜在变量的各测量题项间的相关度；区分效度则是指潜在变量间的差异程度。研究者通过分析两种效度结果来判定模型、因子构建的科学性与合理性。通常，量表的建构效度通过验证性因子分析来检验。

按照弗奈尔和拉克（Fornell，Larcker，1981）的观点，评价聚合效度的指标有 3 个：一是所有标准化的因子荷载值要大于 0.5，且达到显著水平（$p<0.05$）；二是组合信度（Composite Reliability）要大于 0.8；三是平均方差提炼值（AVE）要大于 0.5。区分效度则主要通过比较平均方差提取值（AVE）的平方根与各因子间的相关系数来设定评价标准（Peng，Lai，2012）。如果 AVE 的值大于各因子间的相关系数，那么就说明该测量量表具有较好的区分效度。本研究根据这些原理及方法，以总样本中的后一组样本数据（$N=210$）对量表的各个维度进行验证性因子分析，并以此进行建构效度分析。分析结果见表 6-16：

表6-16　量表的因子载荷、组合信度及 AVE 分析汇总

维度	测量题项	因子载荷	组合信度（CR）	平均方差提取值（AVE）
A1 创业机会能力	A11 您能察觉到未满足或未完全满足的市场需求	0.864***	0.927	0.809
	A12 您能将未满足或未完全满足的市场需求转化为有价值的商业机会	0.887***		
	A13 您能比较全面评估所察觉或开发的商业机会	0.945***		
A2 创业管理能力	A21 您拥有信息分析、决策及发展趋势预判综合能力	0.895***	0.910	0.770
	A22 您能组织平台内外资源进行网络平台创业，如人员、物资等	0.844***		
	A23 您拥有与创业相关主体沟通、谈判的关系协调能力	0.893***		

续表

维度	测量题项	因子载荷	组合信度（CR）	平均方差提取值（AVE）
A3 创业技术能力	A31您拥有网络平台及创业相关知识,如平台规则、政策等	0.873***		
	A32您拥有网络平台创业或从业经验	0.838***	0.897	0.744
	A33您拥有网络平台创业的专业技能,如运营、营销或者平台技术开发能力	0.876***		
A4 创业可持续能力	A41您拥有产品或服务创意或创新能力,如模仿创新	0.858***		
	A42您拥有对知识、技能或管理的持续学习能力	0.868***	0.886	0.721
	A43您对本创业项目保持乐观、不怕失败,且为创业持续努力	0.820***		
B1 创业准备行为	B11您积极搜寻商业机会	0.845***		
	B12您锁定商业机会并积极推进创业	0.828***		
	B13您积极寻找创业资源	0.832***	0.914	0.681
	B14您积极创造创业所需资源	0.751***		
	B15您积极整合现有资源用于创业	0.864***		
B2 创业执行行为	B21您组建好创业合作团队	0.824***		
	B22您招募并管理好员工	0.760***		
	B23您塑造良好的创业团队文化	0.854***	0.913	0.637
	B24您提供市场所需产品或服务并获取收益	0.752***		
	B25您创造新的产品或服务并获取收益	0.804***		
	B26您积极响应创业内外部环境变化并做出调适	0.788***		
C1 创业绩效	C11您所经营的产品或服务销售额能保持在较高水平	0.785***		
	C12您的创业项目净利润能保持在较高水平	0.821***		
	C13您的网店信誉等级或动态评分比较高(所开发工具应用评价比较高)	0.812***		
	C14目前,您的创业项目(网店或工具开发)的经营状态比较稳定	0.732***	0.900	0.601
	C15您的创业项目能实现可持续经营,前景不错	0.779***		
	C16与其他同类产品或服务相比,您所从事的创业项目具有竞争优势	0.717***		

注:*** 表示在0.001水平下显著。

表 6-16 表明,量表所有题项的因子载荷处于 0.717～0.960,达到了建构效度中聚合效度标准,即所有标准化的因子荷载值要大于 0.5;其显著性水平在0.001,达到显著水平 $p < 0.05$ 的标准;从组合信度结果看,各因子组合信度在 0.886～0.961区间,达到了第二个判断指标,即组合信度要大于 0.8;从平均方差提炼值(AVE)分析,所有因子的 AVE 在 0.601～0.886 区间,达到了第三个判别标准,即 AVE 要大于 0.5。因此,量表的聚合效度较好。之后,笔者又对量表(包括网络创业型平台领导特征量表)的区分效度进行分析(见表 6-17)。

表 6-17　各因子的相关系数及平均提取方差值(AVE)的平方根

	机会能力	管理能力	技术能力	可持续能力	创业准备行为	创业执行行为	创业绩效	权力特征	资源特征	开放创新特征	可持续发展动力
机会能力	**0.899**										
管理能力	0.476	**0.877**									
技术能力	0.567	0.570	**0.863**								
可持续能力	0.410	0.637	0.659	**0.849**							
创业准备行为	0.541	0.565	0.620	0.551	**0.825**						
创业执行行为	0.596	0.541	0.655	0.663	0.698	**0.798**					
创业绩效	0.642	0.603	0.652	0.655	0.747	0.752	**0.775**				
权力特征	0.073	0.343	0.382	0.478	0.378	0.428	0.375	**0.927**			
资源特征	0.134	0.142	0.165	0.242	0.349	0.331	0.306	0.584	**0.926**		
开放创新特征	0.156	0.356	0.388	0.565	0.428	0.447	0.473	0.563	0.410	**0.913**	
可持续发展动力	0.015	0.182	0.280	0.263	0.406	0.443	0.236	0.634	0.620	0.456	**0.941**

注:对角线上加黑的数据为平均提取方差值(AVE)的平方根,其他数据为各因子相关系数。

表 6-17 说明,平均提取方差值(AVE)的平方根数值在 0.775~0.941,均大于各因子相关系数,这说明量表具有较好的区分效度。综上所述,本研究量表具有较好的信效度。

6.2.7　用户创业能力、行为及绩效影响关系研究

1.结构方程构建

为了能更科学检验模型适切性,研究者非常有必要提出多个竞争性假设模型,以此选择拟合程度最好的模型(侯杰泰等,2004),为此,本研究进行了模型比较。结合图 5-1 的理论框架,本研究提出了结构方程模型 1(M1)(见图 6-5)。

与此同时,本研究借鉴了 SCP(Structure-Conduct-Performance)模型理论的核心观点,提出了本研究的结构方程模型 2(M2)(见图 6-6)。SCP 模型是由美国哈佛大学产业经济学权威贝恩等人于 20 世纪 30 年代提出并建立的理论模型(郝奕博等,2016)。该模型提出了"市场结构(Structure)—企业行为(Conduct)—经营绩效(Performance)"的产业分析框架。

M1 和 M2 模型的区别主要在于自变量,M1 模型的自变量为网络平台用户创业能力,M2 模型的自变量为网络创业型平台领导特征。为了分析两者的拟合程度以进行比较,本研究依然主要采用 χ^2/df,GFI,AGFI,RMSEA(渐进残差均方和平方根;Root Mean Square Error of Approximation),NFI(规准适配指数;Normed Fit Index),IFI(增值适配指数;Incremental Fit Index),CFI(比较适配指数;Comparative Fit Index)等 7 个指标来进行判定。其拟合数值见表 6-18。

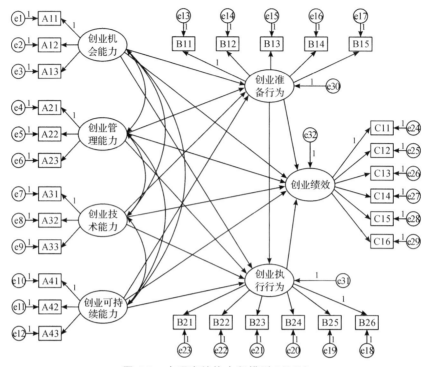

图 6-5　本研究结构方程模型 1（M1）

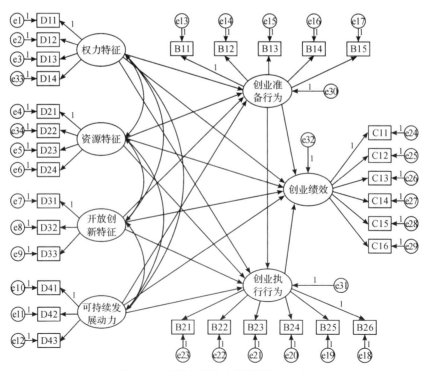

图 6-6　本研究结构方程模型 2（M2）

表 6-18　竞争性结构方程模型的拟合度指数比较($N=420$)

模型	χ^2/df	GFI	AGFI	RMSEA	NFI	IFI	CFI
模型 1	1.291	0.930	0.915	0.026	0.987	0.989	0.989
模型 2	1.511	0.913	0.896	0.035	0.947	0.982	0.981
评价标准	<2	>0.9	>0.9	<0.05	>0.9	>0.9	>0.9
比较	1<M1< M2<2	0.9<M1 <M2	M1>0.9 M2<0.9	M1<M2 <0.5	M1>M2 >0.9	M1>M2 >0.9	M1>M2 >0.9

表 6-18 说明，模型 1(M1)拟合程度更好：虽然 M1 和 M2 都符合 χ^2/df 指数适配标准(小于 3)，但 M1<M2，适配程度更高；虽然 M1 和 M2 都符合 GFI 指数适配标准，但 M1>M2，适配程度更高；在 AGFI 指数上，M1>0.9，符合适配标准，而 M2 的 AGFI 的值为 0.896，不符合大于 0.9 的标准；虽然 M1 和 M2 都符合 RM-SEA 指数适配标准，但 M1<M2，适配程度更高；虽然 M1 和 M2 都符合 NFI、IFI、CFI 指数适配标准，但 M1 在这 3 个指数上都小于 M2。

　　除了上述主要指标，本研究也采纳了其他指标对模型进行进一步评估。在绝对适配度指数方面，其 RMR 指数为 0.031，符合小于 0.05 的适配标准；理论模型的 ECVI 值为 1.474，既小于独立模型的 ECVI 值 23.149，也小于饱和模型值 2.076，符合适配标准。在增值适配度指数方面，RFI 值和 TLI(NNFI)值分别为 0.946、0.987，符合大于 0.9 的适配标准。在简约适配度指数方面，PGFI 值为 0.761，符合大于 0.5 的适配标准；PNFI 值为 0.835，符合大于 0.5 的适配标准；CN 值为 366，符合大于 200 的适配标准。在统计检验量方面，理论模型的 AIC 值为 617.525，小于饱和模型 AIC 值 870.000 和独立模型 AIC 值 9699.446，符合适配标准；理论模型的 CAIC 值为 1015.705，小于饱和模型 CAIC 值 3062.511 和独立模型 CAIC 值 9845.613，符合适配标准。综上所述，模型 1(M1)的拟合指数更符合判别标准，适配程度更高，本研究将选取模型 1 进行假设检验、中介效应及调节效应分析。

　　2.假设检验

　　根据模型 1(M1)，笔者进行了多因素斜交模型及路径分析，其图示及结果见图 6-7，结构方程路径系数见表 6-19。

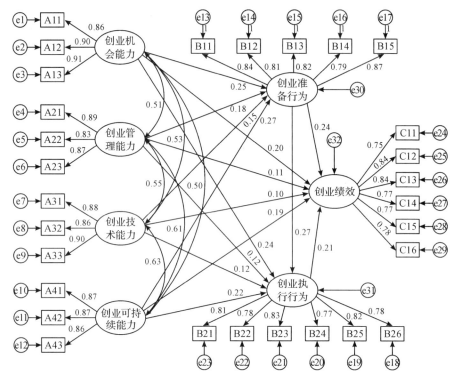

图 6-7　本研究的结构方程模型标准化分析结果（$N=420$）

表 6-19　结构方程模型路径系数

研究假设	路径关系			标准化估计值	非标准化估计值	标准误（S. E.）	C. R.（t-value）	检验结果
H1a	机会能力	→	创业绩效	0.203***	0.212	0.049	4.367	支持
H1b	管理能力	→	创业绩效	0.106*	0.122	0.055	2.233	支持
H1c	技术能力	→	创业绩效	0.097*	0.137	0.069	1.991	支持
H1d	可持续能力	→	创业绩效	0.188***	0.25	0.072	3.479	支持
H2a1	机会能力	→	创业准备行为	0.25***	0.254	0.054	4.69	支持
H2a2	机会能力	→	创业执行行为	0.244***	0.219	0.044	4.929	支持
H2b1	管理能力	→	创业准备行为	0.176**	0.197	0.066	2.994	支持
H2b2	管理能力	→	创业执行行为	0.119*	0.118	0.052	2.265	支持
H2c1	技术能力	→	创业准备行为	0.152*	0.211	0.084	2.52	支持
H2c2	技术能力	→	创业执行行为	0.122*	0.149	0.066	2.257	支持
H2d1	可持续能力	→	创业准备行为	0.27***	0.35	0.083	4.223	支持
H2d2	可持续能力	→	创业执行行为	0.216***	0.247	0.067	3.691	支持
H3a	创业准备行为	→	创业绩效	0.243***	0.249	0.052	4.755	支持
H3b	创业执行行为	→	创业绩效	0.205***	0.239	0.068	3.535	支持
H4	创业准备行为	→	创业执行行为	0.274***	0.241	0.048	5.076	支持

注：*，表示 $p<0.05$；**，表示 $p<0.01$；***，表示 $p<0.001$。

由表 6-19 可知,机会能力与创业绩效、可持续能力与创业绩效、机会能力与创业准备行为、机会能力与创业执行行为、可持续能力与创业准备行为、可持续能力与创业执行行为、创业准备行为与创业绩效、创业执行行为与创业绩效、创业准备行为与创业执行行为的标准化因果路径系数分别为 0.203、0.188、0.25、0.244、0.27、0.216、0.243、0.205、0.274,C.R.值均大于参考值 1.96,显著性均达到 $p <$ 0.001.这说明前者对后者存在显著的正向影响,这与假设 H1a、H1d、H2a1、H2a2、H2d1、H2d2、H3a、H3b、H4 相符。管理能力与创业准备行为的标准化因果路径系数为 0.176,C.R.值为 2.994,大于 1.96,显著性水平 p 值为 0.003($<$0.01),达到显著。这说明管理能力对创业准备行为存在显著的正向影响,与假设 H2b1 相符。管理能力与创业绩效、技术能力与创业绩效、管理能力与创业执行行为、技术能力与创业准备行为、技术能力与创业执行行为的标准化因果路径系数分别为 0.106、0.097、0.119、0.152、0.122,C.R.值分别为 2.233、1.991、2.265、2.52、2.257,均大于 1.96,显著性水平 p 值分别为 0.026、0.046、0.024、0.012、0.024,均小于 0.05。这说明前者对后者存在显著的正向影响,与假设 H1b、H1c、H2b1、H2b2、H2c1、H2c2 相符。

3. 变量间影响效果分析

变量间影响效果可以分为直接影响效果和间接影响效果。直接影响效果是直接相连的因果路径所标识的两个变量间的相互影响关系,间接影响效果是间接相连的因果路径所标识的变量间的相互影响关系,呈现的是自变量通过中介变量而传递给结果变量的间接效应作用大小。为了进一步分析各变量间的相互作用关系,笔者在结构方程路径系数的基础上对各变量间的直接及间接效应进行了分析。

(1)直接影响效应

根据结构方程路径系数,笔者将各变量间的直接影响效应进行了统计(见表6-20)。

表 6-20　结构方程中各变量的直接影响效应统计结果

	创业机会能力	创业管理能力	创业技术能力	创业可持续能力	创业准备行为	创业执行行为	创业绩效
创业准备行为	0.25	0.176	0.152	0.27	—	0.274	0.243
创业执行行为	0.244	0.119	0.122	0.216	0.274	—	0.205
创业绩效	0.203	0.106	0.097	0.188	0.243	0.205	—

由表 6-20 可以看出,就创业准备行为而言,创业机会能力、创业管理能力、创业技术能力、创业可持续能力对其可产生 0.25、0.176、0.152、0.27 的直接影响;就创业执行行为而言,创业机会能力、创业管理能力、创业技术能力、创业可持续能力对其可产生 0.244、0.119、0.122、0.216 的直接影响;就创业绩效而言,创业机会能力、创业管理能力、创业技术能力、创业可持续能力、创业准备行为、创业执行行为

对其可产生 0.203、0.106、0.097、0.188、0.243、0.205 的直接影响。

(2)间接影响效应

根据上述的直接效应,笔者进行了各变量的间接效应计算(见表 6-21)。

表 6-21　结构方程中各变量的间接影响效应统计结果

	创业机会能力	创业管理能力	创业技术能力	创业可持续能力	创业准备行为	创业执行行为	创业绩效
创业准备行为	—	—	—	—	—	—	—
创业执行行为	—	—	—	—	—	—	—
创业绩效	0.125	0.077	0.070	0.125			

虽然在本研究中创业准备行为与创业执行行为间也存在影响关系,但由于在计算创业绩效的影响效应时会将其影响效应计入,所以将单独再进行统计。就创业绩效而言,创业机会能力有三条间接路径可以影响它,分别是创业机会能力→创业准备行为→创业绩效、创业机会能力→创业执行行为→创业绩效、创业机会能力→创业准备行为→创业执行行为→创业绩效,其间接效应为 $0.25 \times 0.243 + 0.244 \times 0.205 + 0.25 \times 0.274 \times 0.205 = 0.125$;创业管理能力有三条间接路径可以影响它,分别为创业管理能力→创业准备行为→创业绩效、创业管理能力→创业执行行为→创业绩效、创业管理能力→创业准备行为→创业执行行为→创业绩效,其间接效应为 $0.176 \times 0.243 + 0.119 \times 0.205 + 0.176 \times 0.274 \times 0.205 = 0.077$;创业技术能力有三条间接路径可以影响它,分别是创业技术能力→创业准备行为→创业绩效、创业技术能力→创业执行行为→创业绩效、创业技术能力→创业准备行为→创业执行行为→创业绩效,其间接效应为 $0.152 \times 0.243 + 0.122 \times 0.205 + 0.152 \times 0.274 \times 0.205 = 0.070$;创业可持续能力有三条间接路径可以影响它,分别是创业可持续能力→创业准备行为→创业绩效、创业可持续能力→创业执行行为→创业绩效、创业可持续能力→创业准备行为→创业执行行为→创业绩效,其间接效应为 $0.27 \times 0.243 + 0.216 \times 0.205 + 0.27 \times 0.274 \times 0.205 = 0.125$。

(3)总影响效应

总效应是直接效应与间接效应的加总,除了创业绩效变量外,其余变量的影响效应都是直接效应,其总效应结果与直接效应结果一致。就创业绩效而言,创业机会能力、创业管理能力、创业技术能力、创业可持续能力对其产生的总效应分别为 0.328(直接效应 0.203+间接效应 0.125)、0.183(直接效应 0.106+间接效应 0.077)、0.167(直接效应 0.097+间接效应 0.070)、0.313(直接效应 0.188+间接效应 0.125)(见表 6-22)。从总效应结果与直接效应结果的比较中,就可以看出作为中介变量的创业准备行为及创业执行行为发挥了重要的中介作用。为更深入分析,笔者将在下文中运用 Bootstrapping 法来进一步分析中介变量的中介作用。

表 6-22　结构方程中各变量的总影响效应统计结果

	创业机会能力	创业管理能力	创业技术能力	创业可持续能力	创业准备行为	创业执行行为	创业绩效
创业准备行为	0.250	0.176	0.152	0.270	—	0.274	0.243
创业执行行为	0.244	0.119	0.122	0.216	0.274	—	0.205
创业绩效	0.328	0.183	0.167	0.313	0.243	0.205	—

6.2.8　用户创业行为的中介效应分析

根据 Hayes 建议,本书采用 Bootstrapping 法,设定 Bootstrapping 样本数为 1000,执行中介效应检验,结果如表 6-23 所示。

表 6-23　用户创业行为中介效应统计结果

研究假设	路径关系	中介效应值	Bias-Corrected 95%CI		Percentile 95%CI		Mackinnon PRODCLIN2		检验结果
			Lower	Upper	Lower	Upper	Lower	Upper	
H5a1	创业机会能力－创业准备行为－创业执行行为	0.068	0.024	0.146	0.02	0.135			支持
H5a2	创业管理能力－创业准备行为－创业执行行为	0.048	0.009	0.115	0.007	0.11			支持
H5a3	创业技术能力－创业准备行为－创业执行行为	0.042	0.006	0.106	0.003	0.095			支持
H5a4	创业可持续能力－创业准备行为－创业执行行为	0.074	0.029	0.148	0.025	0.138			支持
H6a1	创业机会能力－创业准备行为－创业绩效	0.061					0.027	0.112	支持
H6a2	创业管理能力－创业准备行为－创业绩效	0.043					0.014	0.096	支持
H6a3	创业技术能力－创业准备行为－创业绩效	0.037					0.011	0.109	支持
H6a4	创业可持续能力－创业准备行为－创业绩效	0.066					0.035	0.158	支持
H6b1	创业机会能力－创业执行行为－创业绩效	0.05					0.018	0.099	支持
H6b2	创业管理能力－创业执行行为－创业绩效	0.024					0.003	0.065	支持
H6b3	创业技术能力－创业执行行为－创业绩效	0.025					0.004	0.082	支持
H6b4	创业可持续能力－创业执行行为－创业绩效	0.044					0.017	0.12	支持

根据 Preacher 等的研究,Bootstrapping 置信区间不包含 0,则对应的间接、直接或总效应存在。本研究中,对于创业准备行为在创业机会能力与创业执行行为之间的间接效应,在 95% 置信水平下 Bias-Corrected 方法置信区间为[0.024,0.146],Percentile 方法置信区间为[0.02,0.135],均不包含 0,说明间接效应存在,所以创业准备行为在创业机会能力与创业执行行为之间起到中介作用,符合 H5a1 假设;对于创业准备行为在创业管理能力与创业执行行为之间的间接效应,在 95% 置信水平下 Bias-Corrected 方法置信区间为[0.009,0.115],Percentile 方法置信区间为[0.007,0.11],均不包含 0,说明间接效应存在,所以创业准备行为在创业管理能力与创业执行行为之间起到中介作用,符合 H5a2 假设;对于创业准备行为在创业技术能力与创业执行行为之间的间接效应,在 95% 置信水平下 Bias-Corrected 方法置信区间为[0.006,0.106],Percentile 方法置信区间为[0.003,0.095],均不包含 0,说明间接效应存在,所以创业准备行为在创业技术能力与创业执行行为之间起到中介作用,符合 H5a3 假设;对于创业准备行为在创业可持续能力与创业执行行为之间的间接效应,在 95% 置信水平下 Bias-Corrected 方法置信区间为[0.029,0.148],Percentile 方法置信区间为[0.025,0.138],均不包含 0,说明间接效应存在,所以创业准备行为在创业可持续能力与创业执行行为之间起到中介作用,符合 H5a4 假设。

对于创业准备行为在创业机会能力与创业绩效之间的间接效应,在 95% 置信水平下 Mackinnon PRODCLIN2 方法置信区间为[0.027,0.112],不包含 0,说明间接效应存在,符合 H6a1 假设;创业准备行为在创业管理能力与创业绩效之间的间接效应,在 95% 置信水平下 Mackinnon PRODCLIN2 方法置信区间为[0.014,0.096],不包含 0,说明间接效应存在,符合 H6a2 假设;创业准备行为在创业技术能力与创业绩效之间的间接效应,在 95% 置信水平下 Mackinnon PRODCLIN2 方法置信区间为[0.011,0.109],不包含 0,说明间接效应存在,符合 H6a3 假设;创业准备行为在创业可持续能力与创业绩效之间的间接效应,在 95% 置信水平下 Mackinnon PRODCLIN2 方法置信区间为[0.035,0.158],不包含 0,说明间接效应存在,符合 H6a4 假设;创业执行行为在创业机会能力与创业绩效之间的间接效应,在 95% 置信水平下 Mackinnon PRODCLIN2 方法置信区间为[0.018,0.099],不包含 0,说明间接效应存在,符合 H6b1 假设;创业执行行为在创业管理能力与创业绩效之间的间接效应,在 95% 置信水平下 Mackinnon PRODCLIN2 方法置信区间为[0.003,0.065],不包含 0,说明间接效应存在,符合 H6b2 假设;创业执行行为在创业技术能力与创业绩效之间的间接效应,在 95% 置信水平下 Mackinnon PRODCLIN2 方法置信区间为[0.004,0.082],不包含 0,说明间接效应存在,符合 H6b3 假设;创业执行行为在创业可持续能力与创业绩效之间的间接效应,在 95% 置信水平下 Mackinnon PRODCLIN2 方法置信区间为[0.017,0.12],不包含 0,说明间接效应存在,符合 H6b4 假设。中介效应分析结果与上文的各变量效应分析结果相对应,说明创业准备行为及创业执行行为都能起到中介作用。

6.3　本章小结

　　通过实证研究,本章分析了网络平台用户创业能力、行为及绩效的相互作用关系。在样本数据收集上,本研究选择了义乌、杭州、广州、山东、江苏区域的淘宝网店卖家、天猫网店卖家、速卖通卖家进行问卷调查,共回收 420 份有效问卷。在数据整理基础上,通过描述性统计方法、组间因子差异性分析、因子分析法、结构方程建模法、中介 Bootstrapping 法对样本数据进行科学分析,得到了相应的研究结果。通过样本的描述性统计,发现调查者的自我评估比较积极,其中均值最高的是创业机会能力,均值最低的是创业管理能力,而其余各指标的均值基本在 5～6。标准差最大的是创业绩效指标,达到了 1.3,其余各指标的标准差在 0.8～1.2。这说明创业者对各项指标自我评估离散程度整体偏高,个体间差异较大,值得进一步研究。从组间因子差异性分析结果看,创业绩效优秀的创业者在创业机会能力、管理能力、技术能力、可持续发展能力、创业准备行为及执行行为上都表现得比创业绩效一般、创业绩效较差的创业者更为优秀,绩效一般的创业者对这些变量的自我评估分值也比创业绩效较差的创业者更高,从而三组创业者在创业能力上显现出依次强弱关系。这在一定程度上说明创业机会能力、管理能力、技术能力、可持续发展能力、创业准备行为及执行行为方面表现突出的创业者,其创业绩效也会更好。当然,变量间的这些正向影响关系需要更为科学的实证分析。

　　基于描述性统计及组间因子差异性分析,本研究随机等分样本数据,对各个变量分别进行了探索性因子分析及验证性因子分析。分析结果表明各因子的 KMO 及 Bartlett 数值都大于 0.80,达到了良好标准,且因子载荷、结构都达到了标准及预设目标;通过多个竞争性模型比较,以 χ^2/df 等主要拟合指标为判别标准,研究者预设的网络平台用户创业能力、行为及绩效模型的拟合程度较好。为了科学判别模型及研究的科学性,分别开展了探索性信度分析、内容效度及建构效度的分析,结果表明各量表及总量表的 Cronbach'α 系数达到了 0.90 以上,具有很好的信度;各因子载荷处于 0.717～0.960(>0.5),组合信度在 0.886～0.961(>0.8),平均方差提炼值(AVE)在 0.601～0.886(>0.5),较好地达到了建构效度中聚合效度的标准;平均提取方差值(AVE)的平方根数值处于 0.775～0.941,均大于各因子的相关系数,说明量表具有较好的区分效度。

　　在信效度分析基础上,通过竞争性模型分析提出了本研究的结构方程模型,并通过多因素斜交模型及路径分析,对原有提出的关系假设进行检验。研究结果证实了创业机会能力、管理能力、技术能力及可持续能力对创业绩效有正向影响作用,假设 H1a、H1b、H1c 及 H1d 得到支持;创业机会能力、管理能力、技术能力、可持续能力对创业准备行为及执行行为都会产生正向作用,假设 H2a1、H2a2、

H2b1、H2b2、H2c1、H2c2、H2d1 及 H2d2 得到支持;创业准备行为、创业执行行为对创业绩效也会产生正向作用,假设 H3a、H3b 得到支持;作为中介变量的创业准备行为对创业执行行为也会产生正向作用,假设 H4 得到支持。与此同时,还对各变量间的直接效应、间接效应及总效应分别进行计算,进一步剖析了各变量间的影响关系。

　　笔者通过 Bootstrapping 法对创业行为的中介效应进行分析。研究结果证实了用户创业准备行为在创业机会能力、管理能力、技术能力、可持续发展能力与创业执行行为间都发挥着中介作用,假设 H5a1、H5a2、H5a3 及 H5a4 得到支持;用户创业准备行为在创业机会能力、管理能力、技术能力、可持续发展能力与创业绩效间都发挥着中介作用,假设 H6a1、H6a2、H6a3 及 H6a4 得到支持;用户创业执行行为在创业机会能力、管理能力、技术能力、可持续发展能力与创业绩效间都发挥着中介作用,假设 H6b1、H6b2、H6b3 及 H6b4 得到支持。

第7章　网络创业型平台领导特征的调节效应分析

网络创业型平台领导特征作为与平台用户创业直接关联的环境要素,在创业者能力的行为转化中可能存在调节效应。基于上文的理论假设,本章将在结构方程分析基础上,进一步阐述网络创业型平台领导特征在网络平台用户能力与行为间的调节效应。

7.1　描述性统计

网络创业型平台领导特征作为研究变量,其样本的描述性统计如表7-1所示。

表 7-1　网络创业型平台领导特征各测度题项的描述性统计

网络创业型平台领导特征	N	均值	标准差
D1 权力特征			
D11 您所创业的平台拥有清晰、科学合理的商业规则	420	4.64	1.024
D12 您所创业的平台会严格执行原先制定的商业规则	420	4.66	1.001
D13 您所创业的平台,对整个平台网络体系(如用户行为、子平台等)会监管到位	420	4.66	1.022
D14 您所创业的平台的整体战略决策比较科学	420	4.65	1.017
D2 资源特征			
D21 您所创业的平台拥有庞大的用户资源	420	5.30	1.135
D22 您所创业的平台拥有丰富的应用工具资源	420	5.26	1.135
D23 您所创业的平台拥有丰富的商业信息资源	420	5.28	1.140
D24 您所创业的平台在行业中具有较好的市场地位及品牌效应	420	5.35	1.126
D3 开放创新特征			
D31 您所创业的平台开放程度高,平台进入容易	420	5.31	0.737
D32 您所创业的平台工具可用性强,应用成本比较低	420	5.30	0.846
D33 您所创业的平台共享数据多,且共享及时	420	5.34	0.798
D4 可持续发展动力特征			
D41 您所创业的平台与用户互动性强且频繁	420	5.29	1.066
D42 您所创业的平台拥有较多的创新激励机制	420	5.33	1.075
D43 您所创业的平台运行机制较好,具有良好的发展前景,商业价值高	420	5.31	1.105

表 7-1 表明,作为反映平台领导权力特征的 4 个测度指标,即"您所创业的平台拥有清晰、科学合理的商业规则""您所创业的平台会严格执行原先制定的商业规则""您所创业的平台,对整个平台网络体系(如用户行为、子平台等)会监管到位""您所创业的平台的整体战略决策比较科学"的均值分别为 4.64、4.66、4.66、4.65,是所有测度指标中均值最低的,说明平台用户对平台的权力特征评价为中等,平台在规则、监管等方面尚存在不足。其标准差分别为 1.024、1.001、1.022、1.017,说明用户对不同平台的评价存在差异。反映资源特征的 4 个测度指标,即"您所创业的平台拥有庞大的用户资源""您所创业的平台拥有丰富的应用工具资源""您所创业的平台拥有丰富的商业信息资源""您所创业的平台在行业中具有较好的市场地位及品牌效应"的均值分别为 5.30、5.26、5.28、5.35,说明用户对平台所提供的资源比较认可,评价较高,但也存在较高的离散度,说明不同用户对资源的感知程度有较大差别。作为反映开放创新特征的 3 个测度指标,即"您所创业的平台开放程度高,平台进入容易""您所创业的平台工具更新较快,也比较多""您所创业的平台共享数据多,且共享及时"的均值分别为 5.31、5.30、5.34,说明用户对平台开放创新程度的评价中等偏上。其标准差分别为 0.737、0.846、0.798,在所有题项中其数值最低,这说明开放创新特征得到了大多数用户的认可。作为反映可持续发展动力特征的 3 个测度指标,即"您所创业的平台与用户互动性强且频繁""您所创业的平台拥有较多的创新激励机制""您所创业的平台运行机制较好,具有良好的发展前景,商业价值高"的均值分别为 5.29、5.33、5.31,表明用户对平台可持续发展动力特征评价整体较好。其标准差分别为 1.066、1.075、1.105,说明该数据的离散程度较高,一致性程度相对较低。

7.2 组间因子差异性分析

按照上文的研究方法,以创业绩效评价总分排序为依据,将样本重新分成 A(前 30%)、B(中间 40%)、C(后 30%)三组。之后,对这三组样本进行了单因子方差分析,以分析三组的组间及组内差异(见表 7-2)。

表7-2 三组不同创业绩效用户的差异比较分析摘要

变量	方差齐性检验之显著性		平方和(SS)	自由度(df)	平均平方和(MS)	F 检验	显著性	事后比较 Tamhane's T2检验法	事后比较 Dunnett's T3检验法
D1 权力特征	0.000	组间	847.004	2	423.502	33.217	0.000***	A>B A>C	A>B A>C
		组内	5316.510	417	12.749				
		总数	6163.514	419					

将 D1 中所有变量按其差异显著性由大到小排序:D13,即"您所创业的平台对整个平台网络体系会监管到位"题项 F 值为31.682***,且 A>B、A>C;D11,即"您所创业的平台拥有清晰、科学合理的商业规则"题项 F 值为30.082***,且 A>B、A>C;D14,即"您所创业的平台的整体战略决策比较科学"题项 F 值为28.564***,且 A>B、A>C;D12,即"您所创业的平台会严格执行原先制定的商业规则"题项 F 值为26.375***,且 A>B、A>C。

变量	方差齐性检验之显著性		平方和（SS）	自由度（df）	平均平方和（MS）	F 检验	显著性	事后比较 Tamhane's T2检验法	事后比较 Dunnett's T3检验法
D2 资源特征	0.000	组间	737.648	2	368.824	21.893	0.000***	A>B A>C	A>B A>C
		组内	7025.114	417	16.847				
		总数	7762.762	419					

将 D2 中所有变量按其差异显著性由大到小排序：D24，即"您所创业的平台在行业中具有较好的市场地位及品牌效应"题项 F 值为26.451***，且 A>B、A>C；D21，即"您所创业的平台拥有庞大的用户资源"题项 F 值为20.386***，且 A>B、A>C；D22，即"您所创业的平台拥有丰富的应用工具资源"题项 F 值为18.022***，且 A>B、A>C；D23，即"您所创业的平台拥有丰富的商业信息资源"题项 F 值为14.544***，且 A>B、A>C。

D3开放创新特征	0.000	组间	580.767	2	290.384	79.603	0.000***	A>B A>C	A>B A>C
		组内	1521.183	417	3.648				
		总数	2101.950	419					

将 D3 中所有变量按其差异显著性由大到小排序：D33，即"您所创业的平台共享数据多，且共享及时"题项 F 值为74.413***，且 A>B、A>C；D32，即"您所创业的平台工具更新较快，也比较多"题项的 F 值为69.705***，且 A>B、A>C；D31，即"您所创业的平台开放程度高，平台进入容易"题项的 F 值为58.457***，且 A>B、A>C。

D4可持续发展动力特征	0.000	组间	462.276	2	231.138	26.654	0.000***	A>B A>C	A>B A>C
		组内	3616.131	417	8.672				
		总数	4078.407	419					

将 D4 所有变量按其差异显著性由大到小排序：D42，即"您所创业的平台拥有较多的创新激励机制"题项的 F 值为30.138***，且 A>B、A>C；D43，即"您所创业的平台运行机制较好，具有良好的发展前景，商业价值高"题项的 F 值为22.802***，且 A>B、A>C；D41，即"您所创业的平台与用户互动性强且频繁"题项的 F 值为21.129***，且 A>B、A>C。

注：A 组为创业绩效排序前30%的平台用户创业者；B 组为创业绩效排序位居中间40%的平台用户创业者；C 组为创业绩效排序后30%的平台用户创业者。

注：*，表示 $p<0.05$；**，表示 $p<0.01$；***，表示 $p<0.001$。

表 7-2 表明，4 个因子方差同质性检验的显著性 p 值都为 0.000，均未超过 0.05。这说明样本的方差差异均达到显著，违反方差同质性假定。正因如此，本研究选取了作为事后比较法的 Tamhane's T2 以及 Dunnett's T3 检验法进行分析，其结果如下：4 个因子的整体显著性检验都达到显著，即 $p<0.05$，说明三组创业者在这 4 个维度上存在显著差异，且其差异显著性按从大到小排序依次为平台领导开放创新特征、权力特征、可持续发展动力特征、资源特征。

各因子的方差分析结果如下：(1)在平台领导的权力特征维度，其 4 个题项的方差分析结果都呈现出"A>B、A>C"，即优秀创业绩效(前 30%)创业者对平台领导权力特征的评价优于一般绩效(中间 40%)创业者和绩效差(后 30%)的创业者，但一般绩效创业者与绩效差的创业者之间并无显著差异，其中 D13，即"您所创业的平台，它对整个平台网络体系会监管到位"的差异最大，且也呈现出"A>B、A>

C"的关系;(2)在平台领导的资源特征维度,其 4 个题项的方差分析结果都呈现出"A>B、A>C",即优秀创业绩效(前 30%)创业者对平台领导资源特征的评价优于一般绩效(中间 40%)创业者和绩效差(后 30%)的创业者,但一般绩效创业者与绩效差的创业者之间并无显著差异,其中 D24,即"您所创业的平台在行业中具有较好的市场地位及品牌效应"的差异最大,且也呈现"A>B、A>C"的关系;(3)在平台领导的开放创新特征维度,其 3 个题项的方差分析结果都呈现出"A>B、A>C",即优秀创业绩效(前 30%)创业者对平台领导开放创新特征的评价优于一般绩效(中间 40%)创业者和绩效差(后 30%)的创业者,但一般绩效创业者与绩效差的创业者之间并无显著差异,其中 D33,即"您所创业的平台共享数据多,且共享及时"的差异最大,且也呈现"A>B、A>C"的关系;(4)在平台领导的可持续发展动力特征维度,其 3 个题项的方差分析结果都呈现出"A>B、A>C",即优秀创业绩效(前 30%)创业者对平台领导运行模式特征的评价优于一般绩效(中间 40%)创业者和绩效差(后 30%)的创业者,但一般绩效创业者与绩效差的创业者之间并无显著差异,其中 D42,即"您所创业的平台拥有较多的创新激励机制"的差异最大,且也呈现出"A>B、A>C"的关系。

7.3 探索性因子分析(EFA)

笔者采用同样的方法,对随机等分的 210 个样本数据进行了探索性因子分析,其 KMO 和 Bartlett 检验结果见表 7-3,探索性因子分析结果见表 7-4。

表 7-3　网络创业型平台领导特征量表的 KMO 和 Bartlett 检验结果

取样足够度的 KMO 度量		0.927
Bartlett 的球形度检验	近似卡方	3649.427
	df	91
	Sig.	0.000

表 7-4　网络创业型平台领导特征量表的探索性因子分析结果($N=210$)

因子	测量题项	D2	D1	D4	D3
D2 资源 特征	D21 您所创业的平台拥有庞大的用户资源	**0.888**	0.258	0.218	0.190
	D23 您所创业的平台拥有丰富的商业信息资源	**0.873**	0.242	0.232	0.141
	D22 您所创业的平台拥有丰富的应用工具资源	**0.865**	0.237	0.207	0.196
	D24 您所创业的平台在行业中具有较好的市场地位及品牌效应	**0.861**	0.269	0.233	0.227

因子	测量题项	D2	D1	D4	D3
D1 权力 特征	D12 您所创业的平台会严格执行原先制定的商业规则	0.258	**0.839**	0.213	0.268
	D11 您所创业的平台拥有清晰、科学合理的商业规则	0.288	**0.825**	0.234	0.273
	D14 您所创业的平台的整体战略决策比较科学	0.242	**0.813**	0.275	0.309
	D13 您所创业的平台对整个平台网络体系(如用户行为、子平台等)会监管到位	0.327	**0.805**	0.255	0.259
D4 运行 模式 特征	D41 您所创业的平台与用户互动性强且频繁	0.267	0.259	**0.842**	0.290
	D43 您所创业的平台运行机制较好,具有良好的发展前景,商业价值高	0.266	0.296	**0.831**	0.293
	D42 您所创业的平台拥有较多的创新激励机制	0.329	0.287	**0.792**	0.304
D3 开放 创新 特征	D31 您所创业的平台开放程度高,平台进入容易	0.254	0.295	0.272	**0.813**
	D32 您所创业的平台工具可用性强,应用成本比较低	0.181	0.305	0.291	**0.810**
	D33 您所创业的平台共享数据多,且共享及时	0.227	0.330	0.281	**0.809**
解释变异量		26.823	24.811	19.305	19.206
累计解释变异量		26.823	51.634	70.940	90.145

表 7-4 表明该样本数据的 KMO 的值为 0.927,$p=0.000$,说明有共同因子存在,适合进行因子分析。4 个公因子的累计解释变异量为 90.145%,能解释大部分潜变量。按其解释变异量的大小排序,分别为资源特征、权力特征、可持续发展动力特征及开放创新特征。其中用户资源是最能表征资源特征的题项,平台规则的执行是最能表征权力特征的题项,平台与用户互动性是最能表征可持续发展动力特征的题项,平台的开放程度是最能表征开放创新特征的题项。

7.4　验证性因子分析(CFA)

由于当前对网络创业型平台领导特征的研究较少,为了能提高假设模型的科学性,笔者提出了 4 个竞争性假设模型(见图 7-1),并进行了对比分析。图中的 (a)、(b)、(c)、(d)分别对应 M1、M2、M3 及 M4 模型。M1、M2、M3、M4 假设模型均有 14 个观察变量。M1 是单因子假设模型;M2 是三因子斜交假设模型,3 个因子分别是权力特征、资源特征与运行特征(由于开放创新特征与可持续发展动力特征可能存有共同因子,所以尝试将两者合并为 1 个因子);M3 是 4 因子直交模型 (权力特征、资源特征、开放创新特征、可持续发展动力特征),4 个潜在变量间的相关系数为 0;M4 是 4 因子斜交假设模型,且权力特征、资源特征、开放创新特征、可持续发展动力特征 4 个潜在变量间的相关系数不为 0。

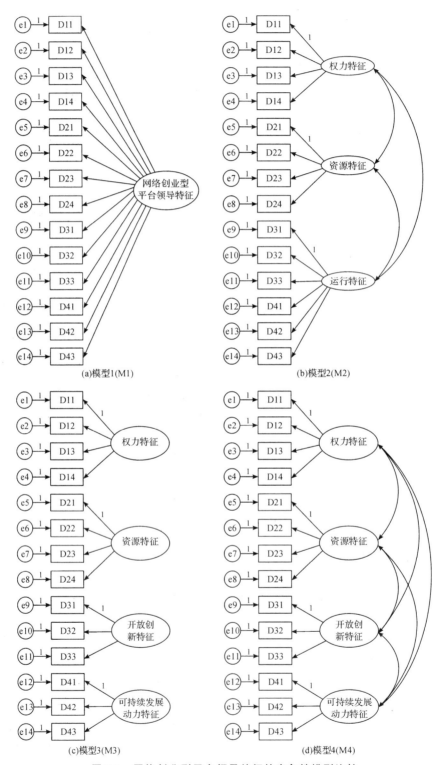

(a)模型1(M1)

(b)模型2(M2)

(c)模型3(M3)

(d)模型4(M4)

图 7-1 网络创业型平台领导特征的竞争性模型比较

笔者利用随机等分的另外 210 个样本数据,对这 4 个模型分别进行拟合程度的统计分析,分析结果见表 7-5。

表 7-5　网络创业型平台领导特征的验证性因子分析拟合指数(N=210)

模型	χ^2/df	GFI	AGFI	RMSEA	NFI	IFI	CFI
模型 1(M1)	22.204	0.413	0.199	0.319	0.518	0.530	0.528
模型 2(M2)	7.812	0.726	0.611	0.181	0.837	0.855	0.854
模型 3(M3)	4.799	0.776	0.695	0.135	0.896	0.916	0.915
模型 4(M5)	1.164	0.947	0.922	0.028	0.977	0.997	0.997
评价标准	<2	>0.9	>0.9	<0.05	>0.9	>0.9	>0.9

通过对这 4 个模型 7 个拟合指数的比较,笔者发现模型 4(M4)都达到了 7 个拟合指数评价标准,模型 3(M3)部分达到评价标准,而模型 1(M1)和模型 2(M2)则基本不符合各项拟合指数评价标准。模型 4(M4)的 χ^2/df 值为 1.164,小于 2;GFI 和 AG-FI 的数值分别为 0.947、0.922,大于 0.9;RMSEA 的数值为 0.028,小于 0.05;NFI、IFI 及 CFI 的数值分别为 0.977、0.997、0.997,都大于 0.9。说明该模型的拟合程度较好,可以接受。与此同时,图 7-2 表明模型 4(M4)的各个因子载荷量都超过 0.7,比较理想。此外,按照吴明隆(2012)的观点,因素间相关系数在 0.75 以上,就说明因素间存有另一个更高阶的共同因素。图 7-2 表明 4 个潜在变量间的相关系数为 0.41~0.63,没有达到 0.75。综上所述,模型 4(M4)是理想的研究模型。

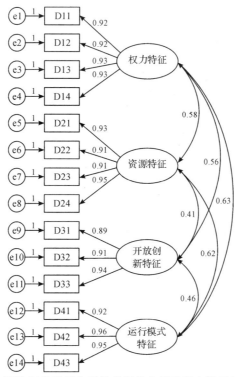

图 7-2　网络创业型平台领导特征的多因素斜交模型(N=210)

7.5　信效度分析

在信度分析上,本研究将运用 SPSS17.0 对前一组样本数据($N=210$)的网络创业型平台领导特征进行信度分析,其 Cronbach'α 系数值为 0.958,表明量表具有较好的信度(吴明隆,2009)。在内容效度分析上,由于现有相关研究较少,可借鉴的量表及理论也较少,笔者严格按照扎根理论的定性研究方法,通过头脑风暴、文字编码等一系列科学研究过程确定了网络创业型平台领导特征的初始量表。而为了保障内容效度,笔者也进行了量表预试,删除了内容效度较低的题项,最终确定题项,从而保障量表具有较高的内容效度。在建构效度分析上,本研究利用随机等分的另一组样本数据($N=210$)进行了验证性因子分析,并以此分析其建构效度,结果见表 7-6。

表7-6　网络创业型平台领导特征的因子载荷、组合信度及 AVE 分析

维度	测量题项	因子载荷	组合信度(CR)	平均方差提取值(AVE)
D1 平台领导权力特征	D11您所创业的平台拥有清晰、科学合理的商业规则	0.916***	0.961	0.859
	D12您所创业的平台会严格执行原先制定的商业规则	0.923***		
	D13您所创业的平台对整个平台网络体系会监管到位	0.935***		
	D14您所创业的平台的整体战略决策比较科学	0.934***		
D2 平台领导资源特征	D21您所创业的平台拥有庞大的用户资源	0.930***	0.960	0.858
	D22您所创业的平台拥有丰富的应用工具资源	0.913***		
	D23您所创业的平台拥有丰富的商业信息资源	0.914***		
	D24您所创业的平台在行业中具有较好的市场地位及品牌效应	0.947***		
D3平台领导开放创新特征	D31您所创业的平台开放程度高,平台进入容易	0.894***	0.938	0.834
	D32您所创业的平台工具可用性强,应用成本比较低	0.906***		
	D33您所创业的平台共享数据多,且共享及时	0.939***		
D4平台领导运行模式特征	D41您所创业的平台与用户互动性强且频繁	0.918***	0.959	0.886
	D42您所创业的平台拥有较多的创新激励机制	0.960***		
	D43您所创业的平台运行机制较好,具有良好的发展前景,商业价值高	0.946***		

注:*** 表示在0.001水平下显著。

表 7-6 表明,量表所有题项的因子载荷处于 0.894～0.960,达到了建构效度中较好的聚合效度标准,即所有标准化的因子荷载值大于 0.5;其显著性水平在 0.001,达到显著水平 $p<0.05$ 的标准;从组合信度结果看,各个因子的组合信度在 0.938～0.961,达到了聚合效度的第二个判别标准,即组合信度要大于 0.8;从平

均方差提炼值（AVE）的值看，所有因子的 AVE 在 0.834～0.886，达到了聚合效度
的第三个判别标准，即 AVE 要大于 0.5。因此，量表的整体聚合效度较好。而根
据上文表 6-17 的各因子相关系数及平均提取方差值（AVE）的平方根，可以看出网
络创业型平台领导特征 4 个因子的 AVE 平方根均大于各因子的相关系数，说明区
分效度较好。综上所述，网络创业型平台领导特征量表具有较好的信度、内容效
度、会聚效度及区分效度。

7.6　调节效应及假设检验

　　笔者运用 SPSS22.0 阶层回归分析法对网络创业型平台领导特征在用户创业能
力、行为间的调节效应进行分析，研究结果表明其部分调节效应得到实证支持。

7.6.1　权力特征在创业能力与创业准备行为间的调节作用

　　进行调节作用分析时共涉及两个模型，模型 1 将创业机会能力、创业管理能
力、创业技术能力、创业可持续能力作为自变量，将调节变量平台领导权力特征纳
入模型，并将创业准备行为作为因变量。模型 2 在模型 1 的基础上加入创业机会能
力、创业管理能力、创业技术能力、创业可持续能力与平台领导权力特征的交互项作
为自变量纳入模型。经统计分析，可将调节效应分析结果汇总为表 7-7。

表7-7　权力特征在创业能力与准备行为间的调节效应

研究假设	Model	Model 1		Model 2		检验结果
		β	Std. Error	β	Std. Error	
	MO 创业机会能力	0.282***	0.042	0.260***	0.041	
	MO 创业管理能力	0.143**	0.051	0.071	0.050	
	MO 创业技术能力	0.136*	0.064	0.175**	0.062	
	MO 创业可持续能力	0.233***	0.062	0.246***	0.061	
	平台领导权力特征	0.267***	0.042	0.185***	0.046	
H7a1	MO 平台领导权力特征 X MO 创业机会能力			0.108**	0.041	支持
H7a3	MO 平台领导权力特征 X MO 创业管理能力			0.051	0.044	不支持
H7a5	MO 平台领导权力特征 X MO 创业技术能力			0.103	0.072	不支持
H7a7	MO 平台领导权力特征 X MO 创业可持续能力			0.142*	0.060	支持
	R^2	0.474		0.527		
	Adjusted R^2	0.468		0.517		
	F value	74.605***		50.800***		
	R^2 Change			0.053		
	F Change			11.544		
	Sig. F Change			0.000		

　　注：*，表示 $p < 0.05$；**，表示 $p < 0.01$；***，表示 $p < 0.001$。

模型 1 显示,创业机会能力、创业管理能力、创业技术能力、创业可持续能力、平台领导权力特征均会对创业准备行为产生显著的正向影响。而从交互项分析,可得出以下结论:创业机会能力与平台领导权力特征之间的交互项呈现出 0.01 水平上的显著性,并且回归系数为 0.108>0,因此说明在创业机会能力对创业准备行为的影响过程中,平台领导权力特征会起着调节作用,这与假设 H7a1 相符;创业管理能力与平台领导权力特征之间的交互项没有呈现出显著性,因此说明在创业管理能力对创业准备行为的影响过程中,平台领导权力特征不会起调节作用,这与假设 H7a3 不相符;创业技术能力与平台领导权力特征之间的交互项没有呈现出显著性,因此说明在创业技术能力对创业准备行为的影响过程中,平台领导权力特征不会起调节作用,这与假设 H7a5 不相符;创业可持续能力与平台领导权力特征之间的交互项呈现出 0.05 水平上的显著性,并且回归系数为 0.142>0,所以,创业可持续能力对创业准备行为的影响过程中,平台领导权力特征会起到调节作用,这与假设 H7a7 相符。综上所述,创业管理能力、创业技术能力对创业准备行为产生影响时,平台领导权力特征并不会起调节作用,但是创业机会能力、创业可持续能力对创业准备行为产生影响时,平台领导权力特征会起调节作用,即平台领导权力特征值越高,影响程度会越大。

7.6.2 权力特征在创业能力与创业执行行为间的调节作用

本次调节作用分析也将涉及两个模型,模型 1 将创业机会能力、创业管理能力、创业技术能力、创业可持续能力作为自变量,将调节变量平台领导权力特征纳入模型,以及将创业执行行为作为因变量。模型 2 在模型 1 的基础上加入创业机会能力、创业管理能力、创业技术能力、创业可持续能力与平台领导权力特征的交互项作为自变量纳入模型。经统计分析,可将调节效应分析结果汇总为表 7-8。

表7-8　权力特征在创业能力与执行行为间的调节效应

研究假设	Model	Model 1		Model 2		检验结果
		β	Std. Error	β	Std. Error	
	MO 创业机会能力	0.293***	0.035	0.269***	0.035	
	MO 创业管理能力	0.137**	0.043	0.097*	0.043	
	MO 创业技术能力	0.154**	0.054	0.177**	0.053	
	MO 创业可持续能力	0.237***	0.052	0.265***	0.052	
	平台领导权力特征	0.205***	0.035	0.153***	0.039	
H7a2	MO 平台领导权力特征 X MO 创业机会能力			0.080*	0.035	支持
H7a4	MO 平台领导权力特征 X MO 创业管理能力			0.020	0.037	不支持
H7a6	MO 平台领导权力特征 X MO 创业技术能力			0.171**	0.062	支持

续表

研究假设	Model	Model 1		Model 2		检验结果
		β	Std. Error	β	Std. Error	
H7a8	MO 平台领导权力特征 X MO 创业可持续能力			0.049	0.051	不支持
	R^2	0.551		0.575		
	Adjusted R^2	0.545		0.565		
	F value	101.429***		61.575***		
	R^2 Change			0.024		
	F Change			5.835		
	Sig. F Change			0.000		

注：*，表示 $p<0.05$；**，表示 $p<0.01$；***，表示 $p<0.001$。

模型 1 显示，创业机会能力、创业管理能力、创业技术能力、创业可持续能力、平台领导权力特征均会对创业执行行为产生显著的正向影响。而从交互项分析结果看，创业机会能力与平台领导权力特征之间的交互项呈现出 0.05 水平上的显著性，并且回归系数为 0.080＞0，这说明在创业机会能力对创业执行行为的影响过程中，平台领导权力特征会起到调节作用，与假设 H7a2 符合；创业管理能力与平台领导权力特征之间的交互项没有呈现显著性，因此说明在创业管理能力对创业执行行为的影响过程中，平台领导权力特征不会起到调节作用，与假设 H7a4 不相符；创业技术能力与平台领导权力特征之间的交互项呈现出 0.01 水平上的显著性，并且回归系数为 0.171＞0，因此说明在创业技术能力对创业执行行为的影响过程中，平台领导权力特征会起到调节作用，与假设 H7a6 相符；创业可持续能力与平台领导权力特征之间的交互项没有呈现出显著性，因此说明在创业可持续能力对创业执行行为的影响过程中，平台领导权力特征不会起到调节作用，与假设 H7a8 不相符。综上所述，创业管理能力、创业可持续能力对创业执行行为产生影响时，平台领导权力特征并不会起调节作用，但是创业机会能力、创业技术能力对创业执行行为产生影响时，平台领导权力特征会起调节作用，即平台领导权力特征值越高，影响程度会越大。

7.6.3　资源特征在创业能力与创业准备行为间的调节作用

本次调节作用的分析共涉及两个模型，模型 1 将创业机会能力、创业管理能力、创业技术能力、创业可持续能力作为自变量，将调节变量平台领导资源特征纳入模型，并将创业准备行为作为因变量。模型 2 在模型 1 的基础上加入创业机会能力、创业管理能力、创业技术能力、创业可持续能力与平台领导资源特征的交互项作为自变量纳入模型。经统计分析，可将调节效应分析结果汇总为表 7-9。

表7-9 资源特征在创业能力与准备行为间的调节效应

研究假设	Model	Model 1		Model 2		检验结果
		β	Std. Error	β	Std. Error	
	MO 创业机会能力	0.297***	0.041	0.181***	0.042	
	MO 创业管理能力	0.152**	0.050	0.085	0.049	
	MO 创业技术能力	0.145*	0.062	0.191**	0.062	
	MO 创业可持续能力	0.280***	0.059	0.289***	0.060	
	平台领导资源特征	0.271***	0.034	0.183***	0.035	
H8a1	MO 平台领导资源特征 X MO 创业机会能力			0.067*	0.034	支持
H8a3	MO 平台领导资源特征 X MO 创业管理能力			0.018	0.041	不支持
H8a5	MO 平台领导资源特征 X MO 创业技术能力			0.156**	0.058	支持
H8a7	MO 平台领导资源特征 X MO 创业可持续能力			0.133*	0.053	支持
	R^2	0.500		0.569		
	Adjusted R^2	0.494		0.559		
	F value	82.810***		60.047***		
	R^2 Change			0.069		
	F Change			16.296		
	Sig. F Change			0.000		

注:*,表示 $p<0.05$;**,表示 $p<0.01$;***,表示 $p<0.001$。

模型1显示,创业机会能力、创业管理能力、创业技术能力、创业可持续能力、平台领导资源特征均会对创业准备行为产生显著的正向影响。而从交互项分析来看,创业机会能力与平台领导资源特征之间的交互项呈现出 0.05 水平上的显著性,并且回归系数为 0.067>0,这说明在创业机会能力对创业准备行为的影响过程中,平台领导资源特征会起到调节作用,与假设 H8a1 相符;创业管理能力与平台领导资源特征之间的交互项没有呈现出显著性,这说明在创业管理能力对创业准备行为的影响过程中,平台领导资源特征不会起到调节作用,与假设 H8a3 不相符;创业技术能力与平台领导资源特征之间的交互项呈现出 0.01 水平上的显著性,并且回归系数为 0.156>0,这说明在创业技术能力对创业准备行为的影响过程中,平台领导资源特征会起到调节作用,与假设 H8a5 相符;创业可持续能力与平台领导资源特征之间的交互项呈现出 0.05 水平上的显著性,并且回归系数为 0.133>0,这说明在创业可持续能力对创业准备行为的影响过程中,平台领导资源特征会起到调节作用,与假设 H8a7 相符。综上所述,创业管理能力对创业准备行为产生影响时,平台领导资源特征并不会起调节作用,但是创业机会能力、创业技术能力、创业可持续能力对创业准备行为产生影响时,平台领导资源特征会起调节作用,即平台领导资源特征值越高,影响程度会越大。

7.6.4　资源特征在创业能力与创业执行能力间的调节作用

进行调节作用的分析时共涉及两个模型,模型 1 将创业机会能力、创业管理能力、创业技术能力、创业可持续能力作为自变量,将调节变量创业资源特征纳入模型,并将创业执行能力作为因变量。模型 2 在模型 1 的基础上加入创业机会能力、创业管理能力、创业技术能力、创业可持续能力与平台领导资源特征的交互项作为自变量纳入模型。经统计分析,可将调节效应分析结果汇总为表 7-10。

表 7-10　资源特征在创业能力与执行行为间的调节效应

研究假设	Model	Model 1		Model 2		检验结果
		β	Std. Error	β	Std. Error	
	MO 创业机会能力	0.309***	0.034	0.224***	0.036	
	MO 创业管理能力	0.141**	0.041	0.090*	0.042	
	MO 创业技术能力	0.155**	0.051	0.166**	0.053	
	MO 创业可持续能力	0.271***	0.049	0.311***	0.051	
	平台领导资源特征	0.226***	0.028	0.163***	0.030	
H8a2	MO 平台领导资源特征 X MO 创业机会能力			0.031	0.029	不支持
H8a4	MO 平台领导资源特征 X MO 创业管理能力			0.074*	0.035	支持
H8a6	MO 平台领导资源特征 X MO 创业技术能力			0.144**	0.049	支持
H8a8	MO 平台领导资源特征 X MO 创业可持续能力			−0.012	0.045	不支持
	R^2	0.580		0.614		
	Adjusted R^2	0.575		0.605		
	F value	114.203***		72.421***		
	R^2 Change			0.034		
	F Change			9.067		
	Sig. F Change			0.000		

注:*,表示 $p<0.05$;**,表示 $p<0.01$;***,表示 $p<0.001$。

模型 1 显示,创业机会能力、创业管理能力、创业技术能力、创业可持续能力、平台领导资源特征均会对创业执行能力产生显著的正向影响。而从交互项分析来:创业机会能力与平台领导资源特征之间的交互项没有呈现出显著性,这说明在创业机会能力对创业执行能力的影响过程中,平台领导资源特征不会起到调节作用,这与假设 H8a2 不符;创业管理能力与平台领导资源特征之间的交互项呈现出 0.05 水平上的显著性,并且回归系数为 0.074>0,这说明在创业管理能力对创业执行能力的影响过程中,平台领导资源特征会起到调节作用,这与假设 H8a4 相符;创业技术能力与平台领导资源特征之间的交互项呈现出 0.01 水平上的显著性,并且回归系数为 $0.144 > 0$,因此说明在创业技术能力对创业执行能力的影响过程中,平台领导资源特征会起到调节作用,这与假设 H8a6 相符;创业可持续能力与平台领导资源特征之间的交互项没有呈现出显著性,这说明在创业可持续能力对创业执行能力的影响过程中,平台领导资源特征不会起调节作用,这与假设 H8a8 不符。综上所述,创业机会能力、创业可持续能力对创业执行能力产生影响时,平台领导资源特征并不会起调节作用,但是创业管理能力、创业技术能力对创业执行能力产生影响时,平台领导资源特征会起调节作用,即平台领导资源特征值越高,影响程度会越大。

7.6.5 开放创新特征在创业能力与创业准备行为间的调节作用

本次调节作用的分析共涉及两个模型,模型 1 将创业机会能力、创业管理能力、创业技术能力、创业可持续能力作为自变量,将调节变量平台领导开放创新特征纳入模型,并将创业准备行为作为因变量。模型 2 在模型 1 的基础上加入创业机会能力、创业管理能力、创业技术能力、创业可持续能力与平台领导开放创新特征的交互项作为自变量纳入模型。经统计分析,可将调节效应分析结果汇总为表 7-11。

表7-11 开放创新特征在创业能力与准备行为间的调节效应

研究假设	Model	Model 1		Model 2		检验结果
		β	Std. Error	β	Std. Error	
	MO 创业机会能力	0.254***	0.042	0.234***	0.042	
	MO 创业管理能力	0.152**	0.052	0.116*	0.052	
	MO 创业技术能力	0.163*	0.065	0.171**	0.063	
	MO 创业可持续能力	0.230***	0.064	0.332***	0.065	
	平台领导开放创新特征	0.276***	0.058	0.056	0.072	
H9a1	MO 平台领导开放创新特征 X MO 创业机会能力			0.213**	0.065	支持
H9a3	MO 平台领导开放创新特征 X MO 创业管理能力			0.060	0.067	不支持
H9a5	MO 平台领导开放创新特征 X MO 创业技术能力			0.190*	0.095	支持
H9a7	MO 平台领导开放创新特征 X MO 创业可持续能力			0.074	0.102	不支持
	R^2	0.454		0.493		
	Adjusted R^2	0.447		0.482		
	F value	68.749***		44.311***		
	R^2 Change			0.039		
	F Change			7.974		
	Sig. F Change			0.000		

注:*,表示 $p < 0.05$;**,表示 $p < 0.01$;***,表示 $p < 0.001$。

　　模型 1 显示，创业机会能力、创业管理能力、创业技术能力、创业可持续能力、平台领导开放创新特征均会对创业准备行为产生显著的正向影响。而从交互项分析结果看：创业机会能力与平台领导开放创新特征之间的交互项呈现出 0.01 水平上的显著性，并且回归系数为 0.213＞0，这说明在创业机会能力对创业准备行为的影响过程中，平台领导开放创新特征会起到调节作用，这与假设 H9a1 相符；创业管理能力与平台领导开放创新特征之间的交互项没有呈现出显著性，这说明在创业管理能力对创业准备行为的影响过程中，平台领导开放创新特征不会起到调节作用，这与假设 H9a3 不相符；创业技术能力与平台领导开放创新特征之间的交互项呈现出 0.05 水平上的显著性，并且回归系数为 0.190＞0，这说明在创业技术能力对创业准备行为的影响过程中，平台领导开放创新特征会起到调节作用，这与假设 H9a5 相符；创业可持续能力与平台领导开放创新特征之间的交互项没有呈现出显著性，这说明在创业可持续能力对创业准备行为的影响过程中，平台领导开放创新特征不会起调节作用，这与假设 H9a7 不相符。综上所述，创业管理能力、创业可持续能力对创业准备行为产生影响时，平台领导开放创新特征并不会起调节作用。但是创业机会能力、创业技术能力对创业准备行为产生影响时，平台领导开放创新特征会起调节作用，即平台领导开放创新特征值越高时，影响程度会越高。

7.6.6　开放创新特征在创业能力与创业执行行为间的调节作用

　　本调节作用的分析共涉及两个模型，模型 1 将创业机会能力、创业管理能力、创业技术能力、创业可持续能力作为自变量，将调节变量平台领导开放创新特征纳入模型，并将创业执行行为作为因变量。模型 2 在模型 1 的基础上加入创业机会能力、创业管理能力、创业技术能力、创业可持续能力与平台领导开放创新特征的交互项作为自变量纳入模型。经统计分析，可将调节效应分析结果汇总为表 7-12。

表7-12　开放创新特征在创业能力与执行行为间的调节效应

研究假设	Model	Model 1		Model 2		检验结果
		β	Std. Error	β	Std. Error	
	MO 创业机会能力	0.278***	0.034	0.250***	0.035	
	MO 创业管理能力	0.132**	0.043	0.121**	0.043	
	MO 创业技术能力	0.158**	0053	0.169**	0.052	
	MO 创业可持续能力	0.209***	0.052	0.267***	0.054	
	平台领导开放创新特征	0.295***	0.047	0.208**	0.060	
H9a2	MO 平台领导开放创新特征 X MO 创业机会能力			0.149**	0.054	支持
H9a4	MO 平台领导开放创新特征 X MO 创业管理能力			0.037	0.055	不支持

续表

研究假设	Model	Model 1		Model 2		检验结果
		β	Std. Error	β	Std. Error	
H9a6	MO 平台领导开放创新特征 X MO 创业技术能力			0.186*	0.079	支持
H9a8	MO 平台领导开放创新特征 X MO 创业可持续能力			0.140	0.084	不支持
	R^2	0.556		0.575		
	Adjusted R^2	0.551		0.566		
	F value	103.830***		61.629***		
	R^2 Change			0.019		
	F Change			4.494		
	Sig. F Change			0.001		

注:*,表示 $p<0.05$;**,表示 $p<0.01$;***,表示 $p<0.001$。

　　模型 1 显示,创业机会能力、创业管理能力、创业技术能力、创业可持续能力、平台领导开放创新特征均会对创业执行行为产生显著的正向影响。而从交互项分析结果看:创业机会能力与平台领导开放创新特征之间的交互项呈现出 0.01 水平上的显著性,并且回归系数为 0.149>0,这说明在创业机会能力对创业执行行为的影响过程中,平台领导开放创新特征会起调节作用,这与假设 H9a2 相符;创业管理能力与平台领导开放创新特征之间的交互项没有呈现出显著性,这说明在创业管理能力对创业执行行为的影响过程中,平台领导开放创新特征不会起调节作用,这与假设 H9a4 不相符;创业技术能力与平台领导开放创新特征之间的交互项呈现出 0.05 水平上的显著性,并且回归系数为 0.186>0,这说明在创业技术能力对创业执行行为的影响过程中,平台领导开放创新特征会起调节作用,这与假设 H9a6 相符;创业可持续能力与平台领导开放创新特征之间的交互项没有呈现出显著性,这说明在创业可持续能力对创业执行行为的影响过程中,平台领导开放创新特征不会起调节作用,这与假设 H9a8 不相符。综上所述,创业管理能力、创业可持续能力对创业执行行为产生影响时,平台领导开放创新特征并不会起调节作用。但是创业机会能力、创业技术能力对创业执行行为产生影响时,平台领导开放创新特征会起调节作用,即平台领导开放创新特征值越高,影响程度会越高。

7.6.7 可持续发展动力特征在创业能力与准备行为间的调节作用

　　本次调节作用的分析共涉及两个模型,模型 1 将创业机会能力、创业管理能力、创业技术能力、创业可持续能力作为自变量,将调节变量可持续发展动力特征纳入模型,并将创业准备行为作为因变量。模型 2 在模型 1 的基础上加入创业机会能力、创业管理能力、创业技术能力、创业可持续能力与可持续发展动力特征的交互项作为自变量纳入模型。经统计分析,可将调节效应分析结果汇总为表 7-13。

表7-13　可持续发展动力特征在创业能力与准备行为间的调节效应

研究假设	Model	Model 1		Model 2		检验结果
		β	Std. Error	β	Std. Error	
	MO 创业机会能力	0.284***	0.041	0.225***	0.041	
	MO 创业管理能力	0.155**	0.050	0.112*	0.050	
	MO 创业技术能力	0.127*	0.063	0.187**	0.064	
	MO 创业可持续能力	0.269***	0.060	0.218***	0.058	
	可持续发展动力特征	0.260***	0.037	0.185***	0.039	
H10a1	MO 可持续发展动力特征 X MO 创业机会能力			0.122**	0.037	支持
H10a3	MO 可持续发展动力特征 X MO 创业管理能力			0.004	0.039	不支持
H10a5	MO 可持续发展动力特征 X MO 创业技术能力			0.016	0.056	不支持
H10a7	MO 可持续发展动力特征 X MO 创业可持续能力			0.134*	0.056	支持
	R^2	0.486		0.531		
	Adjusted R^2	0.480		0.521		
	F value	78.446***		51.675***		
	R^2 Change			0.045		
	F Change			9.839		
	Sig. F Change			0.000		

注：*，表示 $p < 0.05$；**，表示 $p < 0.01$；***，表示 $p < 0.001$。

模型 1 显示，创业机会能力、创业管理能力、创业技术能力、创业可持续能力、可持续发展动力特征均会对创业准备行为产生显著的正向影响。而从交互项分析结果来看：创业机会能力与运行模式特征之间的交互项呈现出 0.01 水平上的显著性，并且回归系数为 0.122>0，这说明在创业机会能力对创业准备行为的影响过程中，可持续发展动力特征会起调节作用，这与假设 H10a1 相符；创业管理能力与可持续发展动力特征之间的交互项没有呈现出显著性，这说明在创业管理能力对创业准备行为的影响过程中，可持续发展动力特征不会起调节作用，这与假设 H10a3 不相符；创业技术能力与可持续发展动力特征之间的交互项没有呈现出显著性，这说明在创业技术能力对创业准备行为的影响过程中，可持续发展动力特征不会起调节作用，这与假设 H10a5 不相符；创业可持续能力与可持续发展动力特征之间的交互项呈现出 0.05 水平上的显著性，并且回归系数为 0.134>0，这说明在创业可持续能力对创业准备行为的影响过程中，可持续发展动力特征会起调节作用，这与假设 H10a7 相符。综上所述，创业管理能力、创业技术能力对创业准备行为产生影响时，可持续发展动力特征并不会起调节作用，但是创业机会能力、创业可持续能力对创业准备行为产生影响，可持续发展动力特征会起调节作用，即可持续发展动力特征值越高，影响程度会越高。

7.6.8 可持续发展动力特征在创业能力与执行行为间的调节作用

本调节作用的分析共涉及两个模型,模型 1 将创业机会能力、创业管理能力、创业技术能力、创业可持续能力作为自变量,以及将调节变量可持续发展动力特征纳入模型,并且将创业执行行为作为因变量。模型 2 在模型 1 的基础上加入创业机会能力、创业管理能力、创业技术能力、创业可持续能力与可持续发展动力特征的交互项作为自变量纳入模型。经统计分析,可将调节效应分析结果汇总为表7-14。

表7-14 可持续发展动力特征在创业能力与执行行为间的调节效应

研究假设	Model	Model 1		Model 2		检验结果
		β	Std. Error	β	Std. Error	
	MO 创业机会能力	0.305***	0.034	0.259***	0.033	
	MO 创业管理能力	0.139**	0.041	0.109**	0.040	
	MO 创业技术能力	0.129*	0.051	0.173**	0.052	
	MO 创业可持续能力	0.256***	0.049	0.219***	0.047	
	运行模式特征	0.252***	0.030	0.189***	0.032	
H10a2	MO 可持续发展动力特征 X MO 创业机会能力			0.074*	0.030	支持
H10a4	MO 可持续发展动力特征 X MO 创业管理能力			−0.018	0.032	不支持
H10a6	MO 可持续发展动力特征 X MO 创业技术能力			0.007	0.045	不支持
H10a8	MO 可持续发展动力特征 X MO 创业可持续能力			0.143**	0.045	支持
	R^2	0.587		0.620		
	Adjusted R^2	0.582		0.611		
	F value	117.510***		74.177***		
	R^2 Change			0.033		
	F Change			8.859		
	Sig. F Change			0.000		

注:*,表示 $p<0.05$;**,表示 $p<0.01$;***,表示 $p<0.001$。

模型 1 显示,创业机会能力、创业管理能力、创业技术能力、创业可持续能力、可持续发展动力特征均会对创业执行行为产生显著的正向影响。而从交互项结果来看:创业机会能力与可持续发展动力特征之间的交互项呈现出 0.05 水平上的显著性,并且回归系数为 0.074>0,因此说明在创业机会能力对创业执行行为的影响过程中,可持续发展动力特征会起调节作用,这与假设 H10a2 相符;创业管理能力与可持续发展动力特征之间的交互项没有呈现出显著性,这说明在创业管理能力对创业执行行为的影响过程中,可持续发展动力特征不会起调节作用,这与假设

H10a4 不相符;创业技术能力与可持续发展动力特征之间的交互项没有呈现出显著性,这说明在创业技术能力对创业执行行为的影响过程中,可持续发展动力特征不会起着调节作用,这与假设 H10a6 不相符;创业可持续能力与可持续发展动力特征之间的交互项呈现出 0.01 水平上的显著性,并且回归系数为0.143>0,这说明在创业可持续能力对创业执行行为的影响过程中,可持续发展动力特征会起调节作用,这与假设 H10a8 相符。综上所述,创业管理能力、创业技术能力对创业执行行为产生影响时,可持续发展动力特征并不会起调节作用,但是创业机会能力、创业可持续能力对创业执行行为产生影响时,可持续发展动力特征会起调节作用,即可持续发展动力特征值越高,影响程度会越高。

7.7　本章小结

本章围绕网络创业型平台领导特征对网络平台用户创业能力与创业行为间关系的调节效应展开分析。为此,首先进行了样本的描述性统计分析。结果表明创业者对网络创业型平台领导的权力特征评估均值最低,其余 3 个特征的各题项均值都超过了 5。这说明创业者对网络创业型平台领导特征的整体评价中等偏上,但对权力特征评估相对较低。从标准差数值分析,开放创新特征的标准差最低,其余标准差都超过了 1。这说明创业者对于平台领导特征的评价比较分散,不是很统一,但在开放创新特征的评估上则相对一致。而从创业绩效 ABC 三组的组间因子差异性分析可知,创业绩效一般与创业绩效较差的创业者对平台领导各项特征评估差距不大,无法进行比较,但创业绩效优秀的创业者对于平台领导特征的评价值则高于另外两组创业者的评价值。

与此同时,利用随机等分的两组样本数据($N=210$)分别进行了探索性因子与验证性因子分析。量表的 KMO 值大于 0.8,4 个公因子累计解释变异量也非常高。通过比较 4 个竞争性模型的拟合指数,选择了 4 因子斜交模型进行验证性分析。除此之外,还进行了量表的信度、效度分析。研究结果表明量表信度较高。因子载荷处于 0.894~0.960,显著性水平在 0.001,各因子组合信度处于 0.938~0.961,AVE 处于 0.834~0.886 且 AVE 平方根均大于各因子的相关系数,这说明量表具有较好的效度。

基于上述统计分析基础,笔者进行了阶层回归分析,结果证实了存在网络创业型平台领导特征的部分调节效应:平台领导权力特征会在创业机会能力、创业可持续能力与创业准备行为的影响关系中发挥调节效应,平台领导权力特征会在创业机会能力、创业技术能力与创业执行行为的影响关系中发挥调节效应,即平台领导权力特征值越高时,影响程度会越高,假设 H7a1、H7a2、H7a6、H7a7 得到支持;平台领导资源特征会在创业机会能力、创业技术能力、创业可持续能力与创业准备行为的影响关系中发挥调节效应,平台领导资源特征会在创业管理能力、创业技术能力与创业执行能力的影响关系中发挥调节效应,即平台领导资源特征值越高,影响程度会越高,假设 H8a1、H8a4、H8a5、H8a6、H8a7 得到支持;平台领导开放创新特征会在创业机会能力、创业技术能力与创业准备行为或创业执行行为的影响关系中发挥调节效应,即平台领导开放创新特征值越高,影响程度会越高,假设 H9a1、H9a2、H9a5、H9a6 得到支持;平台领导可持续发展动力特征在创业机会能力、创业可持续能力与创业准备行为或创业执行行为的影响关系中发挥着调节效应,即平台领导可持续发展动力特征值越高,影响程度会越高,假设 H10a1、H10a2、H10a7、H10a8 得到支持。

第8章 基于网络创业型平台领导的
用户协同创业行为分析

——以淘宝网为例

上文详细分析了网络创业型平台领导特征影响下的用户创业能力、行为及绩效间的影响关系,阐述了作为环境要素存在的网络创业型平台领导特征对用户创业的调节作用,从而从定量研究角度分析了网络创业型平台领导与用户创业的互动关系。其中,用户创业行为作为中介变量,网络创业型平台领导作为调节变量,在整个影响关系中发挥着至关重要的作用。为此,本章将在上文研究基础上,以淘宝网电商平台为案例,分析产生特征调节要素的网络创业型平台领导驱动下的用户协同创业行为,以此全面、深入、系统地分析用户协同创业行为的机理、载体、类型等,从而深化中介变量与调节变量研究。

8.1 理论探讨与命题提出

8.1.1 基于网络创业型平台领导的用户协同创业内在机理

网络创业型平台领导作为平台的一种类型,也是一种网络组织,结点及其相互联结是其基本构成要素(孙国强,2003)。结点即为网络组织的利益相关者(曹兴,司岩,2013),包括平台创建主体、参与主体;相互联结则是指不同主体在网络组织中的结构性地位及所形成的关系。而要实现平台内主体协同发展,不仅要要有网络结点间的联结关系,而且还要创设内在机制驱动主体在联结关系基础上形成互动导向及行为(Duhaime,2002)。据此,网络创业型平台领导与用户作为平台的两大主体,要想实现平台领导与用户协同创业,不仅要依赖于用户通过创业嵌入方式建立与平台领导的联结关系,而且还需要两大主体基于联结关系进行非线性互动。这种主体间的非线性互动能产生相干效应,从而实现单个主体自身无法实现的整体协同效应(周志太,2013)。但是这种主体间的非线性互动并非平台天然具备,而是需要组织创设相应机制予以驱动。其中最为关键的驱动机制是开放,因为只有在开放的组织环境中,主体间的相干作用才能突破组织边界,摆脱单向、单线的固定渠道模式,实现多通道运行。而随着研究的深入,笔者发现开放机制往往不会单独存在,而是与和它有直接关联的创新机制共生,两者密不可分(Laursen, Salter,2006),共同构成主体间非线性互动的驱动机制。综上所述,网络创业型平台领导与用户创业协同的内在机制和原理在于多主体嵌入实现主体间的多结点联结,并在开放创新机制驱动下实现主体间的非线性互动,进而促成两者的协同。

而平台主体及运行的相关研究表明,平台的多主体嵌入及开放创新的非线性互动机制已有了相关理论支持。关于平台构成主体研究,可追溯至双边市场(Two-sided Market)理论。Armstrong 和 Wright(2007)认为双边市场是由两组不同代理商(一般指平台买卖双方)构成,每一方都通过中介平台从与对方互动中获取收益。在双边市场理论基础上,Parker 和 Van Alstyne(2012)提出了平台中介网络理论模型。该模型包含平台创建者、平台提供者(平台领导)、用户(需求方)、用户(供给方)四个主体。平台创建者是平台领导的整体设计者及所有者,它通过平台定位、运行机制的设计指引并监督平台运转,它可以是单个企业或企业联盟;平台提供者即平台领导,是为平台正常运行提供核心组件,通过开放接口等方式吸纳外围企业或个人参与平台建设、商品买卖等来实施它的平台领导行为,是平台网络体系的核心;用户(需求方)是平台产品或服务的消费者用户,可以是个人、企业或组织;用户(供给方)是为平台用户提供终端产品、服务的供应商,与需求方用户同属双边市场用户。除此之外,还有一类特殊的平台主体,他们不参与或不仅仅参与双边市场交易,而是参与平台开发。他们嵌入平台领导实施平台互补产品开发行为,对平台领导功能演化、动态创新起重要支撑作用(Teece,2007),他们也是平台的重要构成主体,从而进一步丰富了平台的多主体结构。而随着现代科技及网络的飞速发展,现代平台组织已经被植入了开放创新的"基因"(Boudreau,2010),成为驱动平台主体互动的核心机制。因此,平台的多主体嵌入及开放创新机制已逐渐成为平台组织的内生性特质,从而为网络创业型平台领导与用户协同创业提供了有利条件。基于上述理论探讨,本研究提出:

假设 1(H1): 网络创业型平台领导与用户创业协同的内在机理是多主体嵌入及开放创新的非线性互动机制。

8.1.2 基于网络创业型平台领导的用户协同创业嵌入路径

在嵌入理论的现有研究中,Granovetter(1985)所提出的关系嵌入和结构嵌入是经典的分析框架。其中,关系嵌入主要从社会学角度分析主体间关系属性对行为的影响,如互动频率、亲密关系等。结构嵌入则从经济网络角度分析主体网络地位及其对主体行为及绩效的影响。由于本研究更关注用户的网络结构地位变迁,所以用户的结构性嵌入方式、路径为本研究的关注点。在本研究中,用户主体的嵌入方式为创业,但其嵌入路径却难以简单归纳。因为在平台领导所构建的网络经济中,不仅存在先识别机会,再开发产品的传统创业(Shane,Venkataraman,2000),而且还存在大量中端用户(Intermediate Users)创业与终端用户(End Users)创业或者是专业用户(Professional Users)创业与消费者用户创业等多种类型。这些不同类型用户通过在平台领导上进行多样化的结构嵌入行为改变其原有的平台地位,取得了新的网络结点属性,构建了多属性的联结模式,进而为平台领导与用户创业协同创造了机会和条件。因此,剖析用户创业的结构性嵌入路径对于分析平台领导与用户创业协同有着重要意义。由于网络创业型平台领导包括平台开发体系和以其为中介的双边市场商业网络体系两大系统,所以在理论上平台用户可以通过嵌入这两大体系实施创业,其创业行为也可以相应地被划分为平台开发创业与双边市场创业。用户平台开发创业是用户基于网络创业型平台领导开发系统而实施的创业活动;用户双边市场创业是用户基于网络创业型平台领导所构建的双边市场而实施的创业活动。基于此,本研究提出:

假设 2(H2):基于网络创业型平台领导,用户可实施平台开发嵌入式创业与双边市场嵌入式创业。

8.1.3　基于网络创业型平台领导的用户协同创业行为载体

平台用户通过平台开发及双边市场的结构性嵌入获取创业机会,但要实现网络创业型平台领导与用户创业协同发展,根据网络组织协同理论还须具备主体间的互动机制。而根据上文探讨,开放创新机制是网络组织主体互动的关键机制,也是网络创业型平台领导的特征,因而构建开放创新机制的运行载体对于用户协同创业十分重要,而这就涉及开放创新的运行模式。Enkel 等(2009)总结了开放创新的内向型(Outside-in)、外向型(Inside-out)及耦合型(Coupled)三种模式,并认为耦合型开放创新模式能整合外向型与内向型开放创新,是实现平台主体协同发展的最有效的运行模式。而耦合型模式的核心在于包含内向型与外向型双通道开放创新的运行载体。通过该运行载体,创新思想、创新产品得以畅通无阻地交流、互换,主体间的复杂行为也得以相互干预、相互作用。若将该运行载体置于网络组织体系中,它与网络组织之间便产生了很强的依存关系:开放创新的运行载体要不断地在与网络组织互动过程中构建并延伸双通道以持续推进开放创新;外部网络组织则可以通过开放创新的运行载体实现组织内自动更新与功能完善。而随着运行载体的逐渐完善,这种依存关系就会演变为母系统与子系统的垂直关系,从而为主体间协同发展提供可持续化、富生态性的系统群。从平台演化理论(徐晋,2013)分析,平台作为一个系统,其内部可以裂变出子平台(子系统)以履行特定功能。因此,理论上讲,网络创业型平台领导与用户创业可以通过在平台组织内创建子平台以充当双方非线性互动的运行载体。由于运行载体的具体功能及服务对象存有差异,所以拥有开放创新机制的子平台往往不止一个,并且相互之间还存在生态共生性,这使得网络创业型平台领导与用户创业协同的运行载体往往表现为多个子平台共生的生态群。基于上述分析,本研究提出:

假设3(H3):基于网络创业型平台领导,用户将通过开放创新的子平台生态群实现协同创业。

8.1.4 基于网络创业型平台领导的用户协同创业行为模式

在多主体嵌入及开放创新的平台组织中,网络创业型平台领导与用户创业的协同过程可以通过用户创业运行模式得以完整呈现:用户创业启动将体现用户在网络创业型平台领导网络格局中的地位及嵌入方式、路径,体现了主体间联结关系,而用户创业执行将涉及平台组织中的各个运行载体及互动机制,用户创业的结果产出则呈现了多主体嵌入及开放创新内生机制的整体绩效,体现了网络创业型平台领导与用户创业的协同效应。因此,用户创业具体模式是双方协同发展中各要素的序化及整合。目前,关于用户创业模式主要有二阶段用户创业理论(Haefliger et al.,2010)和五阶段用户创业理论(Shah,Tripsas,2007)。二阶段用户创业理论认为用户会在原有企业积累创业资源,而后实施创业行为。五阶段用户创业理论则认为用户因未满足的需要而产生以自我消费为导向的产品创新动机与行为,之后在商业利益驱使下,用户会进行商业机会识别,最终实施创建公司、进入市场的创业活动。由于平台的多属联结性,平台用户身份及行为往往具有多属性。在平台网络经济中,身份多属性使得用户可能纯粹是买方或卖方用户,也可能兼具买卖双方或平台开发用户身份;其创业动机可能源自于自我需求导向,也可能来自于纯粹的商业动机;其创业方式可能是参与平台开发,也可能是参与商品买卖。因此,基于网络创业型平台领导的用户创业行为模式呈现多结点多线性特点:同一用户会基于不同身份实施不同进程的创业活动;不同用户会基于同一身份实施相似的创业活动;同一或不同用户会基于不同或相似的时间点、不同或相同的创业动机、不同或相似的产品或服务,实施有交叉网络效应的创业活动。正因如此,对于在开放创新子平台上的用户创业,我们难以用单一固定模式对多属性用户的创业活动进行归纳。基于此,本研究提出:

假设4(H4):基于网络创业型平台领导的用户协同创业行为属于多属性用户的多线性创业行为模式。

除此之外,一个完整的网络创业型平台网络体系还须具备客户管理、信息管理、交流互动、销售及支付的交易功能(吴应良,杨玉琼,2010),同时它也将受到外部政治经济等环境要素影响(Zhang,Ren,2012)。综上所述,本研究提出了基于网络创业型平台领导的用户协同创业理论模型(见图8-1)。

该理论模型充分体现了网络创业型平台领导与用户创业协同的内在机理:在多主体嵌入的平台网络体系中,用户基于多属的身份,通过创业行为构建了与网络创业型平台领导中的开发子平台、双边市场子平台间的多属联结关系,体现了多主体嵌入特征;与此同时,用户身份的多重性、与网络创业型平台领导互动的多渠道性及交叉性,充分体现了开放创新机制驱动下的非线性互动特点。

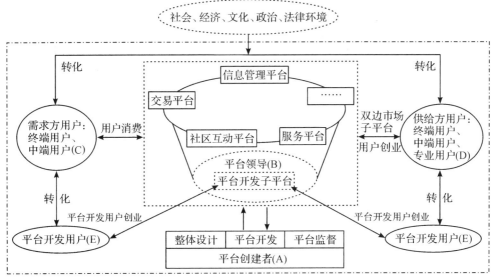

图 8-1　基于网络创业型平台领导的用户协同创业理论模型

8.2　研究方法

8.2.1　案例介绍

本书选取淘宝网为案例进行研究。淘宝网(taobao.com)由阿里巴巴集团于2003 年 5 月 10 日在杭州成立。目前,淘宝网电子商务业务模式包含 C2C 和 B2C两种类型,拥有 5 亿多注册用户,1000 多万职业卖家和超过 50 多万的平台开发用户。2009 年淘宝网被入选为中国世界纪录协会中国最大的电子商务网站,并成为亚洲最大的网络零售商圈。淘宝网历经十年多的时间形成了当前的用户规模和庞大的平台交易量。其发展历程见图 8-2。

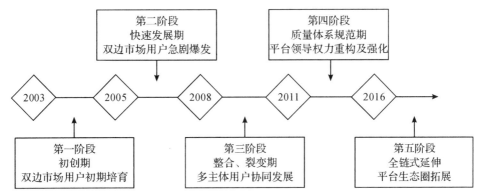

图 8-2　淘宝网(包括天猫、一淘在内的淘宝网生态圈)五阶段发展历程

第一阶段,2003—2005 年的初创期。2003 年,在淘宝网创建之初,中国网络购物市场主要由 1999 年成立的 eBay 控制。此时,淘宝网采用跟随策略,在分享中国网民逐渐成长的市场份额过程中,逐渐积累了适合中国网络购物的平台运营经验。2004 年 2 月,淘宝网以每月 768.00% 的增长速度位居市场第二。2005 年,淘宝网在用户规模、交易额方面超过 eBay,培育了一大批双边市场用户群体。第二阶段,2006—2008 年的快速发展期。2006 年开始,淘宝网逐渐改变了消费者的消费习惯,每天有近 900 万人上淘宝网"逛街"。2008 年,淘宝网 B2C 淘宝商城("天猫"前身)上线,单月交易额突破百亿大关,双边市场用户数量和规模快速发展。第三阶段,2009—2011 年的整合、裂变期。由于 C2C 业务增速放缓,B2C 业务增加,淘宝网在 2011 年根据用户消费需求特点进行了内部业务调整,将原有的淘宝网划分为三个平台,即沿袭原 C2C 业务的淘宝网、B2C 业务的淘宝商城以及一站式购物搜索引擎—淘网。由于这三个平台互相嵌入,且都属于淘宝生态圈,所以本研究所分析的"淘宝网"不单单指淘宝网平台,而是包含这三大平台的淘宝网生态体系。在该阶段,除了已有的双边市场主体,平台开发等其他主体也实现了快速发展,呈现多主体用户协同发展的局面。第四阶段,2012—2016 年的质量体系规范期。淘宝网通过"云桥"数据共享机制等方式,实现导入 CCC 认证信息数据库的自动校验和标注,不断提升交易规范性,不断完善平台交易商品或服务的质量保障体系,建立了更为健全且严格的前端、中端及后端监控体系,不断加强违规处罚力度。在这一阶段,淘宝网的平台领导权力实现了重构,并得到强化。第五阶段,2016 年至今,平台全链式延伸。未来,淘宝网发展战略为社区化、内容化和本地生活化,构建包含内容生产到传播、消费的更长、更全的消费生态体系。用户需求触发、用户积极嵌入、用户社区共享等平台创业特征更为明显。

8.2.2 研究设计

案例研究(Case Study)是一种比较常见的定性研究方法,属于一种经验主义的探究(Empirical Inquiry)(Yin,1984)。其意义在于回答"为什么"和"怎么样"的问题(Stake,2000)。本章案例研究基本以 Yin 的案例研究为指导思想,事先提出研究理论框架,并依据欧阳桃花(2004)所提的五步骤案例研究法开展研究。

本研究属单案例研究。一方面大量来源相同的案例只能增加研究广度而无助于提高研究深度(Easton,1995),同时考虑到电子商务平台同质性等特点,本研究尝试采用单案例研究以确保研究的深入性。另一方面,基于案例研究对案例的典型性(Eisenhardt,1989)要求,本书选择了淘宝网(taobao.com)为个案。从网络创业型平台领导特征、用户协同创业的角度分析,淘宝网及其用户协同创业具有典型性:其极具创新的淘宝网开放平台,即 TOP(Taobao Open Platform)是网络创业型平台领导与用户创业协同的典型有效模式;其不限语言、不限平台以及不限使用场所的平台开发形式构建了拥有强大生命力的平台开发系统。从其与双边市场互动角度分析,它所构建的动态、发展、开放的平台网络实现了与终端市场用户创业的良性循环,推进了双方协同发展。因此,淘宝网很好地彰显了网络创业型平台领导的特性,也很好地呈现了与用户协同创业的良好关系及运营效果,具备个案研究的典型性要求。与此同时,目前很少有学者从网络创业型平台领导与用户创业协同发展的角度对其运营模式进行深入研究,所以对其进行案例分析更具研究价值。此外,本书作者在 2009 年就已是淘宝网卖家,熟知淘宝网运营和商业规则,具备深入研究的可行性。

　　本研究属例证型为主、描述型为辅的案例研究。根据案例研究任务不同,案例研究可分为探索型(Exploratory)、描述型(Descriptive)、例证型(Illustrative)、试验型(Experimental)和解释型(Explanatory)(Scapens,1990)。结合本研究特点,本书将采用描述型为辅、例证型为主的案例研究设计:描述型案例分析将侧重于描述案例,其任务是讲故事或画图画(Bassey,1999),为此本研究将对淘宝网及其用户创业行为进行描述;例证型案例分析则强调文献研究的重要性以及通过文献研究提出论文分析框架或理论命题,之后运用相宜的案例进行实证,其研究重心(50%)放在文献回顾及提出理论命题上(欧阳桃花,2004)。

　　根据上述的案例研究思路,本研究结合了 Yin 所著的 *Case Study Research* 以及欧阳桃花多年的案例研究心得,设计了五步骤研究技术路线:提出问题或研究目的;对相关问题进行文献综述,提出理论命题或概念模型;撰写规范的研究案例;分析研究案例以验证之前所提的理论命题或概念模型;研究结论及未来研究方向。

8.2.3　研究方法

　　为确保案例研究的效度与信度,本研究在方法上注重主观与客观信息相结合,在数据收集与分析环节遵循证据三角形(Patton,2002)准则,符合 Dubé 和 Paré(2003)所提出的案例研究规范性指标。基于上述准则,本研究采用文献法、访谈法、参与式观察法等多种方法,并进行了跟踪研究。(1)文献研究。淘宝网作为网络创业型平台领导代表,是电子商务平台领导的先驱,艾瑞咨询网以及其他科研机构等都有较为丰富的二手数据及文献。本研究共搜集淘宝网平台相关非学术性文献 50 多篇,并注册艾瑞咨询网会员获取了翔实的淘宝网二手数据及分析报告。(2)访谈法。访谈对象及内容如下:淘宝网卖家 85 名、买家 50 名,访谈内容主要涉及用户的商品交易体验;淘宝平台互补产品参与开发者 3 名,访谈内容涉及平台开放性、接口兼容性及平台开发规则等;电子商务平台相关研究专家 15 名,访谈内容涉及平台运行机理、运行模式等。(3)参与式观察法。由于本课题成员本身在淘宝网开店长达 4 年之久,积累了较为丰富的平台互动经验。为了更好地进行案例研究,特意体验了一些新的平台工具,并以平台互补产品开发者角色与相关工作人员进行交流,获取了更多内部信息。此外,课题成员从 2009 年就开始关注淘宝网平台,并从 2010 年开始对淘宝网及其用户创业进行跟踪研究。

8.3 基于淘宝网的用户协同创业行为研究

笔者根据自身在淘宝网平台上的多年创业实践以及持续跟踪研究,构建了基于淘宝网的用户协同创业模型(见图8-3)。

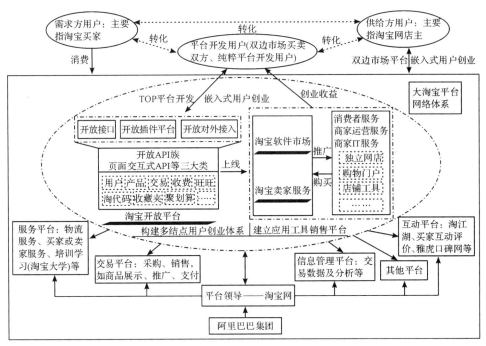

图8-3 基于淘宝网的用户协同创业模型

8.3.1 基于淘宝网的用户协同创业内在机理

淘宝网是由阿里巴巴、淘宝网、淘宝网买卖双方、淘宝网平台开发用户四类主体构成。第一个主体为淘宝网创建主体,即阿里巴巴集团。1999年,以马云为核心的18位创始人在杭州公寓中成立阿里巴巴集团。以打造"开放、协同、繁荣的电子商务生态圈"为目标,以"客户第一、团队合作、拥抱变化、诚信、激情和敬业"为企业核心价值观的阿里巴巴集团,从创立之初就以开放创新的理念创建平台母体——淘宝网。第二个主体为淘宝网。作为网络创业型平台领导,淘宝网在其构建的整个商业生态网络中发挥着领导作用:它界定了"大淘宝生态圈"的基本准则,包括买卖双方交易规则、平台开发规则;由其所界定的平台接口开放程度、规模,利益分配模式直接决定了平台开放程度;由其所构建的终端商品平台网络深度嵌入双边市场主体交易的各个环节。淘宝网是典型的促成双边市场交易的纵向平台,同时也是制造新的市场需求的市场制造者。第三类主体为双边市场用户,即淘宝网买家、卖家或服务商。淘宝网买卖双方通过淘宝网所构建的平台网络完成商品

展示到配送过程。第四类主体为淘宝网平台开发用户。淘宝网 TOP 平台是开发
用户创业的主平台,其主要开发适用于淘宝网买卖双方、服务商、平台自我更新的
各类应用工具,业务来源包括淘宝网平台众包或者是自主开发。相比于淘宝网买
家卖家,平台开发用户与淘宝网的关系更为密切,也更为复杂,存在较强的竞合关
系:一方面淘宝网作为网络创业型平台领导,会自主参与平台开发,从而与平台开
发用户间形成业务竞争关系;另一方面,平台开发主体作为网络创业型平台领导的
追随者或者是平台互补品开发者,两者之间又存在合作关系。图 8-3 很好地呈现
了平台的多主体嵌入及相互作用机制,并体现了"大淘宝生态圈"的开放创新。也
正是多主体嵌入及开放创新的"大淘宝生态圈",才能为淘宝网与用户创业的协同
提供内生性机制。据此,H1 得到了支持。

8.3.2　基于淘宝网的用户协同创业双元路径

　　淘宝网用户通过两条路径嵌入平台,构建了与网络创业型平台领导的多重联
结关系:一是依托淘宝开放平台(TOP)实现平台开发嵌入式创业;二是通过双边市
场平台嵌入。目前,淘宝网的 TOP 共开放了 134 个类目,超 5000 个 API。这些开
放的 API 族通过开放接口、开放插件平台、开放对外接入等三种路径实现与用户
创业的多结点对接。在这个平台开发嵌入过程中,TOP 与开发用户间存在很强的
互动关系:一方面 TOP 所开放的 API 类型、开放程度、兼容性、应用前景直接决定
了开发用户的创业动机及行为,TOP 开放业务的发包形式直接决定了用户开发的
机会与形式;另一方面,开发用户所开发产品的兼容性、市场应用性不仅决定了单
个应用工具的市场前景,而且也将影响开放平台的整体运转。随着 TOP 平台上
API 开放接口数量的不断增加,平台注册用户、API 日调用次数、上线运行中应用
工具数量及第三方开发者贡献交易额出现了同步增长。淘宝网双边市场平台嵌入
式用户创业是指淘宝网卖方用户依托淘宝网所构建的服务平台、交易平台等综合
运营平台,进行商品交易或提供服务的创业行为。目前淘宝网双边市场交易模式
有 B2C、C2C。随着淘宝网网络外部效应的集聚,淘宝网双边市场平台上的职业卖
家数量及交易额不断增加。据此,H2 得到支持。

8.3.3　基于淘宝网的用户协同创业行为载体

1. 开放创新的 TOP 主平台

　　淘宝网与用户协同创业,主要通过 TOP 中的主平台和两个 APP 运营推广辅
助平台得以实现。TOP 作为淘宝网所构建的子平台,一方面深度依赖淘宝网给予
的资源,另一方面它又是推进淘宝网可持续发展的驱动力。该平台具有如下特点:
(1)全方位的业务开放,内容涉及电子商务各个环节,除了开放买家和卖家数据外,
还包括开放商品、店铺、交易、物流、评价、仓储、营销推广等各环节和流程的业务,
全方位业务开放促进了平台各业务的开放式创新,这使得淘宝网 API 应用及调用

数量非常庞大;(2)极为广泛的用户分布式参与,简单方便、统一的淘宝用户注册,不限语言、不限浏览器、不限使用场所的无边界适用,不设门槛的用户参与,即时公开、清晰透明的业务众包制度,降低了用户参与 TOP 的开发成本,拓展了淘宝网开发用户的规模,提高了用户的创新转化率;(3)很强的开发黏性,TOP 的所开发工具的市场应用关联度很高,因此平台开发业务源源不断,所开发产品的市场应用速度很快,这大大提高了平台开发者的开发频率及其对平台的依赖性。

2.淘宝软件市场及淘宝卖家服务双辅平台

TOP 中的主平台之所以能持续运营,还得益于淘宝网所构建的另外两个子平台,淘宝软件市场及淘宝卖家服务运营推广平台。前者主要以智能手机等移动应用领域为主(如安卓游戏、安卓应用等),突出了淘宝网平台外的应用开发,这也凸显了移动电子商务的发展前景。后者主要以淘宝卖家为服务对象,涉及店铺装修、流量推广、订单管理等各个环节的应用工具。图 8-3 表明平台开发用户在 TOP 开发出应用工具之后会通过这两个运营推广平台上线销售,完成应用工具的商业化运作,最终获取创业收益,从而构建了可持续开放创新的子平台生态群落。

3.规范的开发流程、合理的收益分配机制及动态的竞合机制

TOP 中的主平台及双辅平台的构建及正常运营得益于淘宝网所创建的三重保障机制:(1)规范的业务开发流程,一般包括提交授权证明、小二审核、创建应用、开发测试、发布审核、上线运行六个环节,从而保证了平台开发的正常有序开展;(2)淘宝软件市场及淘宝卖家服务双辅平台的合理收益分配机制,目前淘宝网主要有淘宝客 API 佣金(1.5%～50%)、插件分成、软件销售以及动态广告 4 种盈利分配模式,以此保障用户参与平台开发积极性;(3)动态的竞合机制,淘宝网与开发用户往往以项目制作为合作主要形式,既保证了业务的模块性,又能清晰界定双方的权益与责任。综上所述,淘宝网通过构建开放创新的淘宝开放平台、淘宝软件市场及淘宝卖家服务子平台生态群,实现了与用户创业的协同发展。据此,H3 得到支持。

8.3.4 基于淘宝网的用户协同创业行为模式

基于平台开发嵌入式创业与双边市场嵌入式创业,结合淘宝网用户的多属性特点,可以将淘宝网用户创业行为模式细分为平台开发型、双边市场及混合型三大类六种创业类型。平台开发型用户创业包括纯粹平台开发用户创业、双边市场买方用户的平台开发创业(买方用户兼平台开发用户)。双边市场用户创业包括双边市场的卖方用户创业、买方用户的双边市场创业(兼具买卖双方用户身份)。混合型用户创业包括双边市场创业兼平台开发的双重混合型用户创业以及多重混合型用户创业。本研究在参考 Shah 和 Tripsas(2007)所提出的传统创业及用户创业模型的同时,结合上述三大类用户创业特点,将淘宝网用户创业行为模式描述如图 8-4 所示。

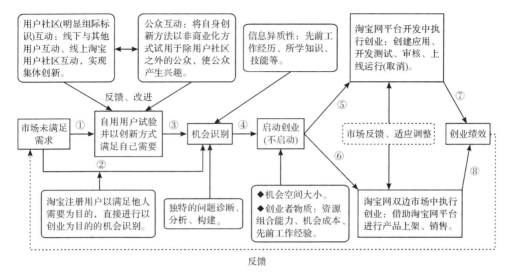

图 8-4　基于网络创业型平台领导的用户协同创业行为模式

1. 平台开发型用户创业行为模式

平台开发型用户创业,即用户参与淘宝网平台开发的创业行为,包括纯粹的平台开发用户创业、双边市场买方用户的平台开发创业。平台开发用户创业是指直接以平台开发为创业导向,通过参与 TOP 开发获取创业收益的用户创业行为。淘宝客开发群体、卖家工具开发群体、社区插件开发群体、以他用型为主的淘拍档、淘江湖合作伙伴的创业活动都属于这种类型。其创业基本进程为图 8-4 中的"②—④—⑤—⑦":"②"阶段说明了市场未满足需要的存在,吸引个人或企业以创业为目的进行创业机会识别,其中创业者先前工作经验、问题诊断分析及构建能力将影响机会识别;"④"说明识别机会之后,用户会在评估机会大小、自身相关创业特质的基础上决定是否启动创业;"⑤"阶段表明用户嵌入淘宝网开放平台的创业执行过程,包括创建应用、开发测试、审核、上线运行等过程;"⑦"表示创业结果产出。双边市场买方用户的平台开发创业主要指原有的买方用户在平台的使用过程中,针对平台现有的不足进行自我创新研发,并最终将所开发产品或服务进行商业化的创业过程,体现了用户在网络组织中通过嵌入实现地位变更,并以此获取创业机会及条件的过程。其创业基本进程为图 8-4 中的"①—③—④—⑤—⑦"。特殊性体现在"①"和"③"。"①"说明了由于市场存在未满足的需要,买方用户会通过与线上线下用户社区互动的方式寻求新产品或开发新工具。同时,他还可能将自己搜寻或创新的工具试用于更为广泛的公众,以获得进一步反馈、改进。"③"呈现了由纯粹的买方用户向创业者的"惊险跳跃"。

2. 双边市场用户创业行为模式

双边市场用户创业是指用户嵌入淘宝网所构建的中介平台网络进行商品交易的创业行为,包括双边市场卖方用户创业以及双边市场买方用户创业(兼具买卖双方用户身份)两种类型。双边市场卖方用户创业的基本流程为"②—④—⑥—⑧"。

它与平台开发用户创业的主要差异在于其创业执行活动主要是在双边市场平台上进行产品上架和销售。双边市场买方用户创业是双边市场的买家同时充当淘宝网卖家角色。其中,一些买家用户实施创业行为的诱因是为了满足自身需要,其创业基本流程为"①—③—④—⑥—⑧"。而另一些买家用户是直接以创业为导向而实施创业活动,其创业流程与双边市场卖方用户创业相似。在淘宝网所有用户群体中,双边市场创业的用户数量占有很大比重。

3.混合型用户创业行为模式

混合型用户创业是指在开放创新的商业环境下,同一用户同时基于开放平台与双边市场平台实施创业行为,包括双边市场创业兼平台开发的双重混合型用户创业以及多重混合型创业。前者是指双边市场的卖方用户同时进行平台开发创业。其创业基本流程为"②—④—⑤/⑥—⑦/⑧"。多重混合型用户创业则是上述多种创业类型的混合。其创业流程为"①—③/②—④—⑤/⑥—⑦/⑧"。

综上所述,基于多主体嵌入及开放创新的非线性互动机制,与淘宝网深度嵌入、协同的用户创业呈现鲜明的用户多属性及创业进程多线性特点,特别是在混合型用户创业中,多属性及多线性特点更为明显。据此,H4得到支持。

8.4 本章小结

基于上述理论探讨及淘宝网的案例分析,本研究不仅完整地描述了基于淘宝网的用户协同创业的各要素及过程,而且还结合嵌入理论与开放创新理论,创新性地提出了包含多主体嵌入及开放创新机制的嵌入式开放创新概念,并构建了基于网络创业型平台领导的用户协同创业模型。其核心思想在于从平台组织结构性视角剖析主体嵌入行为及其所产生的联结关系,分析开放创新非线性互动机制的创建与运行,以此推进平台主体的协同发展。其理论价值在于从网络组织主体的结构性迁移角度分析开放创新机制,在一定程度上丰富了开放创新理论体系。

围绕嵌入式开放创新模型,本研究形成了四个主要研究结论:一是网络创业型平台领导与用户协同创业的内在机理是多主体嵌入及开放创新的非线性互动机制。淘宝网与用户创业之所以能实现协同,得益于由创建者、平台领导、双边市场用户及平台开发用户多主体嵌入所构成的开放创新平台网络。二是基于网络创业型平台领导,用户可依据结构嵌入原理,通过平台开发嵌入与双边市场嵌入的双元路径实施创业。本案例中的淘宝网用户不仅可以在淘宝网所构建的双边市场中实施商品销售的一般创业行为,还可以嵌入淘宝网开放平台进行开发型创业。三是开放创新的子平台生态群的构建及培育是用户协同创业的行为载体。本案例中的淘宝网构建了 TOP 主平台、淘宝软件市场及淘宝卖家服务双辅平台生态群,实现了可持续的开放创新、用户创新。与此同时,淘宝网通过规范的开发流程、具激励性的收益分配等制度为主体间的互动提供了制度保障。四是多主体嵌入式开放创新的特质,使得基于网络创业型平台领导的用户创业没有固定的创业结点及统一的创业进程,而是呈现鲜明的多结点多线性特点。具体到本案例,淘宝网用户创业可分为平台开发型用户创业、双边市场用户创业及混合型用户创业,其创业嵌入路径及创业进程不尽相同,创业导向及创业具体行为也有差异,是一种更为复杂的多主体、多属性、多线性创业。

第9章 研究结论与展望

9.1 主要结论

本研究立足当前网络经济平台创业现实背景及理论研究现状,围绕"网络创业型平台领导特征与平台用户创业的关系研究"命题,提出了五个研究目的及研究框架,并按照"提出问题—分析问题—解决问题—总结问题"的研究思路提出了本研究技术路线及五阶段研究流程。据此,本研究设计了八个章节内容来循序渐进地分析该研究命题。在研究中,笔者综合运用了文献研究、扎根理论及案例研究的定性研究方法,以及 SPSS、AMOS 等数理问卷统计分析方法,逐层分析了网络创业型平台领导特征是什么;本研究四个变量正式量表怎么设计;研究假设及理论模型是什么;网络平台用户创业能力、行为及绩效的关系如何;用户创业行为中介作用发挥得如何;作为环境要素而存在的网络创业型平台领导特征有无调节效应;调节效应程度如何;基于网络创业型平台领导的用户协同创业行为有何运行机制或模式,从而比较完整、规范、科学地实现了本研究绪论部分所提出的五个目的。通过研究,本研究主要形成了以下五个主要研究结论。

主要研究结论一,网络创业型平台领导特征包含权力特征、资源特征、开放创新特征及可持续发展动力特征四个维度。

综合国内外现有相关研究,关于网络创业型平台领导特征的文献较少,所以笔者选择了扎根理论研究方法,通过调查来自"义乌购"等平台的创建者、网店店主、平台研究专家,形成了 49 个样本数据。在此基础上,通过开放性编码、主轴编码、选择性编码、理论饱和度检验等研究过程,提出了网络创业型平台领导的 4 个特征,即权力特征、资源特征、开放创新特征及可持续发展动力特征。除此之外,还综合现有研究文献,进一步分析了四个子维度间的结构关系:权力特征作为平台领导的一类特征,发挥着核心作用,涉及规则设计、监督等具体观察特征,是一种人格化组织行为的体现;资源特征作为平台领导的二类特征,包含用户资源、技术资源、信息资源及品牌资源外显特征;开放创新特征作为平台领导的二类特征,包含开放性、资源创新及共享等可观察特征;可持续发展动力特征作为评估平台领导未来发展潜力的指标,包含互动性、平台商业价值、创新机制等外显特征。 根据扎根理论的研究结果,笔者又进行了量表开发、预试,并形成了网络创业型平台领导特征的正式量表。

　　主要研究结论二,构建并验证了"网络平台用户创业能力—创业行为—创业绩效"的结构方程关系模型。

　　基于规范的量表开发、预试及理论模型,本研究建构了网络平台用户创业能力—创业行为—创业绩效的影响关系模型。为了实证研究,笔者选择了义乌、杭州、广州、山东、江苏区域的淘宝网店卖家、天猫网店卖家、速卖通卖家进行问卷调查,共回收 420 份有效问卷。针对这 420 份样本数据,运用描述性统计方法、组间因子差异性分析、因子分析法、结构方程建模法进行了科学分析。结果表明模型的各量表及总量表具有良好的信度、内容效度、聚合效度及区分效度。在信效度分析基础上,通过竞争性模型分析提出了本研究的结构方程模型,并通过多因素斜交模型及路径分析,对原本所提出的关系假设进行检验。研究结果证实了创业机会能力、管理能力、技术能力及可持续能力对创业绩效有正向影响,其中机会能力的正向影响作用最大,可持续能力次之;创业机会能力、管理能力、技术能力及可持续能力对创业准备行为、创业执行行为都会产生正向作用,其中创业机会能力、可持续能力的影响作用更大;创业准备行为、创业执行行为对创业绩效也会产生比较显著的正向作用,其中创业准备行为的正向作用更大。除此之外,作为中介变量的用户创业准备行为对创业执行行为也有正向作用。这些研究结果验证了网络平台用户创业能力—创业行为—创业绩效的结构方程关系模型,进一步丰富了该领域的研究体系。

　　主要研究结论三,网络平台用户创业行为(创业准备行为、创业执行行为)在用户创业能力作用于创业绩效的过程中起中介作用。

　　为了更好地检验用户创业行为的中介效应,笔者在结构方程模型验证基础上,运用 420 个样本数据,利用 Bootstrapping 法对创业行为的中介效应进行分析。由于用户创业准备行为对创业执行行为也存在正向作用,所以本研究的中介效应涉及两个方面,即用户创业准备行为的中介效应和用户创业执行行为的中介效应。研究结果证实了用户创业准备行为在创业机会能力、管理能力、技术能力、可持续发展能力与创业执行行为间都发挥着中介作用,其中在创业机会能力、可持续能力与创业执行行为间的中介效用更为明显;用户创业准备行为在创业机会能力、管理能力、技术能力、可持续发展能力与创业绩效间都发挥着中介作用,其中在创业机会能力、可持续发展能力与创业绩效间的中介效用更强。研究结果也证实了用户创业执行行为在创业机会能力、管理能力、技术能力、可持续发展能力与创业绩效间都发挥着中介作用,其中在创业机会能力、可持续发展能力与创业绩效间的中介效用更为显著,但整体上其中介效应值低于创业准备行为的中介效用值。

　　主要研究结论四,网络创业型平台领导特征对网络平台用户创业能力与创业行为间的影响关系存有部分调节作用。

在探索性因子分析、验证性因子分析及信效度分析的基础上,笔者对样本数据进行了阶层回归分析,结果证实了网络创业型平台领导特征对网络平台用户创业能力与创业行为间的影响关系存有部分调节作用。网络创业型平台领导的权力特征会在创业机会能力、创业可持续能力与创业准备行为间的影响关系中发挥调节作用,其中在创业可持续能力与创业准备行为影响关系中的调节效应最为显著。此外,它也会在创业机会能力、创业技术能力与创业执行行为间的影响关系中发挥调节作用,即平台领导权力特征值越高,影响程度就会越高。网络创业型平台领导资源特征会在创业机会能力、创业技术能力、创业可持续能力与创业准备行为间的影响关系中起调节作用,其中在创业技术能力与创业准备行为间的调节效应最为显著。此外,它也会在创业管理能力、创业技术能力与创业执行能力的影响关系中发挥调节作用,即平台领导资源特征值越高,影响程度就会越高。网络创业型平台领导开放创新特征会在创业机会能力、创业技术能力与创业准备行为间的影响关系中起调节作用,其中在创业机会能力与创业准备行为影响关系中的调节效应非常显著。此外,它也会在创业机会能力、创业技术能力与创业执行行为间的影响关系中起调节作用,即平台领导开放创新特征值越高,影响程度就会越高。网络创业型平台领导可持续发展动力特征在创业机会能力、创业可持续能力与创业准备行为或创业执行行为的影响关系中发挥调节作用,其中在创业可持续能力与创业准备行为影响关系中的调节效应更为显著。此外,它也会在创业机会能力、创业可持续能力与创业执行行为间的影响关系中起调节作用,即平台领导可持续发展动力特征值越高,影响程度就会越高。除了上述调节效应得到检验,网络创业型平台领导特征对其他变量间的影响关系没有产生显著的调节效应。

主要研究结论五:基于网络创业型平台领导的用户协同创业内在机理是多主体嵌入及开放创新的非线性互动机制,创业行为嵌入路径为平台开发嵌入及双边市场嵌入,创业行为载体为开放创新的子平台生态群,创业行为模式为多属性用户的多线性创业。

为了能进一步分析作为中介变量的用户创业行为及作为调节变量的网络创业型平台领导,笔者以案例研究为主要方法,全面系统地分析了基于网络创业型平台领导的用户协同创业行为。通过研究得到以下结论:一是网络创业型平台领导与用户协同创业的内在机理是多主体嵌入及开放创新的非线性互动机制;二是基于网络创业型平台领导,用户可依据结构嵌入原理,通过平台开发嵌入与双边市场嵌入的双元路径实施创业;三是开放创新的子平台生态群的构建及培育是用户协同创业的运行载体,如淘宝网的 TOP 主平台、淘宝软件市场及淘宝卖家服务双辅平台生态群;四是多主体嵌入式开放创新的特质,使基于网络创业型平台领导的用户创业没有固定的创业结点及统一的创业进程,而是呈现鲜明的多结点多线性创业行为特征。

9.2 研究贡献

9.2.1 理论贡献

本研究基于网络平台经济现实背景,探讨了时下炙手可热的网络平台用户创业现象。本研究聚焦于网络创业型平台领导特征调节作用下的用户创业能力、行为及绩效的关系研究,探索了网络创业型平台领导特征模型及量表,构建了"能力—情境(调节)—行为(中介)—绩效"的 CCBP 理论研究模型,并通过案例研究深度地分析了网络平台用户创业行为,具有一定的理论贡献。

第一,基于扎根理论,构建网络创业型平台领导特征模型及量表,为平台相关研究提供了有价值的理论借鉴。

平台领导是在平台群落中拥有领导能力的特定组织,其领导行为驱动着该企业围绕特定平台技术来开展行业层次的创新驱动(Cusumano,Gawer,2001)。随着网络平台经济的发展,商业与技术互为融合的网络创业型平台领导层出不穷,而基于该平台的用户创业也变得司空见惯。但是纵观国内外相关研究,关于网络创业型平台领导特征的研究少之又少。本研究运用扎根理论,构建了四维度的网络创业型平台领导特征模型。基于模型,本研究也进行了量表开发、预试,并最终形成了正式量表。通过后续的信效度分析、探索性因子及验证性因子分析,该量表具有较高的信效度。这是一种新的尝试和拓展,将为平台领导或平台研究提供有价值的理论借鉴。

第二,基于现有的创业研究理论框架,本研究探明并解析了网络创业型平台领导特征调节作用下的用户创业能力、行为及绩效关系,提出了"能力—情境(调节)—行为(中介)—绩效"的 CCBP 理论模型。

本研究基于张玉利等(2004)所提出的创业研究理论框架,梳理了作为环境要素的平台领导特征、用户创业能力、创业行为及创业绩效各变量间的影响关系,根据"能力—情境(调节)—行为(中介)—绩效"的 CCBP 理论模型,构建了各变量的路径关系及作用机制。通过研究证实了用户创业能力—创业行为—创业绩效间的影响关系,也证实了作为情境要素的网络创业型平台领导特征的部分调节作用。这一研究结果从以往的个人或公司主体创业延伸至更为具化的网络平台用户创业,拓展了创业研究领域,深化了用户创业研究。与此同时,本研究也为创业研究体系增加了新的理论研究模型,即 CCBP 理论模型。因此,本研究在一定程度上丰富了创业理论研究体系,为其他主体的创业研究提供了借鉴。

第三,基于案例研究,尝试从质性研究角度分析基于网络创业型平台领导的多属性用户协同创业行为,推进平台用户创业行为研究。

本研究以淘宝网为案例,分析了网络创业型平台领导与用户协同创业的行为机制、行为载体及行为模式。以往的用户创业研究比较多地集中于消费者创业（Huefner，Hunt，1994）。本研究拓展了用户概念，从用户创业主体延伸至创新型用户、交易型用户创业，丰富了用户创业类型。与此同时，本研究归纳了用户创业行为的双元嵌入路径，为今后研究平台用户创业提供了新的思路；本研究所诠释的用户创业行为进程，融入了网络虚拟社区等新的概念，发展了原有的二阶段用户创业进程理论。此外，本研究从嵌入式开放创新视角分析了平台领导与用户创业行为的协同互动，为平台理论研究提供了新的视角，推进了平台经济理论、用户创业理论研究的进一步发展。

第四，基于规范的文献研究，本研究系统、规范地梳理了平台经济、双边市场、开放创新三大基础理论，以及平台领导、创业能力、创业行为及创业绩效相关理论，为相关研究提供了更全面、更系统的文献综述。

在平台经济、双边市场以及开放创新三个基础理论综述过程中，笔者在大量文献整理的基础上，按照研究成熟度对各个理论及其内容进行了系统化梳理，使研究成果更为直观、全面、系统。在相关文献综述方面，创业能力及创业绩效的文献非常丰富。笔者按照基础性研究、前置或后置要素研究及未来研究新领域的框架对文献进行了系统的归纳和整理；相对于创业能力及绩效，用户创业及创业行为的文献较少，本研究则运用图示等方式对理论演变进行了科学地诠释；在平台领导文献综述领域，虽然国内外已有一些相关研究，但相关文献综述却几乎没有，本研究则在详尽的文献梳理基础上，形成了相对系统、完善的文献综述。这些理论综述将为相关理论文献的整理提供基础，也可为相关研究提供文献综述。

9.2.2 实践价值

第一，基于"能力—情境（调节）—行为（中介）—绩效"视角，为网络平台用户创业绩效提升提供对策建议。

本研究基于"创业能力—创业情境—创业行为—创业绩效"的理论逻辑，运用实证研究方法分析了网络创业型平台领导特征调节作用下的用户创业能力、创业行为及绩效间的影响关系。研究结果证实了创业能力中的机会能力、管理能力、技术能力及可持续发展能力都会对创业绩效产生正面作用。其中创业机会能力、可持续发展能力对创业绩效有着更为显著的影响。创业准备行为、执行行为也会对创业绩效产生积极影响，其中创业准备行为有着更为显著的正向作用。机会能力、管理能力、技术能力及可持续发展能力也都会对创业准备行为、执行行为产生正向作用，其中创业机会能力的正向影响作用最为显著，其次是创业可持续能力的正向影响作用。由于中介变量中的创业准备行为对创业执行行为也会有正向影响作用，因此创业准备行为的中介影响路径比较多，其中介效应更为显著。其中，它的中介效应在创业机会能力、可持续能力与创业执行行为或创业绩效作用关系中比较显著。除此之外，作为外部情境因素而存在的网络创业型平台领导特征，会对用户创业能力与创业行为间的影响关系产生部分调节作用,进而影响整个用户创业进程及绩效。这些研究成果可以清晰地表明创业绩效的影响因素是什么,哪些又是更为关键的影响要素。这就为用户创业绩效的提升提供了启示,从而为当前用户平台创业实践提供有效指导。

第二,基于网络创业型平台领导特征模型及调节效应,为平台领导的构建及可持续发展提供建议。

本研究基于扎根理论,提出了网络创业型平台领导特征模型。这个模型包含权力特征、资源特征、开放创新特征、可持续发展动力特征。这四个特征构成了平台领导的重要特质,是平台领导构建与发展的重要指标。因此,平台创建者可以依据这四个维度来构建或运营平台领导。当平台领导出现问题时,平台创建者也可以根据这四个维度及指标来诊断问题、提出对策。从其调节效应的实证研究结果看,平台领导的四个维度特征在创业能力与创业行为的影响关系中发挥了部分调节作用,且调节效应的显著性存有差异。这些研究结果清晰地表明了平台领导的哪些特征在影响创业能力与行为中发挥了调节作用,发挥的调节效应程度又如何。这就为提高创业能力对创业行为的正向影响作用提供了管理启示,即从改善平台领导的特征来提高其调节效应,进而提高整个影响关系效果,推进平台领导的可持续发展。

9.3　管理启示

9.3.1　平台用户创业的管理启示

第一,构建以创业机会能力、可持续能力为核心的四维平台创业能力培养体系(如课程体系),有助于用户平台创业绩效提升。

本研究结果表明平台用户的创业机会能力、创业管理能力、创业技术能力、创业可持续能力都能对用户创业绩效产生积极影响,所以创业者自身、创业教育或培训机构可以构建以该四维能力培养为内容的教育体系,并延伸、开发出系列网络平台创业课程体系,用于提升用户平台创业绩效。其中,用户创业机会能力培养最为重要,其次是用户创业可持续能力。创业机会能力是用户识别、开发及评估市场需求及商业化价值机会的能力,具体又可分为创业机会识别能力、机会开发能力及机会评估能力。创业可持续能力是创业者以积极情绪和信念持续推进创业的能力,包括创新能力、持续学习能力及创业承诺能力(对创业项目保持乐观、不怕失败的信念)。据此,创业者、教育者或培训者可以依据本研究结果在设置四维能力培养体系过程中,突出对创业机会能力及可持续能力的培养,并建立可量化、可教学的课程培养方案。

第二,注重对创业准备阶段及创业执行阶段的全过程管理,提升用户创业绩效。

创业能力是创业者在创业过程中完成创业任务、取得好的绩效所需的专业技能和创业素质(冯华,杜红,2005)。从心理学角度理解,能力既包括冰山上半部分外显的能力,也包括冰山下半部分的内隐性技能及素质。它是一种潜能,不等同于实际发挥的能力。本研究也证实创业行为,即能力实际应用对创业绩效也有着重要影响,对创业能力与创业绩效间的影响关系也发挥着重要的中介效应。这说明用户要想提升创业绩效,也应当做好创业准备及创业执行。其中,网络平台用户更加要注重创业准备工作。而创业准备行为的有效执行与提升可以从创业资源准备和创业机会准备两个维度开展:创业资源准备包括创业资源搜寻、创业资源整合、创业资源创造三方面;创业机会准备包括锚定商业机会、机会商业化两方面。创业执行行为提升则可以从创业团队组建、产品或服务商业化、环境响应三个维度展开:创业团队组建包括创业合伙人选择、员工招募、创业团队文化塑造三方面;产品或服务商业化包括产品或服务创新以及商业化两方面;环境响应则注重创业者与创业环境的协同。

第三,按照四维特征结构科学地选择平台,为用户平台创业匹配更好的创业情境。

用户创业行为作为一种动态的过程,除了受自身能力影响,还受外部情境的影响。平台环境作为与用户创业行为紧密关联的外部情境,发挥重要的影响作用。因此,用户平台创业要选择适宜自己能力发挥、适合自己创业行为的平台。本研究基于电商平台的实证研究,提出了网络创业型平台领导的四维特征模型,并逐个分析了其调节效应。这些研究为用户甄别、选择平台提供了有价值的管理启示。用户可以从权力、资源、开放创新及可持续发展动力四个维度去科学评估平台的综合价值。权力维度可以从平台商业规则制定的科学性、规则执行程度、监管程度以及决策科学性四方面进行评估;资源维度可以从用户资源、信息资源、工具资源及品牌资源四方面进行评估;开放创新维度可以从平台开放性、可用性、数据共享性三方面进行评估;可持续发展动力维度可以从互动性、商业前景、创新机制三方面进行评估。其中,资源特征因其所能调节的变量最多,所以,创业者要特别注重对平台资源存量及共享性的评估。

第四,基于平台环境及自身能力,用户要善于选择或转变创业模式,借用网络社区等载体,实现多元化创业。

本书的案例研究表明用户基于平台领导的协同创业嵌入路径包含开发市场嵌入及双边市场嵌入两种,用户创业行为模式也可以划分为三类型八阶段。这说明平台用户创业模式具有多样性。正因如此,平台创业用户要在评估环境及自身能力基础上,选择合适的创业模式,如产品或服务交易型用户创业、产品或服务创新型用户创业、技术开发服务型用户创业等。而在具体创业过程中,用户也可以利用多重属性开展多元化创业。其中,在网络平台经济时代,用户要特别注重利用用户社区和公众互动来推进或变革自身的创业行为。用户社区包括线上线下、有着明显组际标识的用户圈内互动,而公众互动则是除用户社区的公众线上线下互动。通过与这两个载体的积极互动,平台用户能大大提高平台响应能力,更及时地变革创业模式,推进平台用户的可持续创业。

9.3.2　网络创业型平台领导的管理启示

第一,基于传统企业内创业转型,创建网络创业型平台领导。

在网络平台经济背景下,基于分布式创新及"大众创业,万众创新"的战略推进,越来越多的主体投身于网络创业型平台领导的创建与发展,借此构建以其为中心的网络商业技术综合体系。而这种平台领导的创建与发展行为,其本质就是一种创业。从创业类型分析,创业可以是创建新企业或组织(Shane,2000),也可以是现有组织内部的创新创业(Amit et al.,1993;Antoncic,Hisrich,2001;王丽平等,2011),因此网络创业型平台领导的创建也有新平台创建、现有传统企业组织转型变革两条路径。本书将重点阐述基于传统企业组织转型变革路径的网络创业型平台领导创建启示。

传统企业组织的网络创业型平台领导转型,是一项复杂、动态的持续变革过程。首先,传统企业组织要评估自身现有条件是否能支撑转型。本研究结果说明网络创业型平台领导的权力、资源、开放创新、可持续发展动力是其主要特征,每一个特征都需要很多条件予以支撑。例如,开放创新特征需要强大的互联网技术、大数据库的支持。因此,传统企业组织需要评估自身是否具备上述特征,以此确定自己是平台参与型转型(参与其他平台)还是平台领导化转型。其次,传统企业组织要谨慎选择平台领导化的转型方向。如果企业通过评估认为自身可以具备上述四个特征,那么就要考虑选择通过哪种方式来转型,如电子商务平台领导型、移动商务平台领导型等。第三,无论选择哪种方式进行转型,传统企业网络创业型平台领导转型的关键都是建立以用户为核心的多主体协同创新。本研究表明平台是由创建者、平台领导、双边市场用户及开发用户共同构成的,其发展更是基于用户为核心的多主体嵌入式协同创新。传统企业组织变革意味着工艺流程裂变、人员重组、机构再设等一系列变革,因此作为变革推进者的传统企业必然发挥着不可或缺的重要作用,否则也只能是纸上谈兵。此外,用户是传统企业转型的关键主体:一方面企业现有线下用户是否能支持,并愿意实施协同行为来参与变革是企业转型的重要条件;另一方面,广泛存在的网络用户群体、社区用户是否能支撑该企业变革,这也是至关重要的。只有存在以用户为核心的协同创新、数据开发及共享、多属性用户协同创业,传统企业的网络创业型平台领导转型才更有可能成功。

第二,依托体系竞争力,培育网络创业型平台领导的可持续发展动力。

无论是新平台创建,还是传统企业组织内创业转型,网络创业型平台领导构建之后就面临着可持续发展问题。而要实现可持续发展,竞争力是关键。本研究结果表明网络创业型平台领导具有多维特征的结构性特点,也具有多主体参与的网络多结点特性,其竞争力的形成不同于传统企业基于边界清晰的部门竞争力,而是依托网络经济背景下的"体系竞争力"(贺宏朝,2004)。体系竞争力的核心思想在于各组成模块的开放协同创新所产生的整体竞争优势。对网络创业型平台领导而言,借助用户构建母子平台及子平台生态群是培育体系竞争力的关键。一是平台领导要将开放创新作为平台战略重点。一方面平台领导的运行要凸显开放特点,运用庞大的用户群体构建创新网络;另一方面,要将开放创新"基因"植入各子平台,实现用户在各子平台上的多结点嵌入,构建用户在各子平台间有序、可循环的流动体系。二是作为网络创业型平台领导,要有科学的平台演化战略规划能力。平台演化也可称为平台进化。在这个过程中,初始平台会基于自身内外部环境诉求进行平台垂直裂变,产生寄生平台、共生平台或衍化平台(徐晋,2013)。例如,淘宝网的 TOP 主平台及双辅平台都为寄生平台。提高平台演化规划能力的关键在于协调平台演化三阶段进程:在子平台寄生阶段,母平台要对寄生平台的功能定位、运行机制、运行规则等各个方面进行全面规划;在平台共生阶段,母平台则应主要关注母子平台利益共享关系的协调;在平台衍化阶段,母平台则主要提供平台衍化资源及平台愿景设计。三是作为网络创业型平台领导,要注重子平台生态群的构建。一方面,母平台可以构建拥有开放创新特质且功能互补的多个子平台,形成子平台集群;另一方面,母平台要注重创建子平台间的生态性,即从整体价值链角度建立子平台间上下游的协同关系。本案例中淘宝网 TOP 主平台、淘宝软件市场及淘宝卖家服务双辅平台间就存在着上下游价值链关系。四是创建科学的子平台互动规则以保障体系竞争力优势的发挥。网络创业型平台领导可通过平台间物流或信息流沟通渠道的构建、冲突规避机制的设置、收益分配制度的创设来协调子平台间、子平台与用户创业间的互动关系。

9.4 研究局限及未来展望

经过较长时间的潜心研究,本研究取得了一定的研究成果。部分研究成果也在《中国工业经济》等期刊上发表,但限于本人能力和精力,尚存有一些研究局限,有待今后进一步深化。

第一,调查取样问题。

本研究正式调查样本主要取自淘宝网、天猫及速卖通平台。虽然它们分别代表了当前电商领域的国内 C2C、B2C 以及跨境电商平台,具有较好的代表性,但其取样范围仍可以扩大。今后,研究者可以选择更多其他电子商务平台,甚至是其他平台作为调查研究对象。此外,限于笔者能力,很难找到合适的平台开发主体进行调查,所以本研究的调查对象以网店店主为主。平台开发主体作为平台开发市场用户,是彰显平台领导开放创新、探究平台内在运行机制的重要信息源,所以缺少了更多开发主体的调查,会在一定程度上影响本研究效果。为此,笔者今后可以聚焦平台开发主体与平台互动关系,开展深入研究,从而进一步分析两者的内部运行规律及其开放创新机制。

第二,案例及实证的比较研究问题。

本研究的实证调查虽然涉及三个不同的平台领导,也进行了科学、规范的实证研究,但本研究尚未对不同平台领导进行比较研究。例如,三个不同平台领导分别具备怎样的特征值,这些不同特征值对平台用户又有着怎样的影响,从案例研究角度看,本研究选择了淘宝网作为案例,虽然单案例研究能使研究更为深入,但如果能有多案例的比较研究则会使研究更为丰富。为此,今后笔者可以开展平台领导的多案例及分组实证研究,从而进一步剖析平台领导与用户创业间的互动关系。

第三,调节变量问题。

本研究以情境视角,选取了网络创业型平台领导特征作为用户创业能力、行为的调节变量。研究结果也证实了部分调节效应的存在。但从用户平台创业实践分析,影响用户创业行为的情境有很多,例如区域环境、技术环境、文化环境等都有可能对用户创业行为产生影响。此外,本研究没有专门研究网络创业型平台领导特征对用户创业行为及创业绩效间影响关系的调节作用,也没有分析其对创业绩效的影响作用。因此,今后研究者可以从更广的视角、更多元的调节变量视角,深入地分析他们对用户创业行为、绩效的影响,从而形成更为丰富、更为多元的研究成果。

参考文献

[1]Abrahamson E, Rosenkopf L. Social network effects on the extent of innovation diffusion: a Computer Simulation[J]. Organization Science, 1997,8(3): 289-309.

[2]Adam E, Chell E. The Successful International Entrepreneur: A profile[C]// 23rd European Small Business Seminar. Belfast. 1993.

[3]Agarwal R, Shah S K. Knowledge Sources of Entrepreneurship: Firm Formation by Academic, User and Employee Innovators[J]. Research Policy, 2014, 43(7):1109-1133.

[4]Ahuja G. Collaboration Networks, Structural Holes, and Innovation: A Longitudinal Study[J]. Administrative Science Quarterly, 2000,45(3):425-455.

[5]Ahviad N H,Ramayah T, Wilson C, et al. Is Entrepreneurial Competency and Business Success Relationship Contingent Upon Business Environment? A Study of Malaysign SMES[J]. International Journal of Entrepreneurial Behavior & Rescarch, 2010,16(3):182-203.

[6]Almamun A, Nawi N B C, Zainol N R B. Entrepreneurial Competencies and Performance of Informal Micro-Enterprises in Malaysia[J]. Mediterranean Journal of Social Sciences, 2016,7(3):273.

[7]Aldrich H E, Martinez M A. Many Are Called, But Few Are Chosen: An Evolutionary Perspective for the Study of Entrepreneurship[J]. Entrepreneurship Theory and Practice, 2001,25(4):1-34.

[8]Aldrich H E, Pfeffer J. Environment of Organizations[J]. Annual Review of Sociology, 1976(11):76-105.

[9]Amit R, Glosten L, Mueller E. Challenges to Theory Development in Entrepreneurship Research[J]. Journal of Management Studies, 1993(30):815-834.

[10]Andrei H. Merchant or Two-Sided Platform[J]. Review of Network Economics, 2007(6):115-133.

[11]Andrei H, Wright J. Multi-sided Platforms[A]. Working papers. Harvard University(HBS Strategy Unit), 2011.

[12] Antoncic B, Hisrich R D. Intrapreneurship: Construct Refinement and

Cross-cultural Validation[J]. Journal of Business Venturing, 2001(16):
495-527.

[13]Ardichvili A, Cardozo R, Ray S. A Theory of Entrepreneurial Opportunity
Identification and Development[J]. Journal of Business Venturing, 2003,18
(1):105-123.

[14]Armstrong M. Competition in Two-sided Markets[J]. The RAND Journal
of Economics, 2006,37(3):668-691.

[15]Armstrong M. Competition in Two-sided Markets[M]. University College
London, 2004.

[16]Armstrong M, Wright J. Two-Sided Markets, Competitive Bottlenecks and
Exclusive Contracts[Z]. Mimeo, University College London , and National
University of Singapore, 2004.

[17]Armstrong M,Wright J. Two-sided Markets, Competitive Bottlenecks and
Exclusive Contracts[J]. Economic Theory, 2007,32(2):353-380.

[18]Arthurs J D, Busenitz I W. Dynamic Capabilities and Venture Performance:
The Effects of Venture Capitalists[J]. Journal of Business Venturing, 2006,
21(2):195-215.

[19]Audretsch D. Entrepreneurship Research[J]. Management Decision, 2012,
50(5):755-764.

[20]Bagozzi R P, Yi Y. On The Evaluation of Structural Equation Models[J].
Journal of Marketing Science, 1988,16(1):74-94.

[21]Baldwin C Y, Hienerth C, Von Hippel E. How User Innovations Become
Commercial Products: A Theoretical Investigation and Case Study[J]. Re-
search Policy, 2006,35(9):1291-1313.

[22]Baldwin C Y, Woodard C J. The Architecture of Platforms:A Unified View
[A]. Working Papers. Harvard University(HBS Strategy Unit), 2008.

[23]Balkundi P, Harrison D A. Ties, Leaders, and Time in Teams: Strong In-
ference about Network Structure's Effects on Team Viability and Perform-
ance[J]. Academy of Management Journal, 2006,49(1):49-68.

[24]Barazandeh M, Parvizian K, Alizadeh M, et al. Investigating the Effect of
Entrepreneurial Competencies On Business Performance Among Early Stage
Entrepreneurs Global Entrepreneurship Monitor (GEM 2010 Survey Data)
[J]. Journal of Global Entrepreneurship Research, 2015,5(1):1-12.

[25]Baron R M. Cognitive Mechanisms in Entrepreneurship: Why and When En-
trepreneurs Think Differently than Other People[J]. Journal of Business
Venturing, 2008,13(4):275-291.

[26]Baron R M,Kenny D A. The Moderator-Mediator Variable Distinction in So-

cial Psychological Research: Conceptual, Strategic, and Statistical Consider-ations[J]. Journal of Personality and Social Psychology, 1986,51 (6): 1173-1182.

[27]Bartlett C A, Ghoshal S. The Myth of the Generic Manager: New Personal Competencies for New Management Roles[J]. California Management Re-view, 1997,40(1):92-116.

[28]Bartunek J M, Rynes S L, Ireland R D. What Makes Management Research Interesting and Why Does It Matter? [J]. Academy of Management Jour-nal, 2006,49(1):9-15.

[29]Bassey M. Case Research in Educational and Settings[M]. Buckingham and Philadelphia:Open University Press, 1999.

[30]Baum J R. The Relation of Traits, Competencies, Motivation, Strategy,and Structure to Venture Growth[J]. Frontiers of Entrepreneurship Research, 1995(5):13-21.

[31]Bergman M A. A Welfare Ranking of Two-sided Market Regimes[R]. Sver-iges Riksbank Working Paper Series, 2005.

[32]Bilgram V, Brem A, Voigt K I. User-Centric Innovations in New Product Development Systematic Identification of Lead Users Harnessing Interactive and Collaborative Online-Tools[J]. International Journal of Innovation Man-agement, 2008,12(3):419-458.

[33]Bird B. Towards a Theory of Entrepreneurial Competency[J]. Advances in Entrepreneurship, Firm Emergence and Growth, 1995,2(1):51-72.

[34]Birley S. Finding the New Firm[C]//Academy of Management Proceedings. Academy of Management, 1984(1):64-68.

[35]Bogers M, Afuah A, Bastian B. Users as Innovators: A Review, Critique, and Future Research Directions[J]. Journal of Management, 2010,36(4): 857-875.

[36]Bogers M, West J. Managing Distributed Innovation: Strategic Utilization of Open and User Innovation[J]. Creativity and Innovation Management, 2012,21(1):61-75.

[37]Bolton B K, Thompson J, Thompson J L. The Entrepreneur in Focus: A-chieve Your Potential[M]. Cengage Learning EMEA, 2003.

[38]Boudreau K J. Too Many Complementors? Evidence on Software Developers [R]. Mimeo, HEC-Paris School of Management, 2007.

[39]Boudreau K J. Open Platform Strategies and Innovation: Granting Access Vs Devolving Control[J]. Management Science, 2010,56(10):1849-1872.

[40]Bray J H, Cramer. Quantitative Data Analysis with SPSS for Windows[M].

London:Routledge，1997.

[41]Brouthers K D,Bakos G. SME Entry Mode Choice and Performance: Trans-
action Cost Perspective[J]. Entrepreneurship Theory and Practice，2004,28
(3):229-247.

[42]Brush C G. ，Edelman L F，Manolova T S. The Effects of Initial Location，
Aspirations，and Resources on Likelihood of First Sale in Nascent Firms[J].
Journal of Small Business Management，2008,46(2):159-182.

[43]Brush C G，Greene P G，Hart M M. From Initial Idea to Unique Advan-
tage: The Entrepreneurial Challenge of Constructing A Resource Base[J].
Academy of Management Executive，2001(15):64-78.

[44]Burcharth L A，Knudsen M P，Søndergaard H A. Neither Invented nor
Shared Here: The Impact and Management of Attitudes for the Adoption of
Open Innovation Practices[J]. Technovation，2014(34):149-161.

[45]Burgelman R A. A Model of the Interaction of Strategic Behavior，Corporate
Context,and the Concept of Strategy[J]. Academy of Management Review，
1983,8(1):61-70.

[46]Busenitz I W，et al. Entrepreneurship Research in Emergence Past Trends
and Future Directions[J]. Journal of Management，2003,29(3):285-308.

[47]Bygrave W D，Lange J，Mollov A，Pearlmutter M. Pre-startup Formal Busi-
ness Plans and Post-Startup Performance: A Study of 116 New Ventures[J].
Venture Capital Journal，2007,9(4):1-20.

[48]Caillaud B，Jullien B. Chicken & Egg: Competition among Intermediation
Service Providers[J]. Rand Journal of Economics，2003,34(2):309-328.

[49]Chandler G N，Hanks S H. Measuring the Performance of Emerging Busi-
nesses: A Validation Study[J]. Journal of Business Venturing，1993,8(5):
391-408.

[50]Chandler G N，Jansen E. The Founder's Self-Assessed Competence and
Venture Performance [J]. Journal of Business Venturing，1992,7(3):
223-236.

[51]Chandler G N. Hanks S H. Measuring the Performance of Emerging Busi-
nesses: A Validation Study[J]. Journal of Business Venturing，1993,8(5):
391-408.

[52]Chandler G N,Hanks S H. Market Attractiveness，Resource-based Capabili-
ties，Venture Strategies，and Venture Performance[J]. Journal of Business
Venturing，1994(9):331-349.

[53]Chandler G N，Hanks. Founder Competence，The Environment and Venture
Performance[J]. Entrepreneurship Theory and Practice，1994,18(3):77-89.

[54]Chandra Y, Coviello N. Broadening the Concept of International Entrepreneurship: 'Consumers as International Entrepreneurs'[J]. Journal of World Business, 2010,45(3):228-236.

[55]Chandra Y, Leenders M A A M. User Innovation and Entrepreneurship in the Virtual World: A Study of Second Life Residents[J]. Tech-innovation, 2012,32(7):464-476.

[56]Chang J. Model of Corporate Entrepreneurship: Intrapreneurship and Exopreneurship[J]. Academy of Entrepreneurship Journal, 1999,5(1):21-54.

[57]Charmaz K. Constructing Grounded Theory : A Practical Guide through Qualitative Analysis[M]. Thousand Oaks, CA: Sage Publications, 2006.

[58]Chesbrough H W. The Era of Open Innovation[J]. Managing innovation and change, 2006,127(3):34-41.

[59]Chesbrough H W. Open Innovation: The New Imperative for Creating and Profiting from Technology[M]. Boston: Harvard Business Press, 2003.

[60]Chesbrough H W. Open Innovation: Researching a New Paradigm[M]. New York: Oxford University Press, 2006.

[61]Chesbrough H W, Crowther A K. Beyond High Tech: Early Adopters of Open Innovation in Other Industries[J]. R&D Management, 2006,36(3): 3229-3236.

[62]Choi B C, Phan K. Platform Leadership in Business Ecosystem: Literature-Based Study On Resource Dependence Theory (RDT)[C]//Technology Management For Emerging Technologies (PICMET), 2012 Proceedings of PICMET'12:IEEE, 2012:133-138.

[63]Chrisman J J, et al. The Determinants of New Venture Performance: An Extended Model[J]. Entrepreneurship Theory and Practice, 1998,23(1): 5-29.

[64]Covin J G, Slevin D P. Strategic Management of Small Firms in Hostile and Benign Environments[J]. Strategic Management Journal, 1989,10(1): 75-87.

[65]Cusumano M A. The Platform Leader's Dilemma[J]. Communications of the ACM, 2011,54(10):21-24.

[66]Cusumano M A. Technology Strategy and Management the Evolution of Platform Thinking[J]. Communications of the ACM, 2010,53(1):32-34.

[67]Cusumano M A. Platform Wars Come to Social Media[J]. Communications of the ACM, 2011,54(4):31-33.

[68]Cusumano M A, Gawer A. Driving High-tech Innovation: The Four Levers of Platform Leadership[J]. Massachusetts Institute of Technology, Center

for ebusiness@ MIT, Working Paper, 2001,142.

[69]Dahlander L, Gann D M. How Open is Innovation? [J]. Research Policy, 2010,39(6):699-709.

[70]Delaney J T, Huselid M A. The Impact of Human Resource Management Practices on Perceptions of Organizational Performance[J]. Academy of Management Journal, 1996,39(4):949-969.

[71]Delmar F, Shane S. What Firm Founders Do:A Longitudinal Study of the Startup Process[C]//In William D. Bygrave, Candida G. Brush, Per Davidsson, & James Fiet (Eds.), Frontier of Entrepreneurship Research Babson Park, MA: Babson College. 2002.

[72]Denscombe M. The Good Research Guide: For Small Scale Social Projects [M]. Philadelphia: Open University Press, 2003.

[73]Dhanaraj C,Parkhe A. Orchestrating Innovation Networks[J]. Academy of Management Review, 2006,31(3):659-669.

[74]Diochon M, Menzies T V, Gasse Y. Exploring the Relationship between Start-up Activities and New Venture Emergence: A Longitudinal Study of Canadian Nascent Entrepreneurs[J]. International Journal of Management and Enterprise Development, 2005,2(3/4):408-426.

[75]Doganoglu T,Wright J. Multi-homing and Compatibility[R]. Working Paper, Department of Economics of NUS, 2005.

[76]Dollinger M J. Entrepreneurship:Strategies and Resources(3Ed.)[M]. New York:Prentice Hall, 2003.

[77]Dubé L, Paré G. Rigor in Information Systems Positivist Case Research: Current Practices,Trends, and Recommendations[J]. Management Information Systems Quarterly, 2003,27(4):597-635.

[78]Du J, Leten B, Vanhaverbeke W. Managing Open Innovation Projects with Science-based and Market-based Partners[J]. Research Policy, 2014,43(5): 828-840.

[79]Duhaime I M. Determinants of Competitive Advantage in the Network Organization Form: A Pilot Study[J]. Journal of Economics and Business, 2002,35(3):413-440.

[80]Durkan P, Harrison R, Lindsay P, et al. Competence and Executive Education and Development in a SME Environment[J]. Irish Business and Administrative Research, 1993,14(1):65-80.

[81]Easton G. Case Research as a Methodology for Industrial Networks: A Realist Apologia[A]. Turnbull P W, Yorke D, Naudé P. Interaction,Relationships And Networks: Past-present-future[C].Manchester: IMP, 1995.

[82]Eckhardt J T, Shane S A. Opportunity and Entrepreneurship[J]. Journal of management, 2003,29(3):333-349.

[83]Eckhardt J T, Shane S A, Delmar F. Multistage Selection and the Financing of New Ventures[J]. Management Science, 2006,52(2):220-232.

[84]Edelman L F, Yli-Renko H. The Impact of Environment and Entrepreneurial Perceptions on Venture Creation Efforts: Bridging the Discovery and Creation Views of Entrepreneurship[J]. Entrepreneurship Theory and Practice, 2010,34(5):833-856.

[85]Eisenhardt K M. Building Theories from Case Study Research[J]. Academy of Management Review, 1989,14(4):532-550.

[86]Eisenhardt K M. Theory Building from Cases: Opportunities and Challenges [J]. Academy of Management Journal, 2007,50(1):25-32.

[87]Eisenmann T, Parker G, Van Alstyne M W. Strategies for Two-sided Markets[J]. Harvard Business Review, 2006,84(10):1-11.

[88]Eisenmann T, Parker G, Van Alstyne M. Platform Envelopment[J]. Strategic Management Journal, 2011,32(12):1270-1285.

[89]Emerson R M. Power-dependence relations[J]. American Sociological Review, 1962,27(1):31-41.

[90]Enkel E, Gassmann O, Chesbrough H. Open R&D and Open Innovation: Exploring the Phenomenon[J]. R&D Management, 2009,39(4):311-316.

[91]Ensley M D, et al. Understanding the Dynamics of New Venture Top Management Teams Cohesion, Conflict, And New Venture Performance[J]. Journal of Business Venturing, 2002,17(4):365-386.

[92]Evans D. Some Empirical Aspects of Multi-sided Platform Industries[J]. Review of Network Economics, 2003a(2):191-209.

[93]Evans D. The Antitrust Economics of Multi-sided Markets[J]. Yale Journal on Regulation, 2003b(20):325-382.

[94]Evans D. The Industrial Organization of Markets with Two-sided Platforms [J]. Competition Policy International, 2008(3):151-179.

[95]Evans D S. Platform Economics: Essays on Multi-sided Businesses[M]. Createspace Publication, 2011.

[96]Evens T. Platform Leadership in Online Broadcasting Markets[M]//Handbook of Social Media Management. Springer Berlin Heidelberg, 2013: 477-491.

[97]Evens T. Clash of TV Platforms: How Broadcasters and Distributors Build Platform Leadership[C]//25th European Regional ITS Conference. 2014.

[98]Fassinger R E. Paradigms, Praxis, Problems, and Promise: Grounded The-

ory in Counseling Psychology Research[J]. Journal of Counseling Psychology, 2005,52(2):156-166.

[99]Felin T, Zenger T R. Closed or Open Innovation? Problem Solving and the Governance Choice[J]. Research Policy, 2014,43(5):914-925.

[100]Filistrucchi L, Geradin D, Van Damme E. Market Definition in Two-sided Markets: Theory and Practice[J]. Journal of Competition Law and Economics, 2014,10(2):293-339.

[101]Fornell C,Larcker D F. Evaluating Structural Equation Models with Unobservable Variables and Measurement Error: A Comment[J]. Journal of Marketing Research, 1981,18(3):375-381.

[102]Francsi D H, Sandberg W R. Friendship Within Entrepreneurial Teams and Its Association With Team and Venture Performance[J]. Entrepreneurship Theory and Practice, 2000,25(2):5-25.

[103]Freeman L C. Centrality in Social Networks Conceptual Clarification[J]. Social Networks, 1978(3):215-239.

[104]Gabszewicz J J, Wauthy X Y. Two-sided Markets and Price Competition with Multi- homing[M]. CORE, Louvain-La-Neuve University, 2004.

[105]Gambardella A, Raasch C,Von Hippel E. The User Innovation Paradigm: Impacts on Markets and Welfare[J]. Management Science, 2016(4):1-19.

[106]Gartner. A Conceptual Framework for Describing the Phenomenon of New Venture Creation[J]. Academy of Management Review, 1985,10(4):696-706.

[107]Gartner W B, Starr J A, Bhat S. Predicting New Venture Survival: An Analysis of 'Anatomy of a Start-up': Cases from 'Inc.' Magazine[J]. Journal of Business Venturing, 1999,14(2):215-232.

[108]Gasse Y, D'Amboise G. Entrepreneurial-Managerial Competencies and Practices of Growing SMEs[C]//Proceedings of the CCSBE/CCPME Conference, 1997:137-47.

[109]Gatewood E J, Shaver K G, Gartner W B. A Longitudinal Study of Cognitive Factors Influencing Start-up Behaviors and Success at Venture Creation[J]. Journal of Business Venturing, 1995,10(5):371-391.

[110]Gawer A. Platforms, Markets and Innovation[M]. Cheltenham: Edward Elgar Publishing, 2011.

[111]Gawer A. Bridging Differing Perspectives on Technological Platforms: Toward an Integrative Framework[J]. Research Policy, 2014, 43(7):1239-1249.

[112]Gawer A, Cusumano M A. Platform Leadership[M]. Harvard Business

School Press, Boston,MA, 2002.

[113]Gawer A, Cucumano M A, How Companies Become Platform Leaders[J]. MIT Sloan Management Review, 2008(49):28-35.

[114]Gawer A, Cucumano M A. Platform Leadership: How Intel,Microsoft, And Cisco Drive Industry Innovation[M]. Boston, MA: Harvard Business School Press, 2002.

[115]Gawer A, Phillips N. Institutional Work as Logics Shift: The Case of Intel's Transformation to Platform Leader[J]. Organization Studies, 2013, 34(8):1035-1071.

[116]Gawer A, Cusumano M A. How Companies Become Platform Leaders[J]. MIT Sloan Management Review, 2008,49(2):28-35.

[117]Gawer A, Cusumano M. Industry Platforms and Ecosystem Innovation[J]. Journal of Product Innovation Management, 2014,31(3):417-433.

[118]Glaser B G, Strauss A. The Discovery of Grounded Theory: Strategies for Qualitative Research[M]. Chicago:Aldine, 1967.

[119]Glaser B G, Strauss A L,Strutzel E. The Discovery of Grounded Theory: Strategies for Qualitative Research[J]. Nursing Research, 1968,17(4): 353-368.

[120]Glaser B G. Basics of Grounded Theory Analysis[M]. Mill Valley, CA: Sociology Press, 1992.

[121]Govindarajan V. A Contingency Approach to Strategy Implementation at the Business Unit Level: Integrating Administrative Mechanisms with Strategy[J]. Academy of Management Journal, 1988,31(4):828-853.

[122]Grande J, et al. The Relationship between Resources, Entrepreneurial Orientation and Performance in Farm-Based Ventures[J]. Entrepreneurship & Regional Development, 2011,23(3):89-111.

[123]Granovetter M. Economic Action and Social Structure: The Problem of Embeddedness[J]. American Journal of Sociology, 1985,91(3):481-510.

[124]Gulati R. Alliances and Networks[J]. Strategic Management Journal, 1998,19(4):293-317.

[125]Haefliger S, Jager P, Vonkrogh G. Under the Radar: Industry Entry by User Entrepreneurs[J]. Research policy, 2010,39(9):1198-1213.

[126]Halinen A, Törnroos J Å. The Role of Embeddedness in The Evolution of Business Networks[J]. Scandinavian Journal of Management, 1998,14(3): 187-205.

[127]Hammersley M. The Dilemma of Qualitative Method: Herbert Blumer and the Chicago School[M]. London :Routledge, 1989.

[128]Han K, Wonseok O, Im K S, et al. Value Cocreation and Wealth Spillover in Open Innovation Alliances[J]. MIS Quarterly, 2012,36(1):291-315.

[129]Henkel J, Sander J G. Identification Innovativer Nutzer in Virtuellen Communities[M]//Management der frühen Innovationsphasen, Gabler, 2007: 77-107.

[130]Hermalin B E, Katz M L. Your Network or Mine? The Economics of Routing Rules[R]. UC Berkeley, 2004.

[131]Hertel G, Niedner S, Herrmann S. Motivation of Software Developers in Open Source Projects: An Internet-based Survey of Contributors to the Linux Kernel[J]. Research Policy, 2003,32(7):1159-1177.

[132]Hippel V E. Democratizing Innovation[M]. Cambridge, Massachusetts: The MIT Press, 2005.

[133]Hippel V E. Comment on 'Is Open Innovation a Field of Study or a Communication Barrier to Theory Development?'[J]. Tech-innovation, 2010, 30(11/12):555-557.

[134]Hoang H, Antoneie B. Network-based Research in Entrepreneurship: A Critical Review[J]. Journal of Business Venruring, 2003,18(2):165-187.

[135]Honig B, Davidsson P, Karlsson T. Learning Strategies of Nascent Entrepreneurs[J]. Journal of Competence-based Management, 2005,1(3):67-88.

[136]Huang P, Ceccagnoli M, Forman C,Wu D J. Participation in a Platform Ecosystem: Appropriability, Competition, and Access to the Installed Base [J]. NET Institute Working Paper, 2009(14):1-36.

[137]Huefner J C, Hunt H K. Broadening The Concept of Entrepreneurship: Comparing Business and Consumer Entrepreneurs[J]. Entrepreneurship Theory and Practice, 1994,18(3):61-65.

[138]Hu L T, Bentler P M. Cutoff Criteria for Fit Indexes in Covariance[J]. Structural Equation Modeling, 1999,6(1),1-55.

[139]Jarillo J C, Martinez J. Different Roles For Subsidiaries: The Case of Multinational Corporations in Spain[J]. Strategic Management Journal, 1990 (11):501-512.

[140]Jiao H, Ogilvie C Y. An Empirical Study of Mechanisms to Enhance Entrepreneurs Capabilities Through Entrepreneurial Learning in An Emerging Market[J]. Journal of Chinese Entrepreneurship, 2010,2(2):196-217.

[141]Jiao J R, Simpson T W, Siddique Z. Product Family Design and Platform-based Product Development: A State-of-the-art Review[J]. Journal of Intelligent Manufacturing, 2007,18 (1):5-29.

[142]Johannisson B. Networking and Entrepreneurial Growth[M]. The Black-

well Handbook of Entrepreneurship, Oxford: Blackwell, 2000.

[143]Juho K. User Entrepreneurship In Companies' Communities Rules of Open Platform Usage in The Music Streaming Industry[D]. KTH Master's Thesis, 2013.

[144]Julian W. One-sided Logic in Two-sided Markets[J]. Review of Network Economics, 2004,3(1):44-64.

[145]Kaiser H F. Little Jiffy, Mark IV[J]. Educational and Psychological Measurement, 1974(34):138-147.

[146]Kaiser U, Wright J. Price Structure in Two-sided Markets: Evidence from the Magazine Industry[J]. International Journal of Industrial Organization, 2006,24(1):1-28.

[147]Kaplan R S, Norton D P. The Balanced Scorecard: Translating Strategy Into Action[M]. Harvard Business Press, 1996.

[148]Kaplan R S, Norton D P. The Strategy-Focused Organization: How Balanced Scorecard Companies Thrive in the New Business Environment[M]. Harvard Business Press, 2001.

[149]Katz J, Gartner W. Properties of Emerging Organizations[J]. Academy of Management Review, 1988,13(3):429-442.

[150]Klepper S. Disagreements, Spin-offs, And the Evolution of Detroit as the Capital of the U. S. Automobile Industry[J]. Management Science, 2007, 53(4):616-631.

[151]Kokkola J. User Entrepreneurship in Companies' Communities: Rules of Open Platform Usage in the Music Streaming Industry[D]. Stockholm: KTH, 2013.

[152]Kolvereid L. Prediction of Employment Status Choice Intentions[J]. Entrepreneurship Theory and Practice, 1996,21(1):47-57.

[153]Kortuem G, Kawsar F. User Innovation For the Internet of Things[C]// Proceedings of the Workshop What Can the Internet of Things Do for the Citizen (Ciot) at the Eighth International Conference on Pervasive Computing (Pervasive 2010), Helsinki, Finland. 2010.

[154]Ku S W, Cho D S. Platform Strategy: An Empirical Study on the Determinants of Platform Selection of Application Developers[J]. Journal of International Business and Economy, 2011,12(1):123-143.

[155]Kyndt E, Baert H. Entrepreneurial Competencies: Assessment and Predictive Value for Entrepreneurship[J]. Journal of Vocational Behavior, 2015 (90):13-25.

[156]Laursen K, Salter A. Open for Innovation: The Role of Openness in Explai-

ning Innovation Performance among UK Manufacturing Firms[J]. Strategic Management Journal, 2006,27(2):131-150.

[157]Lau T, Chan K F, Man T W Y. Entrepreneurial and Managerial Competencies: Small Business Owner—Managers in Hong Kong[J]. Hong Kong Management and Labour: Change and Continuity, Routledge, London, 1999:220-236.

[158]LEE S M, KIM T, NOH Y, et al. Success Factors of Platform Leadership in Web 2.0 Service Business[J]. Service Business, 2010,4(2):89-103.

[159]LIAO J, WELSCH H. Patterns of Venture Gestation Process: Exploring the Differences between Tech and Non-tech Nascent Entrepreneurs[J]. Journal of High Technology Management Research, 2008,19(2):103-113.

[160]Liao J, Welsch H, Tan W L. Venture Gestation Paths of Nascent Entrepreneurs: Exploring the Temporal Patterns[J]. Journal of High Technology Management Research, 2005,16(1):1-22.

[161]Lichtenthaler U. Technology Exploitation in the Context of Open Innovation: Finding the Right 'job' for Your Technology[J]. Technovation, 2010,30(7/8):429-435.

[162]Lichtenthaler U. Open Innovation: Past Research, Current Debates, and Future Directions[J]. Academy of Management Perspectives, 2011,25(1): 75-93.

[163]Li H Y. How Does New Venture Strategy Matter in the Environment-Performance Relationship? [J]. Journal of High Technology Management Research, 2001,12(2):183-204.

[164]Lindsay N J, Craig J B. A Framework for Understanding Opportunity Recognition: Entrepreneurs Versus Private Equity Financiers[J]. The Journal of Private Equity, 2002,6(1):13-24.

[165]Low, Macmillan. Entrepreneurship: Past Research and Future Challenges [J]. Journal of Management, 1988(14):139-161.

[166]Lumpkin G T, Dess G G. Clarifying the Entrepreneurial Orientation Construct and Linking it to Performance[J]. Academy of Management Review, 1996,21(1):135-172.

[167]Lumpkin G T,Dess G G. Linking Two Dimensions of Entrepreneurial Orientation to Firm Performance. The Moderating Role of Environment and Industry Life Cycle[J]. Journal of Business Venturing, 2001(16):429-451.

[168]Luthje C, Herstatt C, Von Hippel E. User-innovators and 'Local' Information: The Case of Mountain Biking[J]. Research Policy, 2005,34(6): 951-965.

[169]Mackinnon D P, Lockwood C M, Hoffman J M, et al. A Comparison of Methods to Test Mediation and Other Intervening Variable Effects[J]. Psychological Methods, 2002,7(1):83-104.

[170]Man T W Y. Entrepreneurial Competencies and the Performance of Small and Medium Enterprises in the Hong Kong Services Sector[D]. The Hong Kong Polytechnic University, 2001.

[171]Man T W Y, Chan K F. The Competitiveness of Small and Medium Enterprises: A Conceptualization with Focus in Entrepreneurial Competencies [J]. Journal of Business Venturing, 2002,17(2):123-142.

[172]Man T W Y, Lau T. Entrepreneurial Competencies SME Owner/Managers in the Hong Kong Services Sector: A Qualitative Analysis[J]. Journal of Enterprising Culture, 2008(3):235-254.

[173]Man T W Y, Lau T, Snape E. Entrepreneurial Competencies and the Performance of Small and Medium Enterprises: An Investigation Through a Framework of Competitiveness[J]. Journal of Small Business & Entrepreneurship, 2008,21(3):257-276.

[174]Man T W Y, Theresa Lau, Chan K F. The Competitiveness of Small and Medium Enterprises: A Conceptualization with Focus on Entrepreneurial Competencies[J]. Journal of Business Venturing, 2002 (17):123-142.

[175]Man T W Y ,et al. The Competitiveness of Small and Medium Enterprises: A Conceptualization With Focus on Entrepreneurial Competencies[J]. Journal of Business Venturing, 2002,17(2):123-142.

[176]Man T W Y, et al. Home-Grown and Abroad-Bred Entrepreneurs in China: A Study of the Influences of External Context on Entrepreneurial Competencies[J]. Journal of Enterprising Culture, 2008,16(2):113-132.

[177]Mcclelland D C. Characteristics of Successful Entrepreneurs[J]. Journal of Creative Behavior, 1987,21(3):219-233.

[178]Mcdonald R P, Ho M R. Principles and Practice in Reporting Structural Equation Analysis[J]. Psychological Methods, 2002(7):64-82.

[179]Mckendrick D G, Wade J B, Jaffee J. Good Riddance? Spin-Offs and the Technological Performance of Parent Firms [J]. Organization Science, 2009,20(6):979-992.

[180]Menzies T, Diochon M, Gasse Y, Elgie S. A Longitudinal Study of the Characteristics, Business Creation Process and Outcome Differences of Canadian Female Vs. Male Nascent Entrepreneurs[J]. The International Entrepreneurship and Management Journal, 2006,2(4):441-453.

[181]Miller D. The Correlates of Entrepreneurship in Three Types of Firms[J].

Management Science，1983，29(7)：770-791.

[182]Mintzberg H，Waters J A. Tracking Strategy and an Entrepreneurial Firm
[J]. Academy of Management Journal，1982，25(3)：465-499.

[183]Mittion G D. The Complete Entrepreneur[C]//National Academy of Man-
agement Meetings，Chicago，August. 1986，15.

[184]Morris M H，Kuratko D F. Corporate Entrepreneurship[M]. Harcourt
College Publishers，2003.

[185]Muzychenko O. Cross-Cultural Entrepreneurial Competence in Identifying
International Business Opportunities[J]. European Management Journal，
2008，26(6)：36-377.

[186]Newbert S L. New Firm Formation：A Dynamic Capability Perspective[J].
Journal of Small Business Management，2005，43(1)：55-77.

[187]Ondrus J. Clashing Over the NFC Secure Element for Platform Leadership
in the Mobile Payment Ecosystem[C]//Proceedings of The 17th Interna-
tional Conference On Electronic Commerce，2015.

[188]Ortt J R，Den Hartigh E，Van D K G，Stolwijk C C. Platform Control
During Battles for Market Dominance：The Case of Apple Versus IBM in
the Early Personal Computer Industry[J]. Technovation，2016(48)：4-12.

[189]Otto P E，Nick C，Stott H. How People Perceive Companies：Personality
Dimensions as Fundamentals？ [C]//Sun R，Miyake N. Proceedings of the
28th Annual Conference of the Cognitive Science Society. Mahwah，NJ：
Erlbaum，2006：1905-1909.

[190]Parida V，Westerberg M，Frishammar J. Inbound Open Innovation Activi-
ties in High-tech SMEs：The Impact on Innovation Performance[J]. Jour-
nal of Small Business Management，2012，50(2)：283-309.

[191]Parker G，Van Alstyne M W. Information Complements，Substitutes，and
Strategic Product Design[C]//Proceedings of the Twenty First Internation-
al Conference on Information Systems. Association for Information Sys-
tems，2000：13-15.

[192]Parker G，Van Alstyne M W. Unbundling in the Presence of Network Ex-
ternalities[R]. Mimeo，2002.

[193]Parker G ，Van Alstyne M W. A Digital Postal Platform：Definitions and a
Roadmap[R]. MIT Center for Digital Business，Working Paper，2012.

[194]Patton M Q. Qualitative Evaluation and Research Methods(3rd.)[M].
Thousand Oaks，CA：Sage Publications，2002.

[195]Peng D X，Lai F. Using Partial Least Squares in Operations Management
Research：A Practical Guideline and Summary of Past Research[J]. Journal

of Operations Management，2012,30(6):467-480.

[196]Perrons R K. The Open Kimono：How Intel Balances Trust and Power to Maintain Platform Leadership [J]. Research Policy，2009，38（8）：1300-1312.

[197]Petroni G，Venturini K，Verbano C. Open Innovation and New Issues in R&D Organization and Personnel Management[J]. The International Journal of Human Resource Management，2012,23(1):147-173.

[198]Pfeffer J，Salancik G. The External Control of Organizations：A Resource Dependence Perspective[M]. Stanford University Press，1978.

[199]Phillips N，Tracey P. Opportunity Recognition，Entrepreneurial Capabilities and Bricolage：Connecting Institutional Theory and Entrepreneurship in Strategic Organization[J]. Strategic organization，2007,5(3):313:25-26.

[200]Polanyi K. The Great Transformation：The Political and Economic Origins of Our Time[M]. Boston，MA：Beacon Press，1944.

[201]Powell W W，Koput K W，Smith-Doerr L，et al. The Spatial Clustering of Science and Capita：Accounting for Biotech Firm Venture Capital Relationship[J]. Regional Studies，2002,36(3):299-313.

[202]Priem R L，Sali L，Jon C C. Insights and New Directions from Demand-side Approaches to Technology Innovation，Entrepreneurship，and Strategic Management Research[J]. Journal of Management，2012，38（1）：346-374.

[203]Rasmussen E，et al. The Evolution of Entrepreneurial Competencies：A Longitudinal Study of University Spin-Off Venture Emergence[J]. Journal of Management Studies，2011,48(6):1314-1346.

[204]Rasmussen I B，Nielsen T. Entrepreneurial Capabilities：Is Entrepreneurship Action Research in Disguise? [J]. Ai & Society，2004,18（2）：100-112.

[205]Rass M，Dumbach M，Danzinger F，et al. Open Innovation and Firm Performance：The Mediating Role of Social Capital[J]. Open Innovation and Firm Performance，2013,22(2):177-191.

[206]Raymond E. The Cathedral and the Bazaar[J]. Knowledge，Technology & Policy，1999,12(3):23-49.

[207]Reynolds P D. New Firm Creation in the United States：A PSED Ⅰ Overview[J]. Foundations and Trends in Entrepreneurship，2007,3(1):68-69.

[208]Richard L，H. Hall，Organizations：Structure，Progresses，& Outcomes [M]. 5th ed.，Prentice Hall，Inc.，New Jersey，1991.

[209]Richard L，Priem Sali Li，Jon C Carr. Insights and New Directions from De-

mand-side Approaches to Technology Innovation, Entrepreneurship, and Strategic Management Research[J]. Journal of Management, 2012,38(1): 346-374.

[210]Robinson K C. An Examination of the Influence of Industry Structure on Eight Measures of New Venture Performance for High Potential in Dependent New Venture[J]. Journal of Business Venturing, 1998,14(2):165-187.

[211]Rochet J, Tirole J. Platform Competition in Two-Sided Markets[J]. Journal of European Economic Association, 2003(1):990-1029.

[212]Rochet J, Tirole J. Two-sided Markets: An Overview[R]. IDEI University of Toulouse, 2004.

[213]Rochet J C, Tirole J. Two-sided Markets: A Progress Report[J]. The RAND Journal of Economics, 2006,37(3):645-667.

[214]Roson R. Auctions in a Two-sided Network: The Case of Meal Vouchers [R]. Ca'Foscari University of Venice, 2004.

[215]Roson R. Auctions in a Two-sided Network: The Market for Meal Voucher Services[J]. Networks and Spatial Economics, 2005,5(4):339-350.

[216]Roudini A, Osman M H M. The Role of International Entrepreneurship Capability on International Performance in Born Global Firms[J]. Ibusiness,2012,4(2):126-135.

[217]Ruekert R W, Walker Jr O C, Roering K J. The Organization of Marketing Activities: A Contingency Theory of Structure and Performance[J]. The Journal of Marketing, 1985,49(1):13-25.

[218]Rysman M. An Empirical Analysis of Payment Card Usage[J]. The Journal of Industrial Economics, 2007,55(1):1-36.

[219]Scapens R W. Researching Management Accounting Practice: The Role of Case Study Methods[J]. British Accounting Review, 1990,22(3):259-281.

[220]Schaubroeck J M, Hannah S T, Avolio B J, et al. Embedding Ethical Leadership Within and Across Organization Levels[J]. Academy of Management Journal, 2012,55(5):1053-1078.

[221]Schumpeter J A. The Theory of Economic Development[M]. Boston, MA: Harvard University Press, 1934.

[222]Shah S. Motivation, Governance, And The Viability Of Hybrid Forms In Open Source Software Development[J]. Management Science, 2006(52): 1000-1014.

[223]Shah S, Smith W, Reedy E J. Who Are User Entrepreneurs? Findings on Innovation, Founder Characteristics & Firm Characteristics[R]. Kauffman Foundation Report. Kansas City, MO: Kauffman Foundation, 2011.

[224]Shah S，Tripsas M. The Accidental Entrepreneur：The Emergent and Collective Process of User Entrepreneurship[J]. Strategic Entrepreneurship Journal，2007,1(1-2)：123-140.

[225]Shah S，Tripsas M. When Do User Innovators Start Firms? A Theory of User Entrepreneurship[R]. Harvard Business School Working Paper，2012.

[226]Shane S. Prior Knowledge and the Discovery of Entrepreneurial Opportunities[J]. Organization Science，2000,4(11)：448-469.

[227]Shane S，Venkatraman S. The Promise of Entrepreneurship as a Field of Research[J]. Academy of Management Review，2000,25(1)：217-226.

[228]Shazi R，Gillespie N，Steen J. Trust as a Predictor of Innovation Network Ties in Project Teams[J]. International Journal of Project Management，2015(33)：81-91.

[229]Sirmon D G，Hitt M A. Managing Resources：Linking Unique Resources Management and Wealth Creation in Family Firms[J]. Entrepreneurship Theory and Practice，2003(27)：339-358.

[230]Slaughter J E，Jerel E S，David C M，et al. Personality Trait Inferences about Organizations：Development of a Measure and Assessment of Construct Validity[J]. Journal of Applied Psychology，2004(1)：85-103.

[231]Smith K G，Gregorio D. Dissociation，Discovery and the Role of Entrepreneurial Action[J]. Strategic Entrepreneurship：Creating a New Mindset，2002(129)：130-148.

[232]Snell R，Lau A. Exploring Local Competences Salient for Expanding Small Businesses[J]. Journal of Management Development，1994,13(4)：4-15.

[233]Stake R E. Case Studies[A]. Denzin N. K.，Lincoln，Y. S. Handbook of Qualitative Research (2nd ed.)[M]. Thousand Oaks，CA：Sage Publications，2000.

[234]Stone C A，Sobel M E. The Robustness of Estimates of Total Indirect Effects in Covariance Structure Models Estimated By Maximum[J]. Psychometrika，1990,55(2)：337-352.

[235]Strauss A，Corbin J. Basics of Qualitative Research：Grounded Theory Procedures and Techniques[M]. New bury Park，CA：Sage，1990.

[236]Strauss A，Corbin J. Grounded Theory in Practice[M]. Thousand Oaks，CA：Sage，1997.

[237]Strauss A，Corbinj. Basics of Qualitative Research：Grounded Theory Procedures and Techniques[M]. Thousand Oaks，CA：Sage，1998：102-138.

[238]Ströbele A. Social Entrepreneurship In The Netherlands：Factors That Influence the User Innovator to Become A Social Entrepreneur[D]. Universi-

ty of Twente, 2015.

[239]Stuiver D M. From User Innovator to Social User Entrepreneur: Can These Factors also be Detected in Base of Pyramid Situations? [D]. University of Twente, 2014.

[240]Teece D J. Explicating Dynamic Capabilities: The Nature and Micro Foundations of (Sustainable) Enterprise Performance[J]. Strategic Management Journal, 2007,28(13):1319-1350.

[241]Tee R, Gawer A. Industry Architecture as A Determinant of Successful Platform Strategies: A Case Study of The I-Mode Mobile Internet Service [J]. European Management Review, 2009,6(4):217-232.

[242]Tehseen S, Ramayah T. Entrepreneurial Competencies and SMEs Business Success: The Contingent Role of External Integration[J]. Mediterranean Journal of Social Sciences, 2015,6(1):50.

[243]Thompson J I. The Facets of the Entrepreneur: Identifying Entrepreneurial Potential[J]. Management Decision, 2004,42(2):243-258.

[244]Timmons J A. Entrepreneurial Behavior[R]. Proceeding,First International Conference on Entrepreneurship, Center for Studies, 1973.

[245]Timmons J A. Characteristics and Role Demands of Entrepreneurship[J]. American Journal of Small Business, 1978,3(1):5-17.

[246]Timmons J A. The Encyclopedia Of Small Business Resources[M]. New York: Harper & Row, 1982:98-232.

[247]Timmons J A. Opportunity Recognition: The Core of Entrepreneurship [J]. Frontiers of Entrepreneurship Research, 1987:109-123.

[248]Timmons J A. New Venture Creation(5Ed.)[M]. New York Mcgraw-Hill, 1999.

[249]Tiwana A, Konsynski B, Bush A A. Research Commentary-platform Evolution: Co-evolution of Platform Architecture, Governance, and Environmental Dynamics[J]. Information Systems Research, 2013,21(4):675-687.

[250]Tornikoski E T, Newbert S L. Exploring the Determinants of Organizational Emergence: A Legitimacy Perspective[J]. Journal of Business Venturing, 2007,22(2):311-335.

[251]Tremblay M J. Essays on Platforms and Two-sided Markets[D]. Michigan State University, 2016.

[252]Tsai C L. The Role of Dynamic Platform Strategy in Achieving Competitive Advantage: Proceedings of the 35th DRUID Celebration Conference, June 17-19, 2013[C]. Barcelona, Spain, 2013.

[253]Ucbasaran D, Westhead P, Wright M. The Extent and Nature of Opportu-

nity Identification by Experienced Entrepreneurs[J]. Journal of Business Venturing, 2009,24(2):99-155.

[254]Vanhaverbeke W, Beerkens B, Duysters G. Exploration and Exploitation in Technology-Based Alliance Networks[C]. Academy of Management Proceedings, 2004.

[255]Veronica S, Thomas F. Collaborative Innovation in Ubiquitous Systems [J]. International Manufacturing, 2007(18):599-615.

[256]Vesper K H. New Venture Strategies [M]. 2nd ed. Englewood Cliffs, NJ: Prentice Hall, 1990.

[257]Vijay L, Ajay V K. Entrepreneurial Competency in SME'S[J]. Bonfring International Journal of Industrial Engineering and Management Science, 2011(1):63-68.

[258]Vrechopoulos A P. Mass Customization Challenges in Internet Retailing Through Information Management[J]. International Journal of Information Management, 2004,24(1):59-71.

[259]Wang C I, Chugh H. Entrepreneurial Learning: Past Research and Future Challenges[J]. International Journal of Management Reviews, 2011, 16 (1):24-61.

[260]Watts D J. Networks, Dynamics, and the Small-world Phenomenon[J]. The American Journal of Sociology, 1999,105(2):493-527.

[261]Westhead P D, Ucbasaran Y W. Decisions, Actions, and Performance: Do Novice, Serial, and Portfolio Entrepreneurs Differ[J]. Journal of Small Business Management, 2005,43(4):393-117.

[262]West J, Wood D. Tradeoffs of Open Innovation Platform Leadership: The Rise and Fall of Symbian Ltd[C]//Stanford Social Science and Technology Seminar. 2011(1):46.

[263]Wickham P A. Developing a Mission for an Entrepreneurial Venture[J]. Management Decision, 1997,35(5):373-381.

[264]Wiklund J, Shepherd D A. Portfolio Entrepreneurship: Habitual and Novice Founders, New Entry, and Mode of Organizing[J]. Entrepreneurship Theory and Practice, 2008,32(4):701-725.

[265]Wood R, Bandura A. Social Cognitive Theory of Organizational Management[J]. Academy of Management Review, 1989(14):361-384.

[266]Yadav V, Goyal P. User Innovation And Entrepreneurship: Case Studies From Rural India[J]. Journal of Innovation and Entrepreneurship, 2015,4 (1):01-20.

[267]Ye J, Kankanhalli A. Exploring Innovation through Open Networks: A

Review and Initial Research Questions[J]. IIMB Management Review, 2013,25(2):69-82.

[268]Yin,R. K. Case Research: Design and Methods[M]. Newbury Park, CA: Sage Publications, 1984.

[269]Zahra S A, et al. Competitive Analysis and New Venture Performance: Understanding the Impact of Strategic Uncertainty and Venture Origin[J]. Entrepreneurship Theory and Practice, 2002,27(1):1-28.

[270]Zhang B, Ren M. Management of Third Party E-commerce Platform[J]. Advances in Information Technology and Management, 2012,1(3):142-145.

[271]Zhu F, Iansiti M. Entry into Platform-based Markets[J]. Strategic Management Journal, 2011(33):88-106.

[272][美]安娜贝拉·加威尔,迈克尔·库苏麦诺.平台领导:英特尔、微软和思科如何推动行业创新[M].袁申国译.广东:广东经济出版社,2007.

[273]白戈.营销能力与企业创新行为关系研究[D].成都:西南财经大学,2010.

[274]卜华白.价值网结构、嵌入选择与创业绩效研究——基于创业战略契合视角[J].技术经济与管理研究,2014(5):28-33.

[275]蔡敦浩,利尚仁,林韶怡.复杂性科学典范下的创业研究[J].创业管理研究,2007(1):31-60.

[276]蔡莉,崔启国,史琳.创业环境研究框架[J].吉林大学社会科学学报,2007,47(1):50-56.

[277]蔡莉,彭秀青,[美]Satish Nambisan,王玲.创业生态系统研究回顾与展望[J].吉林大学社会科学学报,2016(1):5-15.

[278]蔡莉,汤淑琴,马艳丽,高祥.创业学习、创业能力与新企业绩效的关系研究[J].科学学研究,2014,32(8):1189-1197.

[279]蔡莉,肖坚石,赵镝.创业导向对资源利用的关系研究[J].科学学与科学技术管理,2008(1):98-102.

[280]蔡宁,闫春.开放式创新绩效的测度:理论模型与实证检验[J].科学学研究,2013(3):469-480.

[281]曹兴,司岩.协同视角下的网络组织治理:一个文献综述[J].湖南工业大学学报(社会科学版),2013,18(5):45-52.

[282]曹之然.创业绩效影响因素研究[D].新疆:石河子大学(博士),2010.

[283]陈海涛.创业机会开发对新创企业绩效的影响研究[D].吉林:吉林大学(博士),2007.

[284]陈寒松,张文玺.创业模式与企业组织的创新[J].山东大学学报(哲学社会科学版),2005(4):116-121.

[285]陈宏民,胥莉.双边市场——企业竞争环境的新视角[M].上海:上海人民出

版社,2007.

[286]陈劲,蒋子军,陈钰芬.开放式创新视角下企业知识吸收能力影响因素研究[J].浙江大学学报(人文社会科学版),2011,41(5):71-82.

[287]陈劲,吴波.开放式技术创新范式下企业全面创新投入研究[J].管理工程学报,2011(4):227-234.

[288]陈玲.基于平台理论的市场平台组织体系及其构建[J].求索,2010(9):35-37.

[289]陈钦约.基于社会网络的企业家创业能力和创业绩效研究[D].天津:南开大学(博士),2010.

[290]陈仕华,李维安.公司治理的社会嵌入性:理论框架及嵌入机制[J].中国工业经济,2011(6):99-108.

[291]陈爽英,井润田,邵云飞等.开放式创新条件下企业创新资源获取机制的拓展——基于 Teece 理论框架的改进[J].管理学报,2012,9(4):542-547.

[292]陈晓萍,徐淑英,樊景立.组织与管理研究的实证方法(第二版)[M].北京:北京大学出版社,2012.

[293]陈兴淋,纪顺洪.O2O 模式下对长尾理论应用的思考[J].商业经济研究,2017(3):93-95.

[294]陈旭阳,陈松.大学生异质化创业能力对创业绩效的影响——创业团队的中介作用[J].科技管理研究,2016(8):222-228.

[295]陈艳,范炳全.中小企业开放式创新能力与创新绩效的关系研究[J].研究与发展管理.2013,25(1):24-35.

[296]陈应龙.双边市场中平台企业的商业模式研究[D].武汉:武汉大学,2014.

[297]陈震红,刘国新,董俊武.国外创业研究的历程动态与新趋势[J].国外社会科学,2004(1):21-27.

[298]程贵孙.基于双边市场理论的传媒产业运行机制与竞争规制研究[D].上海:上海交通大学安泰经济与管理学院,2007.

[299]程贵孙,陈宏民,孙武军.双边市场视角下的平台企业行为的研究[J].经济理论与经济管理,2006(9):55-60.

[300]程贵孙,孙武军.银行卡产业运作机制及其产业规制问题研究——基于双边市场理论视角[J].国际金融研究,2006(1):39-46.

[301]党兴华,刘兰剑.跨组织技术创新合作动因的两视角分析[J].科研管理,2006,27(1):55-61.

[302]刁守进.创业资源整合与新创企业绩效关系研究——以效果推理为调节变量[D].杭州:浙江理工大学(硕士),2015.

[303]董保宝,周晓月.网络导向、创业能力与新企业竞争优势——一个交互效应模型及其启示[J].南方经济,2015(1):37-53.

[304]董亮,任剑新.网络外部性与基于行为的区别定价[J].经济评论,2012(5):15-23.

[305]董亮,赵健.双边市场理论:一个综述[J].世界经济文汇,2012(1):53-61.

[306]窦军生,包佳.连续创业:文献评介、整合与新解读[J].外国经济与管理,2016,38(4):90-104.

[307]杜海东,李业明.创业环境对新创企业绩效的影响:基于资源中介作用的深圳硅谷创业园实证研究[J].中国科技论坛,2012(9):77-82.

[308]杜辉,何勤,朱晓妹,李立威.内创业概念、内涵演变及内创业者研究综述[J].管理现代化,2017(3):58-61.

[309]杜慧敏.电子商务创业企业网络能力与创业绩效关系研究——基于商业生态系统视角[D].杭州:浙江大学(硕士),2009.

[310]方琦璐.创业机会识别、战略导向与新创企业绩效[D].杭州:浙江大学(硕士),2012.

[311]冯华,杜红.创业胜任力特征与创业绩效的关系分析[J].技术经济与管理研究,2005(6):17-18.

[312]盖伦,赵清斌.双边市场理论的研究进展:一个文献综述[J].哈尔滨商业大学学报(社会科学版),2013(5):104-112.

[313]葛宝山,高洋,蒋大可.Timmons的思想演变及其贡献:对创业学的再思考[J].科学学研究,2013,31(8):1207-1215.

[314]龚志周.电子商务创业压力及其对创业绩效影响研究[D].杭州:浙江大学(博士),2005.

[315]龚志周.网络创业特征的实证研究[J].研究与探索,2009(1):14-15.

[316]郭海,沈睿.如何将创业机会转化为企业绩效——商业模式创新的中介作用及市场环境的调节作用[J].经济理论与经济管理,2014(3):70-83.

[317]郭润萍.高技术新创企业知识整合、创业能力与绩效关系研究[D].吉林:吉林大学(博士),2015.

[318]郭三党,刘思峰,方志耕.组内网络外部效应不对称的多寡头双边市场定价策略[J].河南科学,2015(4):655-660.

[319]郭晓琳.中国旅游者的面子结构与旅游行为——一项探索性研究[J].人文地理,2015(1):122-128.

[320]韩炜,杨俊,包凤耐.初始资源、社会资本与创业行动效率——基于资源匹配视角的研究[J].南开管理评论,2013,16(3):149-160.

[321]郝奕博,杜常青,罗霄.基于SCP模型的跨境电商分析[J].山西科技,2016,31(05):110-114.

[322]贺宏朝."平台经济"下的博弈[J].企业研究,2004(12):20-24.

[323]贺小刚,李新春.企业家能力与企业成长:基于中国经验的实证研究[J].经济

研究,2005(10):101-111.

[324]侯杰泰,温忠麟,成子娟.结构方程模型及其应用[M].北京:教育科学出版社,2004.

[325]胡鞍钢,周绍杰.网络经济:21世纪中国发展战略的重大选择[J].中国工业经济,2000(6):5-10.

[326]胡桂兰,朱永跃.网络经济下"网商"创业发展阶段研究——基于淘宝网的调查分析[J].江苏大学学报(社会科学版),2010,12(1):84-88.

[327]黄璐.网络经济平台上的企业竞争战略研究[D].成都:四川大学博士学位论文,2003.

[328]黄民礼.双边市场与市场形态的演进[J].首都经济贸易大学学报,2007(3):43-49.

[329]黄胜,周劲波.制度环境、国际市场进入模式与国际创业绩效[J].科研管理,2014,3(2):54-61.

[330]黄胜,周劲波,丁振阔.国际创业能力的形成、演变及其对绩效的影响[J].科学学研究,2015,33(1):106-117.

[331]黄振辉.多案例与单案例研究的差异与进路安排——理论探讨与实例分析[J].管理案例研究与评论,2010,3(2):183-188.

[332]黄中伟,王宇露.关于经济行为的社会嵌入理论研究述评[J].外国经济与管理,2007,29(12):1-8.

[333]纪汉霖.用户部分多归属条件下的双边市场定价策略[J].系统工程理论与实践,2011(1):75-83.

[334]纪汉霖,张永庆.用户多归属条件下的双边市场平台竞争策略[J].经济问题探索,2009(5):101-107.

[335]贾宝强.公司创业视角下企业战略管理理论与实证研究[D].吉林:吉林大学(博士),2007.

[336]贾开.平台经济的崛起[J].经济导刊,2016(6):64-69.

[337]贾旭东,谭新辉.经典扎根理论及其精神对中国管理研究的现实价值[J].管理学报,2010,7(5):656-665.

[338]金杨华,潘建林.基于嵌入式开放创新的平台领导与用户创业协同模式——淘宝网案例研究[J].中国工业经济,2014(2):148-160.

[339]纪汉霖,王小芳.平台差异化且用户部分多归属的双边市场竞争[J].系统工程理论与实践,2014(6):1398-1406.

[340]江玮,王奎.战略联盟组合与企业绩效的关系研究——基于创业机会理论的视角[J].厦门大学学报(哲学社会科学版),2014(6):64-73.

[341]焦豪,周江华,谢振东.创业导向与组织绩效间关系的实证研究——基于环境动态性的调节效应[J].科学学与科学技术管理,2007(11):70-76.

[342]凯西.卡麦兹,边国英译,陈向明校.建构扎根理论:质性研究实践指南[M].重庆:重庆大学出版社,2013.

[343]孔令夷.互联网市场力边间传递效应及反垄断研究评述——基于双边市场视角[J].电子测试,2015(18):90-93.

[344]李晶.组织创业气氛及其对创业绩效影响机制研究[D].杭州:浙江大学(博士),2008.

[345]李力涛.创业理论研究的整合框架[J].工业技术经济,2010,29(2):89-94.

[346]李凌."平台经济"视野下的业态创新与企业发展[J].国际市场,2013(4):11-15.

[347]李乾文.双元型组织研究评介[J].外国经济与管理,2006,28(1):1-8.

[348]李乾文,张玉利.外国学者论我国创业活动的特征与创业研究趋势[J].外国经济与管理,2004(7):12-18.

[349]李泉,陈宏民.基于双边市场框架的软件产业效率与福利分析[J].系统管理学报,2008(8):361-364.

[350]李书文.新创企业的创业者特质、创业团队构成与创业绩效:创业投资的调节作用[J].中国人力资源开发,2016(7):58-67.

[351]李文博.集群情景下大学衍生企业创业行为的关键影响因素——基于扎根理论的探索性研究[J].科学学研究,2013,(31)1:92-103.

[352]李玉.跨境电子商务创业企业绩效影响因素实证分析[D].南昌:江西师范大学(硕士),2015.

[353]李玉宝.垄断平台视角下的社交网站双边市场定价模式分析[J].价值工程,2014(4):207-209.

[354]李允尧,刘海运,黄少坚.平台经济理论研究动态[J].经济学动态,2013(7):123-129.

[355]李志能,郁义鸿,罗伯特·D·希斯瑞克.创业学[M].上海:复旦大学出版社,2000.

[356]林桂平.双边市场文献综述契约理论视角的补充[J].商业经济研究.2015(21):59-61.

[357]林润辉,李维安.网络组织——更具环境适应能力的新型组织模式[J].南开管理评论,2000(3):4-7.

[358]林润辉,张红娟,范建红.基于网络组织的协作创新研究综述[J].管理评论,2013,25(6):31-46.

[359]林嵩,张帏,林强.高科技创业企业资源整合模式研究[J].科学学与科学技术管理,2005(3):143-147.

[360]刘帮成,王重鸣.国际创业模式与组织绩效关系:一个基于知识的概念模型[J].科研管理,2005,26(4):72-79.

[361]刘刚,王泽宇,程熙镕."朋友圈"优势、内群体条件与互联网创业——基于整合社会认同与嵌入理论的新视角[J].中国工业经济,2016(8):110-126.

[362]刘牧.创业者领导风格、创业团队互动行为对团队效能的影响研究[D].吉林:吉林大学(博士),2014.

[363]刘万兆,李学东.小微企业创业能力开发研究[J].农业经济,2014(6):22-24.

[364]刘文,王建中.创业绩效理论研究综述[J].中国市场,2012(5):12-14.

[365]龙海军.转型情境下创业导向对企业绩效的影响:创业行为的中介效应[J].系统工程,2016(1):70-76.

[366]楼晓靖,丁文云.电子商务创业绩效的影响因素研究:文献综述[J].电子商务,2012(3):48-50.

[367]罗伟民,孙炼.移动互联网时代的电信运营企业开放式创新[J].通信企业管理,2011(8):75-77.

[368]罗泳涛,高平.基于双边市场的银行卡定价理论研究[J].中南财经政法大学学报,2016(1):114-122.

[369]罗志恒.创业能力与企业绩效间的转化路径实证研究[D].吉林:吉林大学(博士),2009.

[370]马鸿佳,董保宝,常冠群.网络能力与创业能力——基于东北地区新创企业的实证研究[J].科学学研究,2010,28(7):1008-1014.

[371]马鸿佳,侯美玲,宋春华,葛宝山.创业战略态势、国际学习与国际创业绩效的关系研究[J].科学学研究,2015,33(8):1203-1214.

[372]马鸿佳,宋春华,刘艳艳,高贵富.学习导向、国际创业能力与天生国际化企业绩效关系研究[J].南方经济,2016(1):89-107.

[373]马庆国.管理统计[M].北京:科学出版社,2010.

[374]马胜,陈纪文,周思伟.企业开放式创新理论探析[J].学术交流,2013(7):119-122.

[375]孟晓斌,张海兰.创业过程的情景依存性分析[J].技术经济,2007,26(12):5-9.

[376]孟晔.浮现中的新经济形态——平台经济、共享经济、微经济三位一体[J].互联网经济,2016(3):12-15.

[377]聂雪林,张炜.开放式创新过程的"行为—情境—能力—绩效"模型[J].科技管理研究,2013(6):22-25.

[378]欧阳桃花.试论工商管理学科的案例研究方法[J].南开管理评论,2004(2):100-105.

[379]潘洪刚,吴吉义.我国网络创业的兴起及发展现状研究[J].华东经济管理,2011(11):23-26.

[380]潘建林.中小企业创业胜任力的素质与能力双维度冰山模型[J].统计与决

策,2013(5):186-188.

[381]潘建林,金杨华.电子商务个体经营者三层次五维度创业胜任力指标体系研究[J].科技管理研究,2015(4):167-173.

[382]彭学兵,陈璐露,刘玥伶.创业资源整合、组织协调与新创企业绩效的关系[J].科研管理,2016,37(1):110-118.

[383]彭正银.网络治理:理论的发展与实践的效用[J].经济管理,2002(8):23-27.

[384]齐斯源.创业环境对农村微型企业创业绩效引致路径研究——以东北地区为例[D].哈尔滨:东北农业大学(硕士),2016.

[385]戚湧,陈尚.创业投资网络位置属性对企业创新绩效的影响[J].中国科技论坛,2016(7):86-97.

[386]戚湧,饶卓.社交指数、风险倾向与创业——制度环境的调节作用[J].科技进步与对策,2017,34(1):1-8.

[387]钱人瑜,李智,钱振健.平台领导与补足品供应商协作冲突关系演化博弈分析[J].世界科技研究与发展,2016(2):157-163.

[388]钱永红.女性创业意向与创业行为及其影响因素研究[D].杭州:浙江大学,2007.

[389]秦双全,李苏南.创业经验与创业能力的关系——学习能力与网络技术的作用[J].技术经济,2015,34(6):48-54.

[390]邱甲贤,聂富强,童牧,胡根华.第三方电子交易平台的双边市场特征——基于在线个人借贷市场的实证分析[J].管理科学学报,2016(1):47-59.

[391]邱皓政.结构方程模式——LISREL的理论、技术与应用[M].台北:双叶书廊,2005.

[392]仇志伟,仇志君.大学生网络创业能力培养研究[J].科技信息,2013(13):15,42.

[393]曲振涛,周正,周方召.网络外部性下的电子商务平台竞争与规制——基于双边市场理论的研究[J].中国工业经济,2010(4):120-129.

[394][美]斯格特,黄洋等译.组织理论:理性、自然和开放系统[M].北京:华夏出版社,2002.

[395]宋雪.创业环境动态性、创业战略与企业绩效关系研究——以长春市大学生创业园区为例[D].吉林:吉林大学(硕士),2014.

[396]宋则."十三五"时期寻求商贸流通业创新发展新突破[J].中国流通经济,2016(1):10-16.

[397]孙国强.关系、互动与协同:网络组织的治理逻辑[J].中国工业经济,2003(11):14-20.

[398]孙国强.西方网络组织治理研究评价[J].外国经济与管理,2004(8):8-12.

[399]孙卫,张颖超,尚福菊,马永远.创业团队冲突管理、团队自省性与创业绩效的

关系[J].科学学与科学技术管理,2014,35(6):137-143.

[400]谭花蓉.论网络背景下大学生网络创业能力的培养[J].怀化学院学报,2010,29(5):122-125.

[401]唐广应,杨鹏艳.双边市场的需求与价格结构——基于中国电影产业的实证分析[J].商业经济研究,2016(8):46-48.

[402]唐靖,姜彦福.创业能力的概念发展及实证检验[J].经济管理,2008(9):51-55.

[403]唐靖云,陈洪余,翟晓川.创业能力对大学生创业机会变化规律的影响[J].西南师范大学学报(自然科学版),2016,41(1):195-200.

[404]唐鹏程,朱方明.创业机会的发现与创造——两种创业行为理论比较分析[J].外国经济与管理,2009,31(5):15-22.

[405]万兴,杨晶.从多边市场到产业平台——基于中国视频网站演化升级的研究[J].经济与管理研究,2015(11):81-89.

[406]王保进.窗口版SPSS与行为科学研究[M].台北:心理出版社,2002.

[407]王炳富,郑准.协同创新视角下用户创新影响因素理论框架构建[J].科技进步与对策,2016,33(17):14-19.

[408]王昌林,大众创业万众创新的理论和现实意义[J].科技创业月刊,2016(2):56-57.

[409]王成斌.提升个人电子商务创业绩效路径研究——基于社会资本视角[D].辽宁:辽宁科技大学(硕士),2013.

[410]王侃.基于资源获取的创业者特质、创业网络与网店经营绩效关系研究[D].长春:吉林大学(博士),2011.

[411]王海花,彭正龙,蒋旭灿.开放式创新模式下创新资源共享的影响因素[J].科研管理,2012,33(3):49-55.

[412]王丽平,李乃秋,许正中.中小企业持续内创业的动态管理机制研究——基于双元能力的圆形组织结构视角[J].科技进步与对策,2011,28(8):78-82.

[413]王娜,谭力文.双边市场:一个概念性的文献综述[J].兰州商学院学报,2010,26(2):26-33.

[414]王千.微信平台商业模式创新研究[J].郑州大学学报(哲学社会科学版),2014,47(6):87-91.

[415]王瑞,薛红志,创业经验与新企业绩效:一个研究综述[J].科学学与科学技术管理,2010(6):80-84.

[416]王昕宇,黄海峰.我国农民网商的演进路径及发展对策[J].中州学刊,2016(8):41-44.

[417]王昭慧,忻展红.双边市场中的补贴问题研究[J].管理评论,2010,22(10):44-49.

[418]王振红.我国开放式创新理论研究述评[J].科学管理研究,2013(6):9-16.

[419]王志军.基于创业能力评价的辽宁小微企业政策建议研究[D].西安:长安大学(硕士),2014.

[420]吴迪.创业资源、资源整合方式与创业绩效的关系研究——基于深圳市互联网创业企业的大样本分析[D].大连:东北财经大学(硕士),2015.

[421]吴建祖,龚雪芹.创业导向对企业绩效影响的实证研究——环境动态性的调节作用[J].科技管理研究,2015(9):197-201.

[422]吴建祖,李英博.感知的创业环境对中层管理者内部创业行为的影响研究[J].管理学报,2015,12(1):111-117.

[423]吴明隆.问卷统计分析实务:SPSS操作与应用[M].重庆:重庆大学出版社,2009.

[424]吴明隆.结构方程模型:AMOS的操作与应用[M].重庆:重庆大学出版社,2012.

[425]吴应良,杨玉琼.专业市场电子商务平台的构建与运营[J].科技管理研究,2010(23):207-210.

[426]夏清华,贾康田,冯颐.创业机会如何影响企业绩效——基于商业模式创新和环境不确定性的中介与调节作用[J].学习与实践,2016(11):39-49.

[427]谢学军,姚伟.开放式创新模式下的企业信息资源重组研究[J].图书情报工作,2010(4):75-78.

[428]谢雅萍,黄美娇.创业学习、创业能力与创业绩效——社会网络研究视角[J].经济经纬,2016,33(1):101-106.

[429]谢竹云,茅宁,赵成国.创业行为、动态能力与组织绩效[J].现代管理科学,2009(2):14-16.

[430]邢蕊,王国红.创业导向、创新意愿与在孵企业创新绩效——孵化环境的调节作用[J].研究与发展管理,2015,27(1):100-112.

[431]邢文杰,刘彤.基于营商环境视角的企业家创业行为研究[J].贵州大学学报(社会科学版),2015,3(4):91-96.

[432]熊艳.产业组织的双边市场理论:一个文献综述[J].中南财经政法大学学报,2010(4):49-54.

[433]许爱玉,基于企业家能力的企业转型研究——以浙商为例[J].管理世界,2010(6):184-185.

[434]许德音,周长辉.中国战略管理学研究现状评估[J].管理世界,2004(5):76-87.

[435]徐晋.平台经济学(修订版)[M].上海:上海交通大学出版社,2013.

[436]徐晋,张祥建.平台经济学初探[J].中国工业经济,2006(5):40-47.

[437]徐瑞前,龚丽敏.开放式创新理论的视角、过程及未来研究方向[J].科技进步

与对策,2011(21):155-160.

[438]许水平,尹继东.中介效应检验方法比较[J].科技管理研究,2014(18):203-212.

[439]胥莉,陈宏民,潘小军.具有双边市场特征的产业中厂商定价策略研究[J].管理科学学报,2009(5):10-17.

[440]徐璇.电子商务环境下大型零售企业的商业模式研究[D].杭州:浙江工商大学(硕士),2014.

[441]薛红志.创业导向、战略模式与组织绩效关系研究[J].经济理论与经济管理,2006(3):71-75.

[442]薛会娟,杨静.领导力的整合:Trickle-down 模式下的领导效应[J].心理科学进展,2014,22(3):474-481.

[443]闫华飞.创业行为、创业知识溢出与产业集群发展绩效[J].科学学研究,2015(1):98-104.

[444]闫华飞,胡蓓.创业行为对创业知识溢出的影响研究:关系资本的调节作用[J].预测,2014(3):21-26.

[445]闫丽平.基于时间动态特征的创业行为研究[D].天津:南开大学(博士),2012.

[446]杨冬梅.双边市场:企业竞争策略性行为的新视角[J].企业战略管理,2006(9):40-48.

[447]杨俊.基于创业行为的企业家能力研究——一个基本分析框架[J].外国经济与管理,2005,27(4):28-35.

[448]杨艳,胡蓓.产业集群嵌入对创业绩效的影响研究——创业能力的视角[J].科学学与科学技术管理,2012,33(12):45-54.

[449]杨玉波,胡啸兵.互联网金融平台演化机制与风险构成研究[J].价格理论与实践,2015(1):91-93.

[450]杨云送,朱岩,张毅.基于双边市场的 Web2.0 平台厂商盈利模式研究[J].中国软科学,2009(S1):258-263.

[451]叶春霞.个体经营者创业能力的评价指标体系研究——基于温州市 603 份样本的分析[J].华东经济管理,2012,26(1):17-22.

[452]叶秀敏.平台经济的特点分析[J].河北师范大学学报(哲学社会科学版),2016,36(2):114-120.

[453]叶峥,郑健壮.集群企业网络特征与创业行为:基于创业能力的实证研究[J].科研管理,2014,35(1):58-65.

[454]易锐,夏清华.开放式创新的理论基点、研究维度与未来研究展望[J].湘潭大学学报(哲学社会科学版),2015(2):46-50.

[455]殷洪玲.企业家社会资本对其创业能力的影响研究[D].吉林:吉林大学(硕

士),2009.

[456]尹苗苗,蔡莉.创业力研究现状探析与未来展望[J].外国经济与管理,2012(12):1-11.

[457]尹苗苗,马艳丽.新企业战略导向对创业能力的影响——基于中国情境的实证研究[J].经济管理,2016(4):72-82.

[458]尹晓琳,滕颖.需求具有相关性的多产品定价问题[J].电子科技大学学报,2008(4):29-32.

[459]于丹丹.创业者特质与创业绩效关系研究——基于创业导向的调节作用[D].南京:南京财经大学(硕士),2014.

[460]余绍忠.创业绩效研究述评[J].外国经济与管理,2013,35(2):34-42.

[461]余绍忠.创业资源对创业绩效的影响机制研究——基于环境动态性的调节作用[J].科学学与科学技术管理,2013,34(6):131-139.

[462]原磊.商业模式体系重构[J].中国工业经济,2007(6):70-79.

[463]岳中刚.双边市场的定价策略及反垄断问题研究[J].财经问题研究,2006(8):30-35.

[464]翟敏.创业学习、创业能力对网店创业绩效的影响研究[D].杭州:浙江大学(硕士),2014.

[465]张根明.企业家创新行为及绩效研究[D].长沙:中南大学(博士),2009.

[466]张慧杰.基于企业生命周期的企业家能力研究[J].哈尔滨商业大学学报(社会科学版),2006(2):75-79.

[467]张佳瑜.创业能力与创业绩效关系研究——基于商业模式的视角[D].南京:南京财经大学(硕士),2012.

[468]张利飞.高科技企业创新生态系统平台领导战略研究[J].财经理论与实践,2013(7):99-103.

[469]张萌萌.高技术企业公司创业、企业集聚行为与绩效关系研究[D].吉林:吉林大学(博士),2016.

[470]张鹏,邓然,张立琨.企业家社会资本与创业绩效关系研究[J].科研管理,2015,36(8):120-128.

[471]张启迪.基于平台经济理论的运营商企业应用平台研究[D].北京:北京邮电大学(硕士),2012.

[472]张启尧,才凌惠,孙习祥.绿色资源整合能力、漂绿行为与企业绩效——恶性竞争的调节中介作用[J].工业技术经济,2017(1):141-145.

[473]张青,曹尉.社会资本对个人网络创业绩效影响的实证研究[J].研究与发展管理,2010(2):34-41.

[474]张曦.双边市场横向兼并的福利效应研究[J].商业研究,2016(3):51-58.

[475]张晓媛,曹年更.双边市场理论——平台经济的研究综述[J].山东行政学院

学报,2013(2):81-84.

[476]张秀娥,金佩华,张桂莲.创业意向、社会网络与创业行为关系研究[J].企业研究,2014(1):71-74.

[477]张秀娥,孙中博.基于效果逻辑的创业行为与创业绩效研究[J].商业研究,2013(3):91-95.

[478]张秀娥,孙中博,王冰.创业团队异质性对创业绩效的影响——基于对七省市264家创业企业的调研分析[J].华东经济管理,2013,27(7):112-115.

[479]张映红.公司创业能力与持续竞争优势[J].经济与管理研究,2005(3):24-28.

[480]张永成,郝冬冬,王希.国外开放式创新理论研究11年:回顾、评述与展望[J].科学学与科学技术管理,2015(3):13-22.

[481]张玉利,李乾文,陈寒松.创业管理理论的最新评述及研究趋势[J].预测,2004,23(4):20-32.

[482]张玉利,王晓文.先前经验、学习风格与创业能力的实证研究[J].管理科学,2011,24(3):1-12.

[483]张炜,王重鸣.中小高技术企业创业者组合模式与胜任特征研究[J].科学学与科学技术管理,2004(3):90-93.

[484]张文形,董伟.SPSS统计分析高级教程[M].北京:高等教育出版社,2004.

[485]张振华.创业团队胜任力结构与创业绩效关系的机理研究[D].吉林:吉林大学(博士),2009.

[486]赵超华.网络经济环境下商业模式创新的影响因素分析[D].山西:山西财经大学(硕士),2015.

[487]赵文红,李德铭.创业者先前知识对创业绩效的影响——环境动态性的调节作用[J].技术经济,2014,33(8):55-105.

[488]赵文红,王玲玲,魏泽龙.过程视角的创业能力形成研究综述[J].科技进步与对策,2016,33(13):155-160.

[489]郑馨.权变视角下的创业导向与组织绩效关系研究[J].外国经济与管理,2007(9):24-30.

[490]周劲波.创业团队行为与创业绩效关系研究[J].首都经济贸易大学学报,2009(5):63-68.

[491]周丛根.网络经济背景下的商业模式创新路径研究[D].上海:上海社会科学院(博士),2011.

[492]周劲波,黄胜.制度环境、创业能力对国际创业模式选择的影响[J].管理学报,2015,12(03):393-399.

[493]周菁华,谢洲.农民创业能力及其与创业绩效的关系研究——基于重庆市366个创业农民的调查数据[J].农业技术经济,2012(5):121-126.

[494]周军杰,左美云.线上线下互动、群体分化与知识共享的关系研究——基于虚拟社区的实证分析[J].中国管理科学,2012,20(6):185-192.

[495]周志太.基于经济学视角的协同创新网络研究[D].长春:吉林大学经济学院,2013.

[496]朱红根,江慧珍,康兰媛.创业环境对农民创业绩效的影响——基于 DEA-Tobit 模型的实证分析[J].商业研究,2015(3):112-118.

[497]朱红根,彭安明,康兰媛.农民工择业政策需求优先序及其影响因素分析——基于江西等 10 省市的调查数据[J].农业经济与管理,2014(2):80-88.

[498]朱蕾蕾.创业环境对大学生创业意向的影响研究——以创业能力为中介变量[D].山东:山东财经大学(硕士),2014.

[499]朱秀梅,李明芳.创业网络特征对资源获取的动态影响——基于中国转型经济的证据[J].管理世界,2011(6):105-115.

[500]朱振中,吕廷杰.双边市场经济学研究的进展[J].经济问题探索,2005(7):125-129.

[501]卓莲梅,陈章旺,贾林.基于 Hotelling 模型的双寡头市场定价博弈分析[J].郑州航空工业管理学院学报,2011,29(2):122-127.

[502]庄晋财,芮正云,曾纪芬.双重网络嵌入、创业资源获取对农民工创业能力的影响——基于赣、皖、苏 183 个农民工创业样本的实证分析[J].中国农村观察,2014(3):29-41.

附录1 访谈提纲

1. 访谈时间

2014年11月3日(周一)下午2点

2. 访谈地点

义乌工商职业技术学院教师发展中心

4. 访谈目的

通过访谈,确定扎根理论研究中的访谈问题

3. 访谈对象

电商平台研究专家代表:陈民利(合肥"半汤商学院"院长、教授)

电商政府管理部门代表:李虹(义乌电商办副主任)

电商创业教育部门代表:徐峰(义乌工商学院创业学院副院长、副教授)

C2C电商创业者代表:邓莉平(淘宝网平台喜乐汇欢庆用品商城创办者,拥有多个C2C平台)

B2C电商创业者代表:李炯星(天猫平台义乌市煜茂服饰有限公司创办者)

4. 访谈主要内容

(1)请介绍下您本人的基本情况及所从事职业。

(2)您的创业项目是什么?您的创业历程怎样?您是在什么平台上进行创业的?(针对创业的访谈对象)

(3)您觉得什么是平台?您对平台有什么了解吗?您能列举生活中有哪些平台吗?

(4)您觉得平台有什么特点?能举个例子来具体说明吗?(举例)

(5)与其他平台相比,您觉得互联网平台有何特点?(举例)

(6)看了我给您的资料,您有没有特别推荐的好的网络创业平台?为什么您要推荐它呢?

(7)您觉得您所推荐的网络创业平台有什么特点？或者说与其他平台相比,它有何竞争力或吸引力？

(8)您觉得您所创业的平台规则好吗？为什么好？有没有您不能接受的规则？如果要改,应该怎么改呢？

(9)您所创业的平台资源多吗？主要有哪些资源？

(10)您所创业的平台容易进入吗？成本高吗？数据更新快吗？工具应用多吗？使用成本如何？

(11)您觉得未来最有前景的网络创业平台是哪个？为什么？

(12)如果让您来设计一个网络创业平台,您会如何来设计？平台的定位是什么？规则怎么设置？资源怎么分配？

(13)对于我们今天探讨的话题,您还有什么补充的吗？

附录 2　调研问卷

"网络平台用户创业"调查问卷

尊敬的女士/先生：

　　您好！

　　真诚地感谢您能抽空参与本次"基于网络创业型平台领导特征调节作用的用户创业能力、创业行为及创业绩效关系研究"课题的问卷调查，首先衷心祝愿您及您的创业项目能更上一层楼！

　　本次问卷调查是一项学术研究活动，目的在于研究在网络经济背景下，基于网络创业型平台领导的用户创业能力、行为及绩效的影响关系，从而为提升平台用户创业绩效提供理论分析及借鉴。

　　本问卷内容不涉及您及您所创业项目的商业机密，所获信息绝不外泄，也绝不会用于任何商业目的，请您放心、客观地填写。若问卷中某个问题不能完全表达您的意见，请选择最接近您看法的答案（答案本身无对与错之分）。

　　您的作答对我们的研究结论非常重要，非常感谢您的配合及参与！

项目组

2016 年 3 月

第一部分　基本信息

提醒：根据您的真实情况，在选项前的"□"上打"√"。

1. 您的性别：

□男　　　□女

2. 您的年龄：

□25 岁以下　　　□25～34 岁　　　□35～44 岁　　　□45 岁以上

3. 您的网络平台创业年限：

□1 年及以下　　　□2～3 年　　　□4～5 年　　　□6 年及以上

4.您的创业类型:

□淘宝卖家　　　　□天猫卖家　　　　□速卖通卖家

□其他平台卖家　　□平台技术开发商(如平台应用工具开发等)

5.您的店铺开店时长:

□1 年及以下　　　□2～3 年　　　　□4～5 年　　　　　□6 年及以上

6.您的创业项目所属行业(可多选):

□女装男装　　　　□箱包鞋类　　　□母婴用品　　　　□护肤彩妆

□汇吃美食　　　　□珠宝配饰　　　□家装建材　　　　□家居家纺

□百货市场　　　　□汽车用品　　　□手机数码　　　　□家电办公

□运动户外　　　　□花鸟文娱　　　□农资采购　　　　□生活服务

□技术开发　　　　□其他产品或服务

7.您的创业团队人数:

□1 人　　　　　　□2～5 人　　　　□6～10 人　　　　□10 人以上

8.如果您是淘宝卖家,您现在的店铺信誉度是:

□1 钻或以下　　　□2 钻到 5 钻　　□1 皇冠到 5 皇冠□金冠或以上

9.如果您是天猫卖家,网店"描述相符"的动态评分是:

□4.5 分以下　　　□4.5～4.6 分　　□4.7～4.8 分　　□4.9 分及以上

10.如果您是天猫卖家,网店"服务态度"的动态评分是:

□4.5 分以下　　　□4.5～4.6 分　　□4.7～4.8 分　　□4.9 分及以上

11.如果您是天猫卖家,网店"物流服务"的动态评分是:

□4.5 分以下　　　□4.5～4.6 分　　□4.7～4.8 分　　□4.9 分及以上

12.如果您是速卖通卖家,您现在的店铺信用评价是:

□1 钻或以下　　　□2 钻到 5 钻　　□1 皇冠到 3 皇冠□3 皇冠以上

第二部分　平台用户创业能力

请按照您对自身创业能力的了解,在衡量自身创业能力的以下题项中的合适分值上打"√",(分值"1"表示完全不符合,分值"4"表示不确定,分值"7"表示完全符合,分值从"1"到"7"依次渐进)。

A 创业能力	完全不符合↔完全符合						
	1	2	3	4	5	6	7
A1 创业机会能力							
A11 您能察觉到未满足或未完全满足的市场需求							
A12 您能将未满足或未完全满足的市场需求转化为有价值的商业机会							
A13 您能比较全面评估所察觉或开发的商业机会							

续表

A 创业能力	完全不符合↔完全符合						
	1	2	3	4	5	6	7
A2 创业管理能力							
A21 您拥有信息分析、决策及发展趋势预判综合能力							
A22 您能组织平台内外资源进行网络平台创业，如人员、物资等							
A23 您拥有与创业相关主体(如客户、供应商、合作伙伴、政府等)沟通、谈判的关系协调能力							
A3 创业技术能力							
A31 您拥有网络平台及创业相关知识,如平台规则、政策等							
A32 您拥有网络平台创业或从业经验							
A33 您拥有网络平台创业的专业技能,如运营、营销或者平台技术开发能力							
A4 创业可持续能力							
A41 您拥有产品或服务创意或创新能力,如模仿创新							
A42 您拥有对知识、技能或管理的持续学习能力							
A43 您对本创业项目保持乐观、不怕失败,且为创业持续努力							

第三部分　创业行为

请按照您对自身创业行为的了解,在衡量自身创业行为的以下题项中的合适分值上打"√",(分值"1"表示完全不符合,分值"4"表示不确定,分值"7"表示完全符合,分值从"1"到"7"依次渐进)。

B 创业行为	完全不符合↔完全符合						
	1	2	3	4	5	6	7
B1 用户创业准备行为(主要侧重于创业机会及资源准备)							
B11 您积极搜寻商业机会							
B12 您锁定商业机会并积极推进创业							
B13 您积极寻找创业资源							
B14 您积极创造创业所需资源							
B15 您积极整合现有资源用于创业							
B2 用户创业执行行为(侧重于团队构建及产品或服务提供)							
B21 您组建好创业合作团队							
B22 您招募并管理好员工							
B23 您塑造良好的创业团队文化							
B24 您提供市场所需的产品或服务并获取收益							
B25 您创造新的产品或服务并获取收益							
B26 您积极响应创业内外部环境变化并做出调适							

第四部分　创业绩效

请按照您对自身创业结果的了解,在衡量自身创业绩效的以下题项中的合适分值上打"√",(分值"1"表示完全不符合,分值"4"表示不确定,分值"7"表示完全符合,分值从"1"到"7"依次渐进)。

C 创业绩效	完全不符合↔完全符合						
	1	2	3	4	5	6	7
C1 用户创业绩效							
C11 您所经营的产品或服务销售额能保持在较高水平							
C12 您的创业项目(网店或工具开发)净利润能保持在较高水平							
C13 您的网店信誉等级或动态评分比较高(所开发工具应用评价比较高)							
C14 目前,您的创业项目(网店或工具开发)的经营状态比较稳定							
C15 您的创业项目能实现可持续经营,前景不错							
C16 与其他同类产品或服务相比,您所从事的创业项目具有竞争优势							

第五部分　平台特征

请按照您对您所创业的平台的了解,在衡量平台特征的以下题项中的合适分值上打"√",(分值"1"表示完全不符合,分值"4"表示不确定,分值"7"表示完全符合,分值从"1"到"7"依次渐进)。

D 平台特征	完全不符合↔完全符合						
	1	2	3	4	5	6	7
D1 权力特征(主要指平台规则制定及执行特征)							
D11 您所创业的平台拥有清晰、科学合理的商业规则							
D12 您所创业的平台会严格执行原先制定的商业规则							
D13 您所创业的平台对整个平台网络体系(如用户行为、子平台等)会监管到位							
D14 您所创业的平台的整体战略决策比较科学							
D2 资源特征							
D21 您所创业的平台拥有庞大的用户资源							
D22 您所创业的平台拥有丰富的应用工具资源							
D23 您所创业的平台拥有丰富的商业信息资源							

续表

D 平台特征	完全不符合↔完全符合						
	1	2	3	4	5	6	7
D24 您所创业的平台在行业中具有较好的市场地位及品牌效应							
D3 开放创新特征							
D31 您所创业的平台开放程度高,平台进入容易							
D32 您所创业的平台工具可用性强,应用成本比较低							
D33 您所创业的平台共享数据多,且共享及时							
D4 运行模式特征							
D41 您所创业的平台与用户互动性强且频繁							
D42 您所创业的平台拥有较多的创新激励机制							

主题词索引

图 索 引

表 索 引

后 记

随着互联网科技在社会经济领域的广泛应用,一批网络平台组织应运而生;随着"大众创业,万众创新"在全国范围内的持续推进,网络创业型平台日渐增多,基于网络创业型平台的用户创业日渐频繁,众多"草根创业者"对此趋之若鹜。正是在如此繁荣的网络平台创业背景下,笔者分析了网络创业型平台领导特征与平台用户创业的内在关系。

在网络经济背景下,网络创业型平台领导是以互联网技术为支撑,以形式多样的多主体创业活动为鲜明特色,在多平台、多主体构建的商业生态体系中拥有核心领导能力的平台组织。它构建了多生态性、多结构性的跨层网络商业体系,也为众多的网络平台用户提供了良好的创业平台。这些网络平台用户或基于双边市场进行创业,或基于平台技术开发交易市场实施创业,呈现出方兴未艾的创业热潮。然而透过这些繁荣的用户创业现象,笔者却发现不同用户间创业绩效的差异越来越大:在同一个平台,有些平台用户能用更短的时间创造更多的商业利益,实现"草根"致富,而另一些平台用户却在创业失败后,一蹶不振,从此退出网络平台创业;有些平台用户在一个平台创业失败后,转向了另一个平台,却实现了凤凰涅槃。到底是什么原因让同一平台用户创业绩效如此大相径庭?又是什么因素导致了不同平台用户创业绩效的差异?其缘由是网络平台用户的创业能力差异,还是用户所依附的网络创业型平台领导特征的差异?目前,关于这个问题的理论探讨尚有留白。正是循着这个思路,笔者开始了长达几年的潜心研究,通过走南闯北的调研,通过大量阅读文献,最终形成了一些研究成果。

笔者工作于义乌工商职业技术学院,该学院坐落于网络平台用户创业非常繁荣的义乌。撰写本书的初衷和设想主要有三方面:一是希望能在文献规范梳理基础上,运用扎根理论,构建网络创业型平台领导特征模型,为平台构建提供理论指导及框架;二是希望能在科学统计分析基础上,剖析网络平台用户创业绩效的影响因素及相互关系,为提升网络平台用户创业绩效提供科学指导;三是希望能在规范的案例研究基础上,提炼网络创业型平台领导与用户协同创业的内在机制,为两者的协同发展提供理论支撑。

基于上述三方面的初衷和设想,本书作者进行了科学规划和细致安排,并按计划有条不紊地开展了相关研究,最终形成了包含绪论、文献综述、网络创业型平台领导及平台用户创业概述、基于扎根理论的网络创业型平台领导特征模型、量表开发及预试、网络平台用户创业能力及行为与创业绩效关系研究、网络创业型平台领导特征调节效应、基于网络创业型平台领导的用户协同创业行为案例分析、研究总结的九个章节，从而比较全面地围绕"网络创业型平台领导特征与平台用户创业的关系研究"主题展开了系统研究及论述，基本实现了预期研究目标。

　　本书的撰写过程历时较长，从确定选题，到开展研究，再到最终成稿，共历时三年；研究所调查区域涉及义乌、杭州、广州、佛山、虎门、临沂、菏泽、博兴、清河、遂宁、沭阳等地；调查行业涉及小商品、服装、皮革、农特产品、家具用品、花卉等；调查对象有商贸城经营户、产业园区创业者、学校创业园在校大学生创业者、电子商务服务园区创业者、电子商务专家学者等。在整个调查过程中，本书作者得到了义乌电子商务领导小组办公室、中国义乌小商品城集团有限公司的大力支持；在专著撰写过程中，本书作者也有幸得到了浙江工商大学金杨华教授的悉心指导，得到了郝云宏教授等老师们的指点，在此一并感谢！除此之外，在本书的撰写过程中，作者参阅了大量的文献，除了专著后面所列的文献外，尚有许多文献未能一一列出，在此谨向原作者深表谢意！

　　作者才疏学浅，书中难免会有疏漏之处，敬请学界同仁悉心指点，不吝赐教。

潘建林

2017 年 11 月